문 파워 기타 특강

문종혁 지음

score

머리말

기타라는 악기를 처음 접근하시는 모든 분의 질문입니다.
"기타를 잘 연주하려면 어떻게 얼마나 배워야 되나요?"
그동안 저의 경험을 통한 답변은

1. 좋은 선생님을 만나야 한다.
2. 좋은 교재를 만나야 한다.
3. 좋은 경험을 해봐야 한다.

위 세 가지 뒤에 제일 중요한 것은 꾸준한 개인 연습입니다!

연습량과 실력은 비례하기 때문에
많이 연습하면 그만큼 실력이 빨리 늘게 되는 건 누구나 아는 상식입니다.

학생들을 교육하면서 고민되는 부분은
가르치는 것보다 이해를 돕기 위한 자료를 구하는 것이었습니다.

서점에서 여러 책을 구입하여 보거나 인터넷에서 자료를 구해야 했는데,
문제는 이것이 너무 많아 정리해야 하는 번거로움이 있었고, 책을 구입하느라 경제적 부담도 다소 있었습니다.

학생들을 지도하면서 습득한 노하우를 이 책 한 권에 정성껏 담는 것으로 위의 어려움을 줄이고자 노력하였습니다. 독학하는 분에게도 좋은 참고서가 되도록, 또 학교나 학원에서 실질적으로 활용될 수 있는 교과서 같은 교재가 되도록 집중하였습니다.

이 교본을 통해 통기타 하나쯤은 소유하고 있는 많은 분이 다시 한번 줄을 뜯고 튕기는 삼매경에 빠져보게 되길 바랍니다. 어렵게만 여겨졌던 음악에도 점차 눈뜨는 즐거운 일이 많아질 것입니다.

문종혁

이 책의 저자는 저의 제자 중에서 제일 성실하고 배려심이 많은 유능한 음악가입니다.
그가 자신 있게 발표한 이 책 내용을 보면 다른 교재와 달리 학생의 관점에서 이해하기 쉽게 전개되어 있습니다. 기타 연주를 시작했지만 중도 포기한 학습자들도 많을 텐데 이 책을 만나 정확히 이해하면서 재미있게 학습하게 될 것을 확신합니다.
– 음악학 박사 기타리스트 하타슈지 –

초급에서부터 실전 연주까지 과정 하나하나를 친절하고 정밀하게 분석해주는 교재입니다.
『문파워 기타 특강』은 입문자에서부터 기타강사에게까지 다양하게 활용될 수 있는 교재임이 분명합니다. 이 책을 통해 좀 더 많은 사람들이 기타와 친밀한 교감을 하길 기대해봅니다.
–기타리스트 문승찬 – 저서 『밴드스쿨초급』(2015),민스뮤직출판

기타를 장난감이라 생각하고 이 교재를 사용 설명서라 말할 수 있습니다.
쉽게 잘 짜여진 『문파워 기타 특강』은 초급, 중급, 고급과정까지 누구나 시도할 수 있고 학습의 성취도를 높여줍니다. 많은 이들이 이 교재를 통해 기타와 더욱 친밀해지고 음악을 즐길 수 있기를 기대합니다
– 기타리스트 김진형 (이승환 밴드) –

배우고자 하는 학생의 마음을 가장 잘 이해하고 있는 선생님이자 기타리스트 문종혁 저자.
기타를 처음 배우는 학생에게 단계별로 친절하게 다가오는 이 책은 저자가 그동안 음악을 해오며 끊임 없이 연구하고 많은 학생들을 이해하며 그에 맞춰 노력한 결과가 담긴 최고의 기타 사용 설명서입니다.
– 조용필과 위대한 탄생 객원 기타리스트, 기타리스트 최희선 밴드 베이시스트 김영균 –

"어떻게 하면 기타와 음악을 사랑하는 사람들이 쉽게 기타를 접할 수 있을지 기타리스트 문종혁의 고민과 해답이 녹아 있는 책!! 음악 쉽게 이해하자~!"
기타리스트 문종혁이 지금까지 음악을 하면서 자신이 가졌던 문제점과 고민했던 부분들을 모두 정리 하여 독자들로 하여금 쉽고 편안하게 다가갈 수 있도록 책에 상세하고 간단하게 녹였습니다. 독자들이 이 책을 읽고 더욱더 음악을 함에 있어서 도움이 되길 기대합니다
– 기타리스트 ,작편곡가 김은총 –

『문파워 기타 특강』은 기타를 독학하는 사람에게도 기타를 가르치는 사람에게도 꼭 필요한 교재입니다. 수많은 교재들 사이에서 가려운 곳을 정확히 긁어주는 교재로 반드시 하나쯤 가지고 있어야 하는 추천도서입니다.
– 기타리스트겸 작곡가 루브 –

"기타리스트로 변신할 수 있는 가장 정확 하고 빠른 길"
저자의 실제 노하우가 담긴 이 책은 단순히 곡만 연주하는 것이 아닌, 음악을 이해하며 기타연주를 할 수 있게 만들어 줍니다. 멜로디, 스트로크, 핑거스타일 연주 등 기타 연주에 꼭 필요한 주법들과 다양한 레파토리를 통하여 여러분을 리얼! 기타리스트로 만들어주는 단 하나의 교재.
– 기타리스트 이승희 (이승희 기타&뮤직 대표) –

오랜 레슨 경험과 수많은 세션 경험을 바탕으로 필드에서 항상 책임감 있는 연주로 다져왔던 기술을 고스란히 책에 담았습니다. 처음 기타를 시작하려고 할 때 어디부터 시작해야 할 지 모른다면 『문파워 기타 특강』이 해답이 될 것입니다.
어플 「음악상자」에 수록된 음원과 꾸준히 업데이트 해온 SNS 교육 연주 영상은 독자들의 마음을 사로잡기에 충분합니다. 국내 음악교재를 통틀어 가장 똑똑하게 만들어진 기타교본입니다.
– 기타리스트, 작곡가 정재교 –

Contents

Lesson 1

비법 전수 입문 첫 단계

이 책은 연주에 꼭 필요한 내용만 담았다.
이 정도 암기가 부담이 된다면 비법을 전수받기 힘들다.
게임을 하기 위해서 캐릭터와 아이템 조작방법을 숙지하지 않는가??
기타도 여유를 가지고 첫 단계부터 확실하게 숙지하고 넘어가자.

기타를 얼마나 치면 빨리 잘 할 수 있을까요?

좋은 교재와 자료, 좋은 선생님, 다른 연주자와 교류, 수많은 연주 경험
그리고 오랜 시간 개인연습을 하면 남보다 빨리 고수가 될 수 있습니다.
사람마다 발전하는 속도는 차이가 있습니다.

기타의 명칭을 알아두면 앞으로 기타를 연주하고 배우는 데 도움이 됩니다.
기타는 크게 세 부분, '헤드, 넥, 바디'로 나뉘며 각부 명칭은 다음과 같습니다.

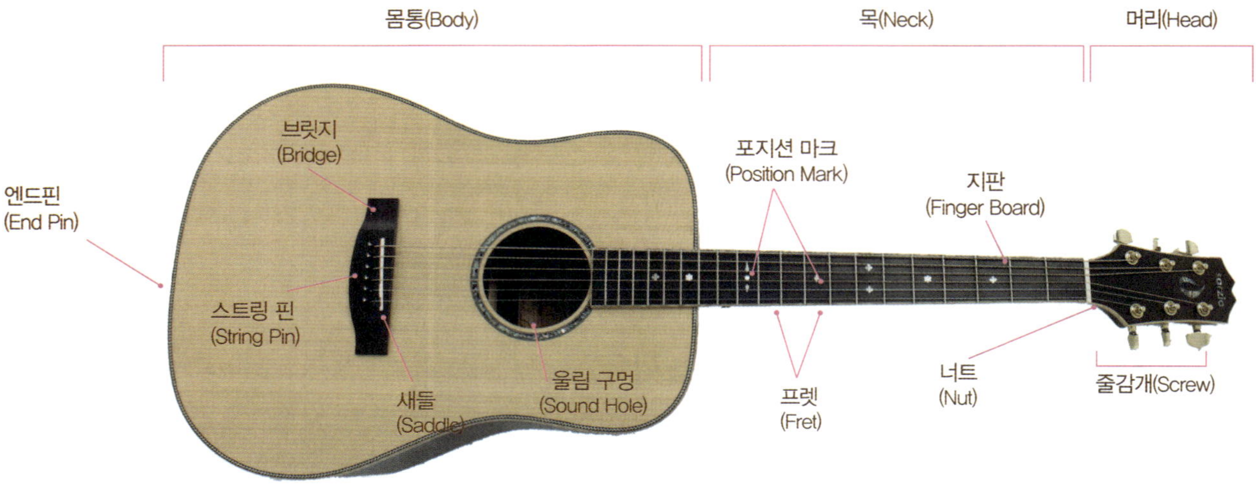

- **줄감개** : 기어를 돌려서 줄을 감아주고, 음을 조율(튜닝)하는 역할을 합니다.
- **너트** : 헤드와 넥의 경계 부분에 줄을 받쳐주는 역할을 합니다.
- **프렛** : 지판에 박혀있는 금속으로, 음정을 결정해주는 역할을 합니다.
- **지판** : 왼손 손가락으로 짚는 앞면을 지판이라고 합니다.
- **포지션 마크** : 음의 위치를 빨리 찾을 수 있게 돕는 표시입니다.
- **울림 구멍** : 기타줄을 튕길 때, 소리가 밖으로 나올 수 있게 파인 구멍입니다.
- **브릿지** : 줄을 바디에 고정시키며, 줄의 진동을 몸통으로 전해주는 역할을 합니다.
- **새들** : 브릿지 위에 줄을 받쳐주며, 줄을 지판위로 올려주는 역할을 합니다.
- **스트링핀** : 브릿지에 기타줄을 고정시켜주는, 구멍에 꽂는 핀입니다.

기타는 6개의 줄로 맨 밑에 가는 줄이 1번줄이고 위로 올라가면서 2번, 3번, 4번, 5번, 6번줄로 구성이 되어 있으며, 가는 줄은 높은 소리가 굵은 줄은 낮은 소리가 납니다.

◈ 기타의 종류와 구입 요령

기타를 처음 시작할 때 자세히 알고 구입하면 연주하는 데 많은 도움이 됩니다.

– 기타에도 사이즈가 있다 –

① 드레드 넛 바디

가장 기본형으로 남성용 사이즈로 나온 기타입니다.
여성이나 아이들이 사용하기에는 불편합니다.

② 오케스트라 바디 (OM 바디)

드레드 넛 바디보다 허리가 잘록하고 기타 두께가 약
1cm 정도 더 얇습니다. 여성들이나 어깨가 좁은 분들
이 사용하기 좋은 사이즈입니다.

③ 컷 어웨이 바디

12 프렛 이상의 높은 음역대를 연주하기 편하게 밑부
분을 깎은 바디로, 솔로 연주 시 편하지만 드레드 넛
바디 보다는 울림이 덜합니다.

④ 점보 바디

바디 사이즈 중에 가장 큰 바디입니다. 바디가 크기 때
문에 울림의 폭도 넓습니다. 체구가 크거나 넓은 울림
을 원하는 사람이 사용하기 좋습니다.

⑤ 팔러 바디

OM 바디보다 작은 사이즈이며 섬세하고 예민하고 또
렷한 음색을 잘 표현해줍니다. 체구가 작은 여성이나
어린이가 사용하기 좋습니다.

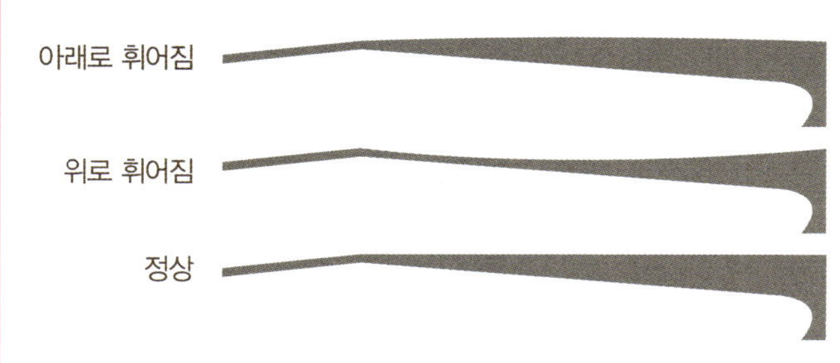

▶ 그림과 같이 기타 넥의 휘어짐이 없는지 확인합니다.

▶ 음정이 정확하고 잡음이 없는지 확인합니다.

▶ 24개 프렛 중 튀어나온 것이 없는지 확인합니다.

▶ 실금이나 깨진 곳이 없는지 확인합니다.

▶ 부속품 연결 부분에 접착이 잘 되었는지 확인합니다.

◈ 통기타 연주에 필요한 도구들

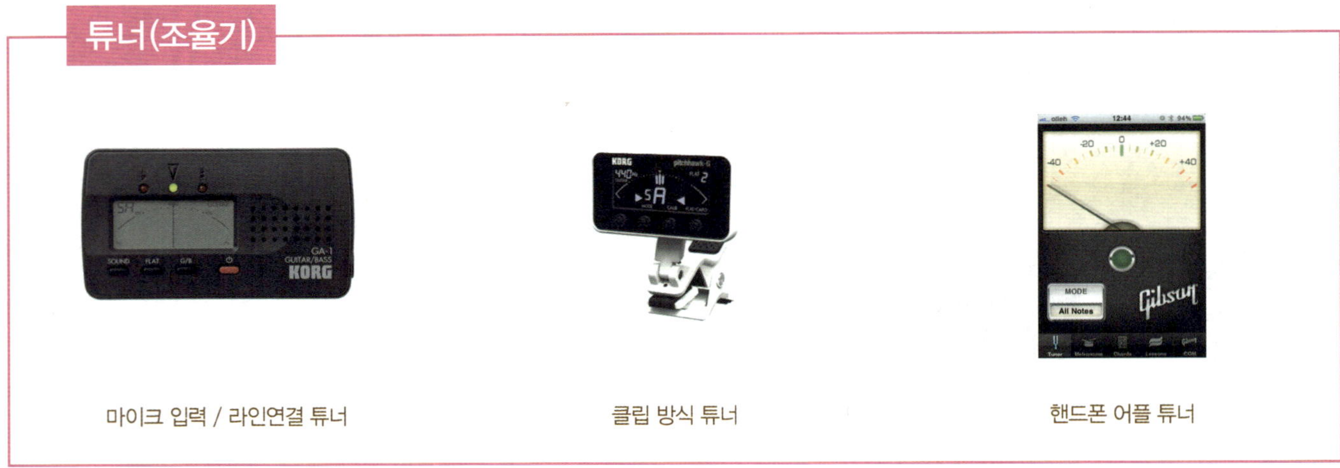

마이크 입력 / 라인연결 튜너   클립 방식 튜너   핸드폰 어플 튜너

기타를 연주하기 전에, 먼저 정확한 음정으로 조율해야 하기 때문에 꼭 필요한 도구입니다.

스탠다드 피크   트라이앵글 피크   섬 피크

피크 모양이 다양하게 있는데, 위의 세 종류를 가장 많이 사용하며 사이즈도 다양합니다.
통기타 연주 시 피크 사이즈는 0.5mm ～ 0.7mm 정도가 가장 적당합니다.

집게식 카포   나사식 카포   버튼식 카포

카포는 조옮김을 편하게 할 수 있는 도구입니다. 하나쯤 소장하면 좋습니다.

스트랩

서서 연주할 때 어깨에 걸치는 끈을 말합니다.

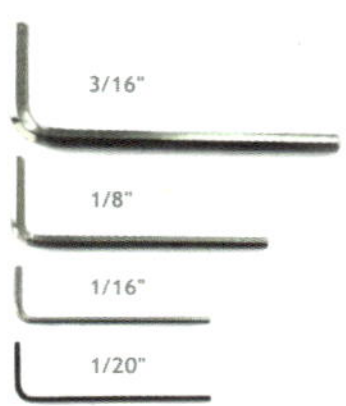

렌치

기타 넥 안쪽에 '트러스로드'라는 철심이 있는데, 이것은 온도나 습도에 의해 휘어집니다. 이때 이 렌치를 이용해서 조정을 할 수 있습니다. 꼭 필요한 도구입니다.

메트로놈

정확한 박자에 맞추어 연습하는 데 꼭 필요한 도구입니다. '똑딱', '삑삑' 이런 소리로 박자의 속도를 조절할 수 있으며, 음표도 연습할 수 있는 기능이 있습니다.

습도 조절기

기타는 여름철에는 습하고 겨울철에는 건조하기 때문에 바디에 변형이 올 수 있는데, 변형을 좀 더 막아줄 수 있는 도구입니다.

기타 스트링(줄)

기타 스트링은 소모품입니다. 연주하는 도중에 끊어지기도 하고, 오랜 기간 동안 스트링 교체를 안 해주는 경우에 녹이 슬기도 하고, 연주하면서 손에 땀으로 인해 스트링이 부식되므로 항상 여분의 줄을 준비해두는 것이 좋습니다.

◇ 기타 연주 자세

자세에 대한 정답은 없습니다. 사진과 같이 기타를 안았을 때 몸이 편해야 합니다.

바디에 파인 부분은 무릎 위에 올려 주고 오른손의 팔꿈치 부분은 바디에 얹는 것이 기본자세입니다.

오른손 자세

피킹 자세(피크로 연주하는 자세)

핑거 자세(핑거로 연주하는 자세)

왼손 자세

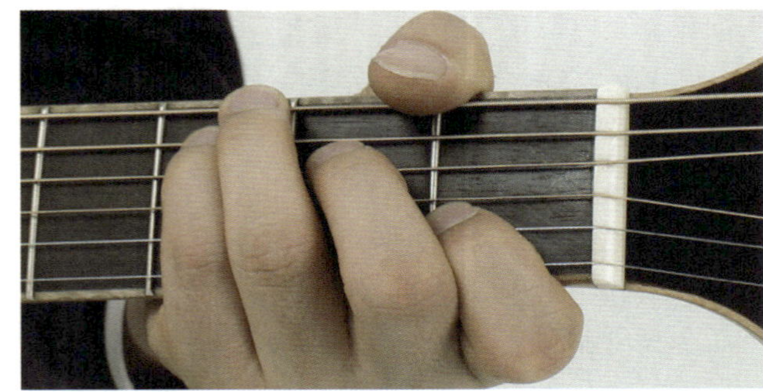

지판을 누르는 자세

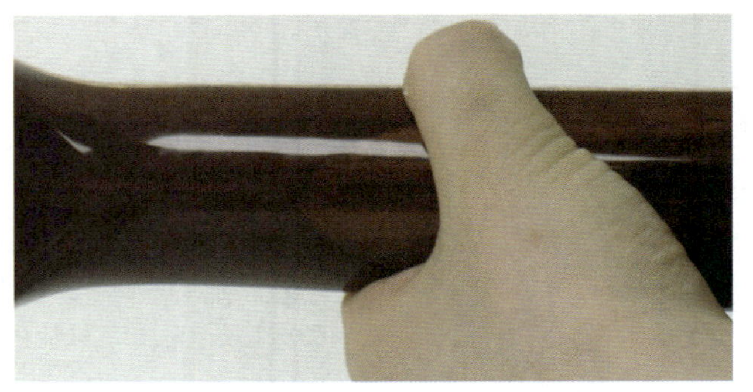

넥 뒤편 엄지손가락 자세

● 지판에서 왼손 자세

왼손 손톱은 짧게 자릅니다.	손가락은 세워서 잡아줍니다.	프렛에서 가까운 곳을 눌러줍니다.

● 피크 잡는 방법

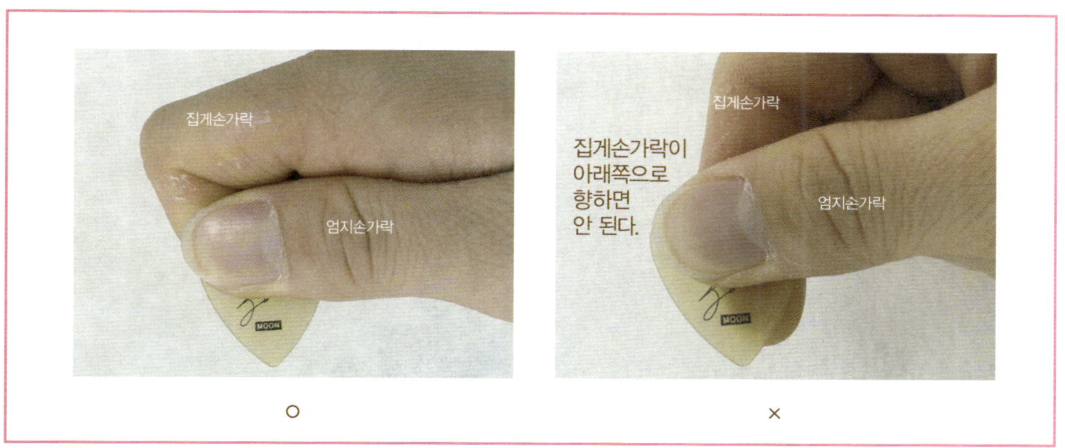

● 피크 잡는 방법

● 피크 사용법

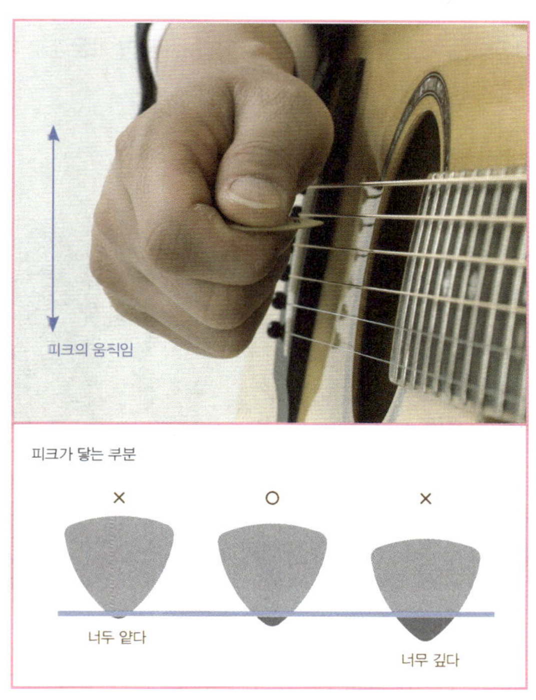

◇ 튜닝

연주를 하기 전에 튜닝은 꼭 해줘야 합니다.
연주 도중에도 음이 조금 변할 수 있으니, 수시로 튜닝 해주는 것이 좋습니다.

● 기타줄 개방현의 음이름

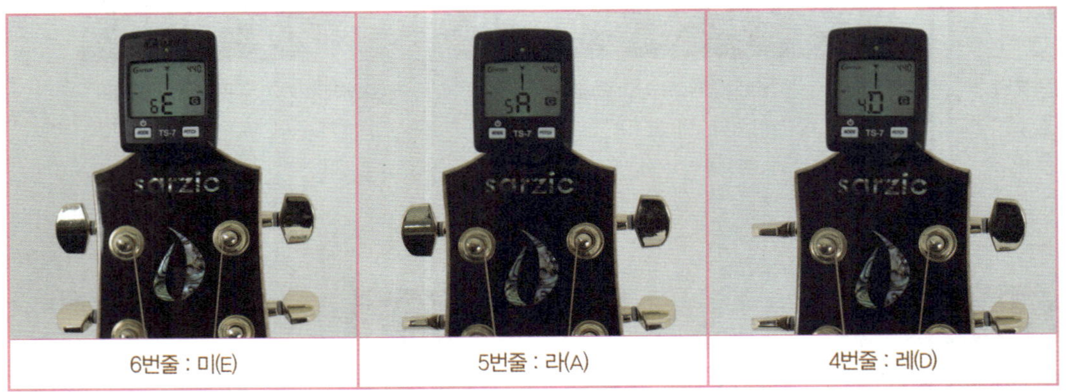

6번줄 : 미(E)	5번줄 : 라(A)	4번줄 : 레(D)

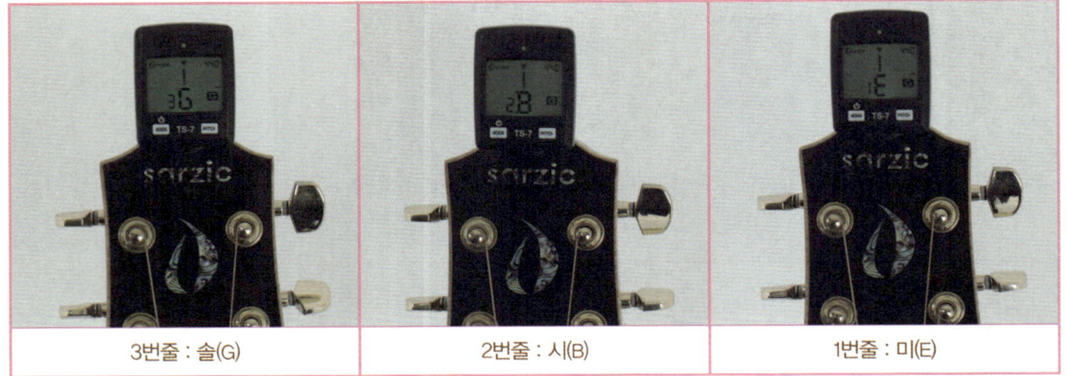

3번줄 : 솔(G)	2번줄 : 시(B)	1번줄 : 미(E)

위의 그림처럼 줄의 음이름이 나오고, 눈금이 가운데로 위치해 정확히 조율되면 LED 화면에 녹색불이 켜집니다.

● 줄감개 사용방법

헤드 왼쪽 줄감개	헤드 오른쪽 줄감개

음을 높일 때는 줄을 감아주고, 음을 낮출 때는 줄을 풀어줍니다.

- 기타가 전반적으로 녹이 생기고 노화가 심해서 전체적인 세팅이 필요할 때
- 기타 넥이 많이 휘어져서 버징이 심할 때
- 기타 바디 브릿지 부분이 배가 나왔을 때
- 기타 넥이 부러지거나 바디가 깨졌을 때
- 기타 너트나 브릿지 새들이 이상이 있어 교체해야 할 때
- 프렛이 많이 닳아서 연주에 지장이 생길 때
- 줄감개가 부러졌을 때

이렇게 고장이 났을 때는
인터넷에 '기타 리페어샵'을 검색해서, 가까운 리페어샵에서 수리받으면 됩니다.

리페어샵이란? 기타를 전문적으로 수리하는 센터

lesson 2

계이름 마스터가 되기 위한 첫걸음!

언제까지 음표를 보면 겁을 낼 것인가?
이제부터는 오선악보에 자신감을 갖자!

음악은 만국 공통 언어!
그리고 모든 악기의 공통 언어!
악보를 볼 수 있다면 당신은 모든 악기와 소통할 수 있습니다.

기타를 연주해본 사람은 잘 알 것입니다.
코드 앞에서는 강하지만 음표 앞에서는 작고 약해지는 모습을.

하지만 이 책을 보는 독자들은
첫걸음부터 오선악보를 정복할 수 있을 것입니다.

〈기초 초견 3단계 연습법〉을 통과하면
당신도 계이름 마스터가 될 수 있습니다.

기초 리듬 트레이닝

음악의 3요소는 리듬, 멜로디, 코드로 이루어져 있습니다.
먼저 이중에 첫 번째인 리듬을 연주하고 적용하는 방법을 알아보겠습니다.
여기서는 초보자의 실력을 고려해서 온음표부터 8분음표 리듬까지만 연습해보겠습니다.

연습 방법   1) 음표와 쉼표의 박자 길이를 반드시 외우고 다음으로 넘어갑니다.

2) 입으로 노래하듯이 박자를 세면서 연습합니다.

3) 손과 발을 동시에 다운/업으로 움직이면서 박자를 셉니다.

4) 피킹으로 연주할 때는 여섯 현(줄) 중에 원하는 개방현을 선택하여 연주합니다.

5) 스트로크로 연주할 때는 왼손으로 기타줄을 뮤트해서 연주합니다.

(뮤트란? 현이 프렛에 닿지 않게 왼손을 살짝 얹어 주어 현의 울림을 막아주는 것)

◈ 피킹 자세

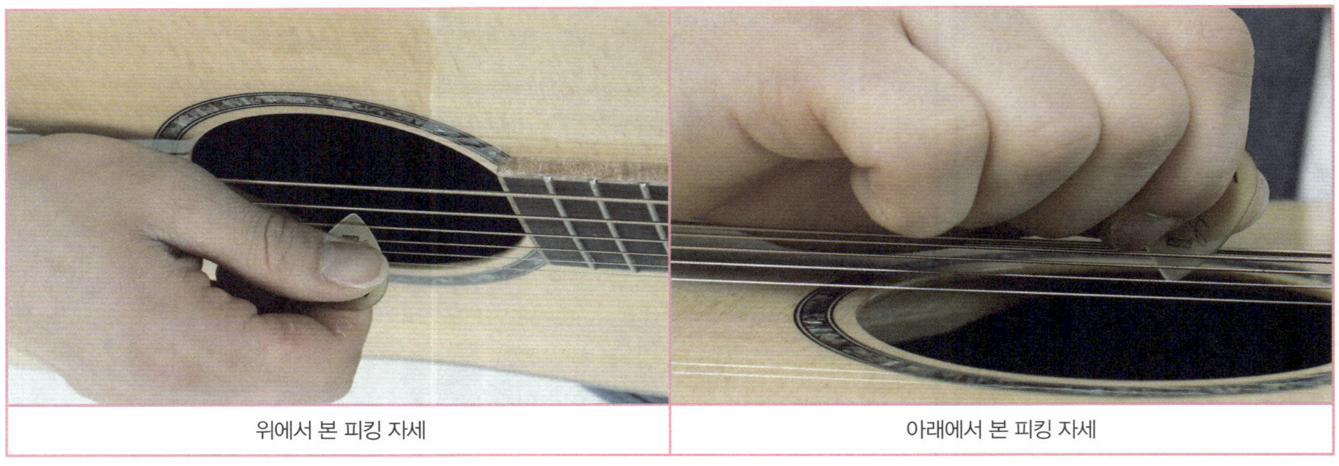

위에서 본 피킹 자세	아래에서 본 피킹 자세

◈ 오른손 스트로크와 왼손 뮤트 자세

오른손 손목은 구부러지지 않게 펴줍니다.	왼손 손가락을 6개의 현에 모두 얹어 줍니다.	현(줄)이 프렛에 닿지 않게 왼손 손가락을 얹어 줍니다.

◇ 음표와 쉼표

연주를 하기 위해서는 반드시 음표와 쉼표의 길이를 알아야 합니다.
언어로 따지면 단어와도 같습니다. 그러므로 반드시 숙지하고 넘어갑시다.

음표	음표 이름	길이	쉼표	쉼표 이름	길이
𝅝	온음표	4박	▬	온쉼표	4박
𝅗𝅥.	점2분음표	3박	▬.	점2분쉼표	3박
𝅗𝅥	2분음표	2박	▬	2분쉼표	2박
𝅘𝅥.	점4분음표	1박 반	𝄽.	점4분쉼표	1박 반
𝅘𝅥	4분음표	1박	𝄽	4분쉼표	1박
𝅘𝅥𝅮.	점8분음표	반 박 반	𝄾.	점8분쉼표	반 박 반
𝅘𝅥𝅮	8분음표	반 박	𝄾	8분쉼표	반 박
𝅘𝅥𝅯	16분음표	반의반 박	𝄿	16분쉼표	반의반 박

◈ 기초 악보 지식

● 음계

음을 차례대로 배열한 '음의 계단'으로서 반드시 숙지해야 합니다.

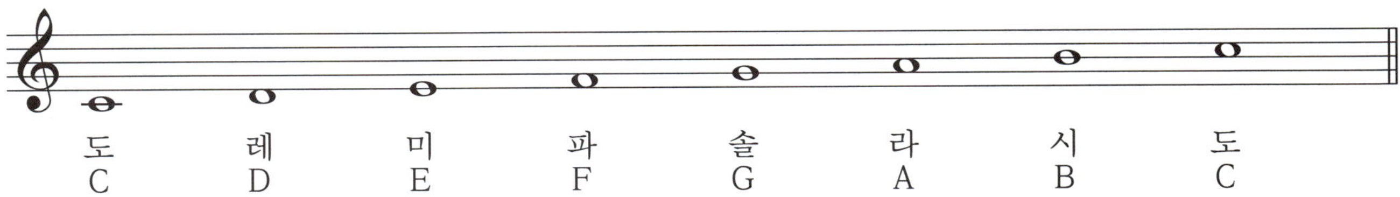

기타를 연주하려면 음의 한글 표기와 알파벳 표기를 모두 알아야 합니다.

● 반음과 온음

반음과 온음은 음악에서 꼭 알고 있어야 하는 중요한 상식입니다.

> **온음** : 서로 맞닿은 두 음의 사이가 장2도에 해당하는 음정
>
> **반음** : 온음 절반(1/2)의 음정

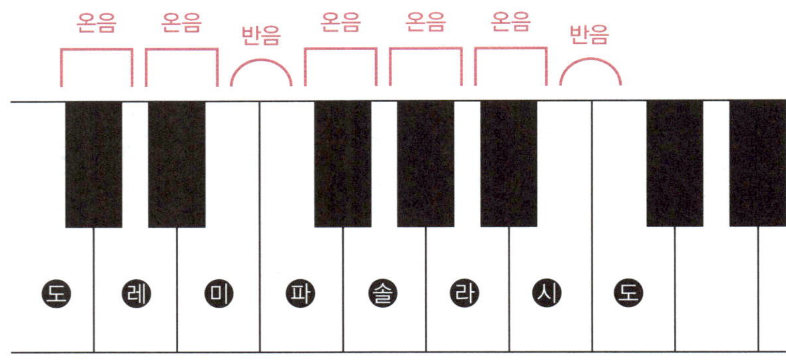

반음 = '미~파'와 '시~도' | 반음 = 건반1칸
온음 = 건반2칸

● 기타 지판 포지션

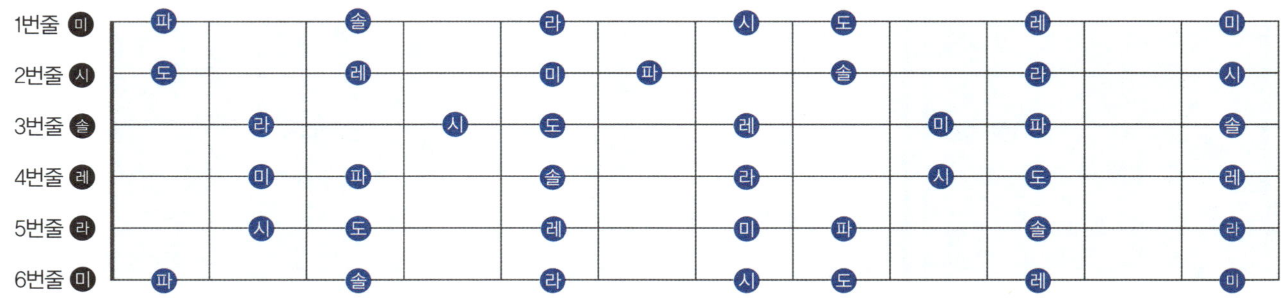

반음 = 프렛1칸
온음 = 프렛2칸

음표를 보고 피킹/스트로크 훈련을 해보겠습니다.

연습 포인트를 잘 지켜서 느린 속도에서 천천히 연습하세요.

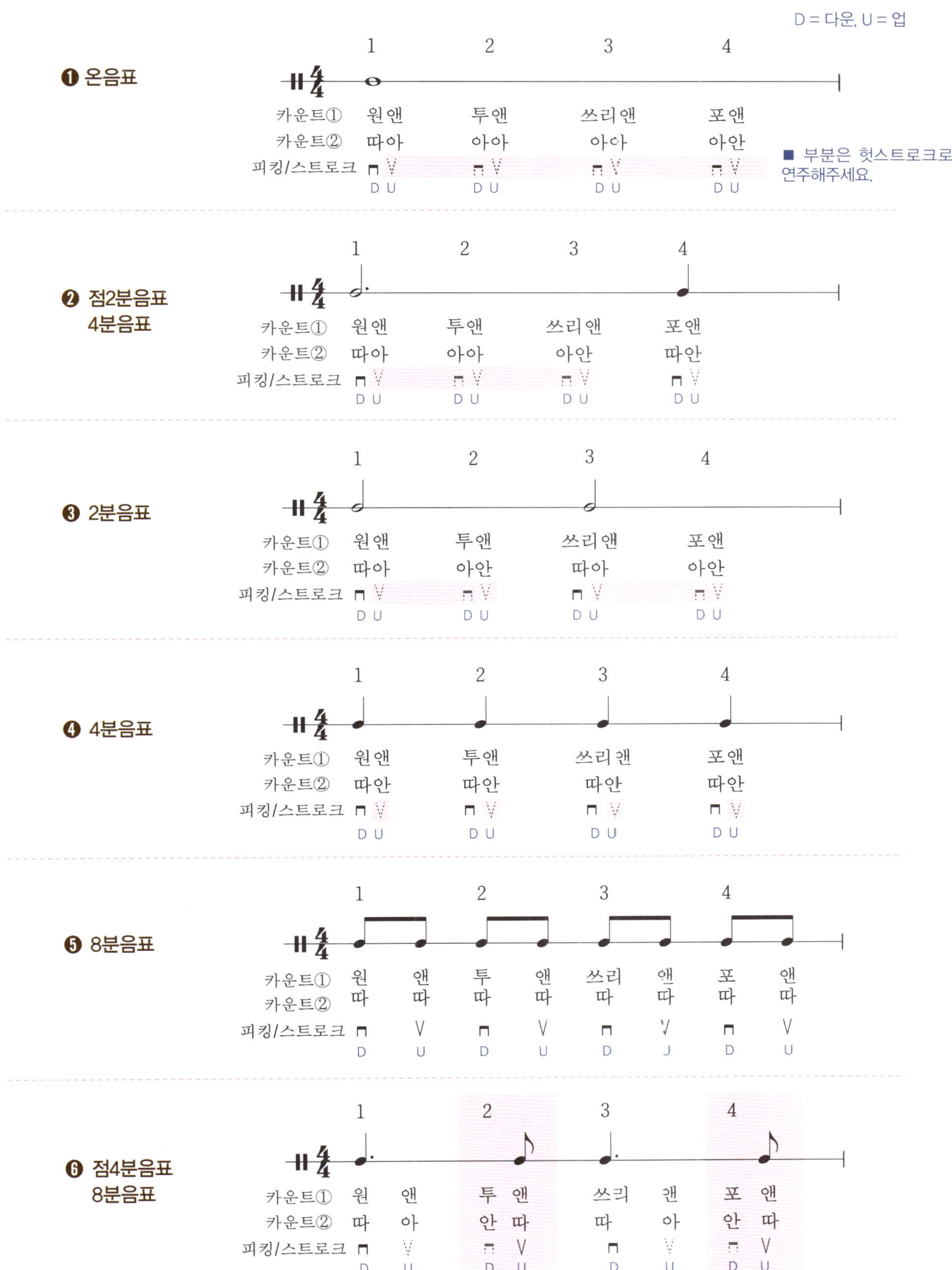

앞의 내용을 훈련하고 숙지했다면, 이번에는 앞의 리듬을 응용해서
여러 패턴으로 천천히 피킹/스트로크 리듬 연습을 해보겠습니다.

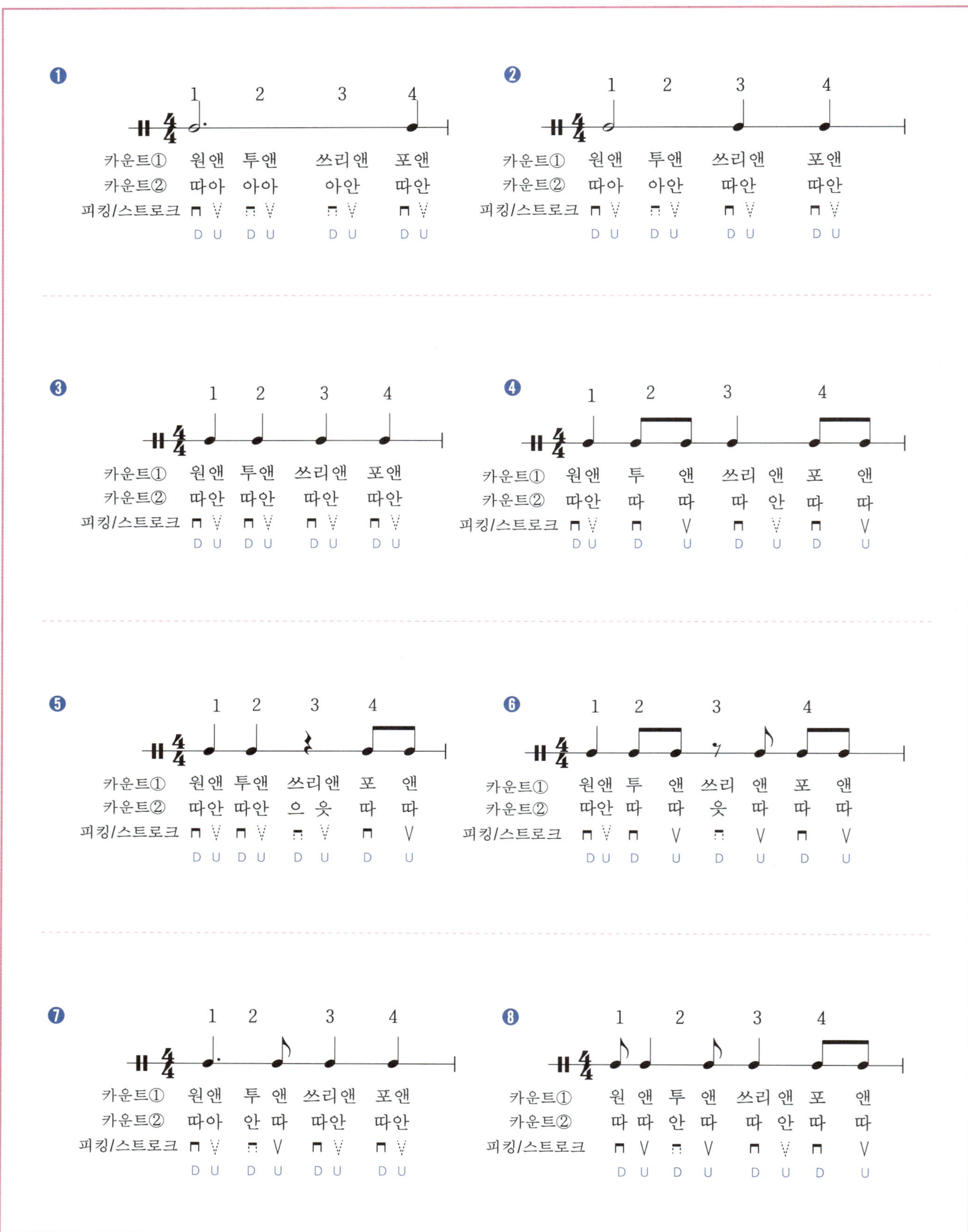

실전 리듬 연주 연습을 통해서 8비트 리듬 초견을 마스터 해보겠습니다.
발과 몸으로 박자를 세고 입으로 카운트를 세면서 함께 연습하세요.

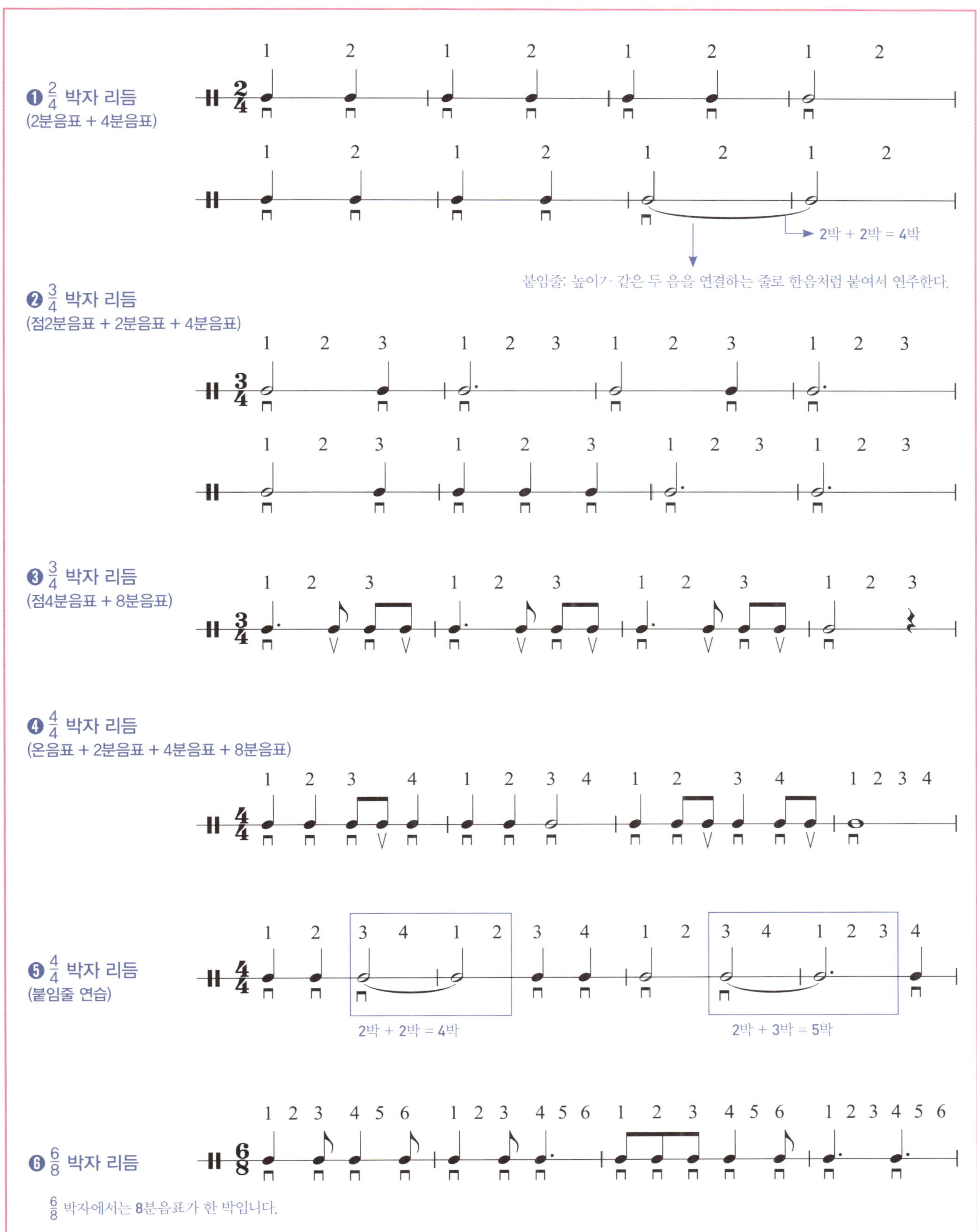

크로매틱은 반음 또는 반음계라는 뜻입니다. 기타에서 크로매틱 연습이란 무엇일까요?
연주하기 전 손가락을 풀기 위한 준비운동으로, 초보자는 꼭 해야 하는 중요한 연습입니다.

연습 방법

1) 왼손 손가락 번호와 오른손 자세를 지켜서 연주합니다.

2) 박자를 세면서 천천히 연주합니다.

3) 될 수 있으면 연결되는 음이 끊기지 않도록 연주합니다.

4) 손가락이 지판에서 많이 떨어지지 않도록 연주합니다.

5) 메트로놈을 사용하여 정확한 템포를 유지하며 연주합니다.

크로매틱 왼손 자세

ex 1

♩ = 70

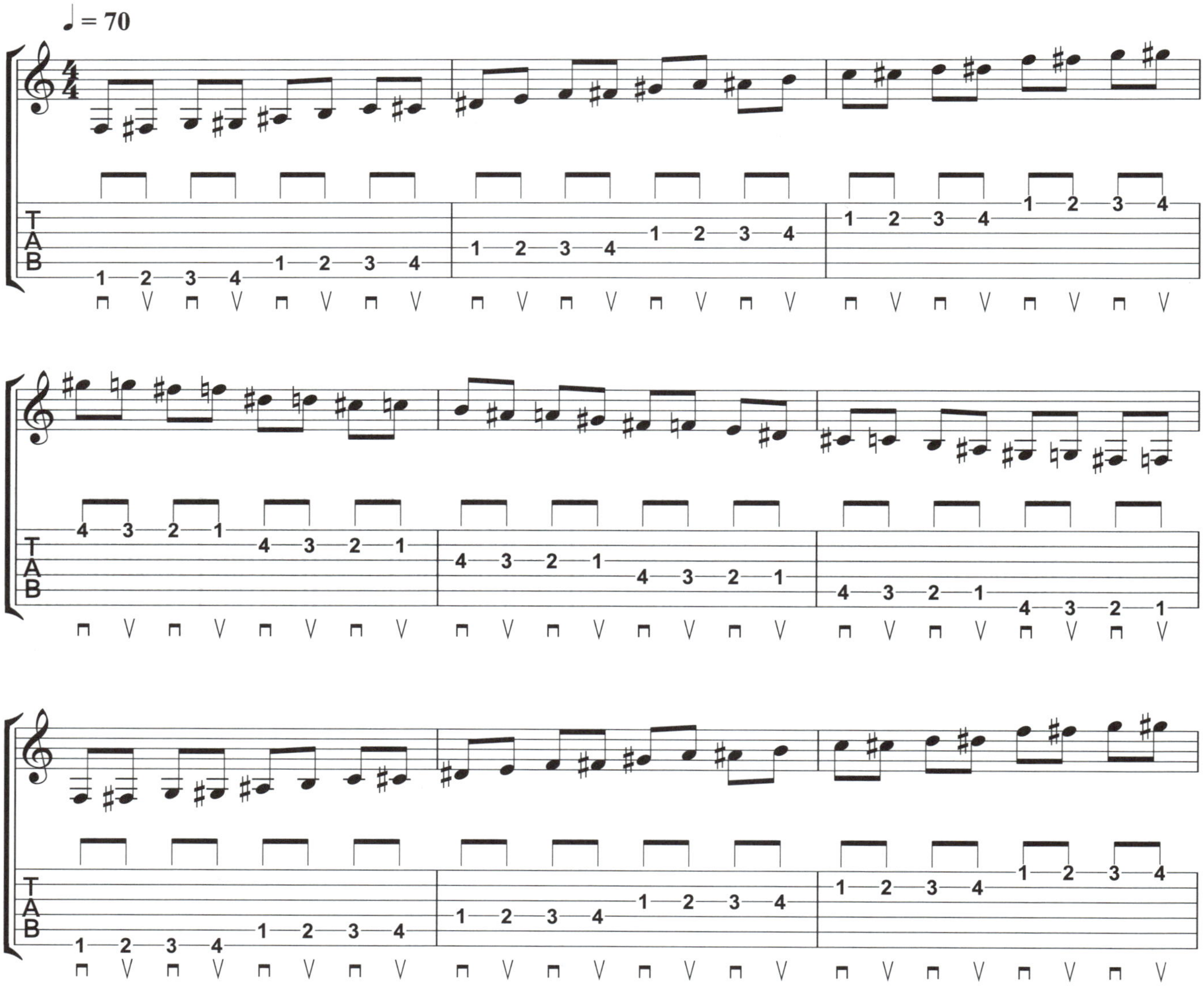

ex 2

계이름 읽기 (악보를 글처럼 읽자)

음악의 3요소 중 두 번째인 '멜로디' 훈련을 해보겠습니다.
악보 보는 것이 힘든 경우, 계이름 읽기 연습을 통해 자신감을 얻을 수 있을 것입니다.

연습 방법 주어진 예제의 멜로디를 익숙해질 때까지 천천히 읽습니다.

계이름 연습

① 오선 안에 있는 음의 계이름 읽기

② 덧줄이 있는 음의 계이름 읽기

③ 8분음표로 된 음의 계이름 읽기

④ 임시표가 붙은 음의 계이름 읽기

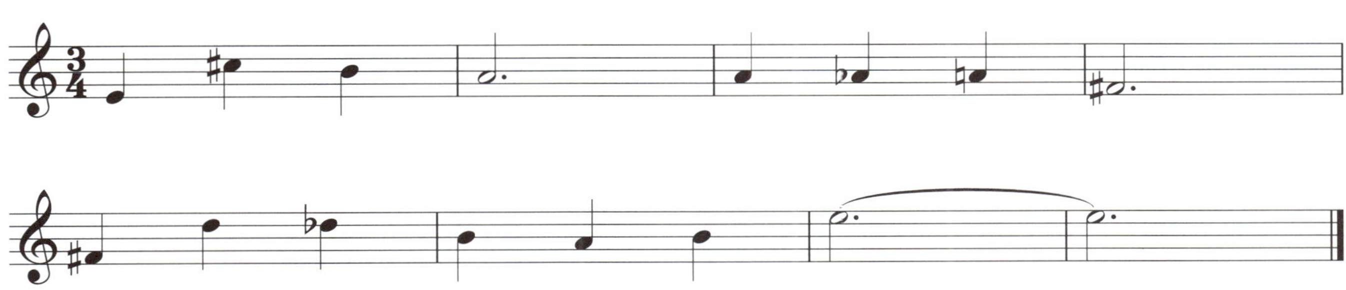

메이저 스케일_(자리 외우기)

여기서는 C 메이저 스케일(도 레 미 파 솔 라 시 도)로 훈련해보겠습니다.

연습 방법 1) 음을 따라 부르며 천천히 연주합니다.

2) 손가락 번호를 확인하면서 음의 자리를 정확하게 숙지합니다.

3) 원하는 음을 한 번에 찾을 수 있도록 확실히 외웁니다.

● 초보자를 위한 스케일 포지션

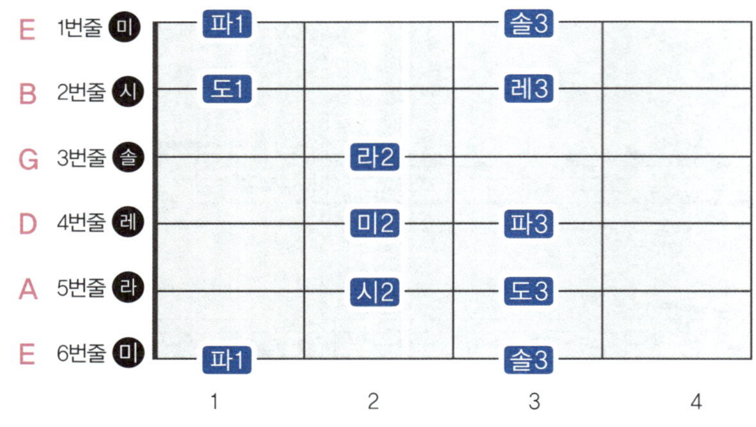

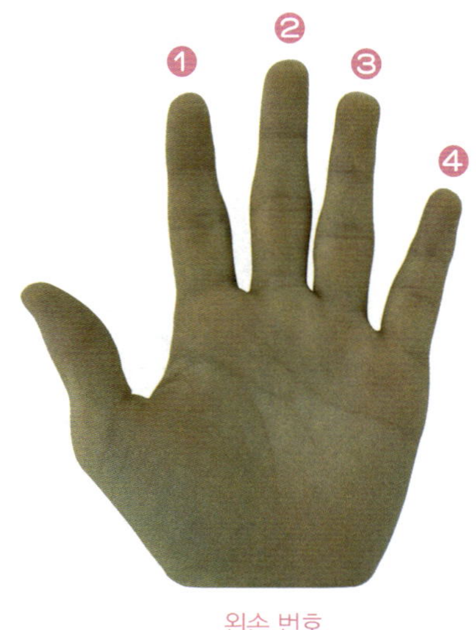

● 손가락 풀기 예비 훈련 Track 5

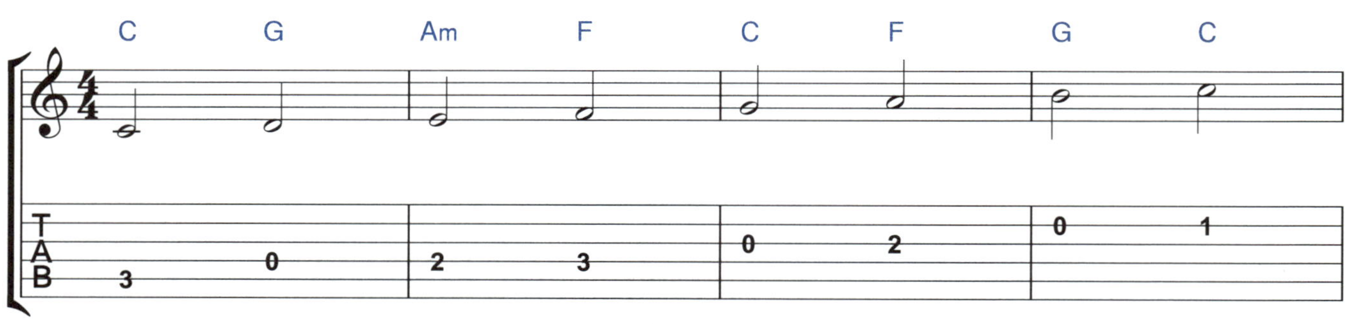

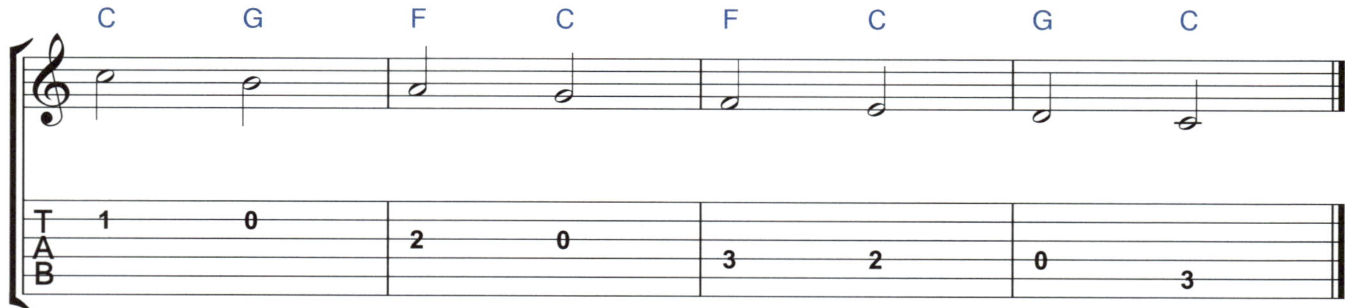

● **실전 곡 연습**

지금까지 연습했던 내용을 모두 적용해서, 3단계로 나눠 멜로디를 연습해보겠습니다.

연습 방법　1) 리듬 악보를 보면서 다운/업 피킹을 체크합니다.

　　　　　2) 기타 지판에서 계이름과 왼손 운지를 찾습니다.

　　　　　3) 리듬과 계이름을 함께 보며 연주합니다.

연습 ①　Track 6

리듬 악보를 보면서 다운/업 피킹을 체크합니다.

연습 ②　Track 7

기타 지판에서 계이름과 왼손 운지를 찾습니다.

박자(리듬+계이름), 피킹 리듬, 왼손 운지를 정확하게 느린 속도부터 연습합니다.

고향의 봄

이원수 작사. 홍난파 작곡

$\frac{3}{4}$박자 연습을 위한 곡입니다.

독보력을 위해 피킹 리듬기호를 빼고 계이름만 넣었습니다. 정확한 피킹 리듬을 찾아보고 연주하세요.

등대지기

유경손 작사, 작곡 미상

♩ = 90

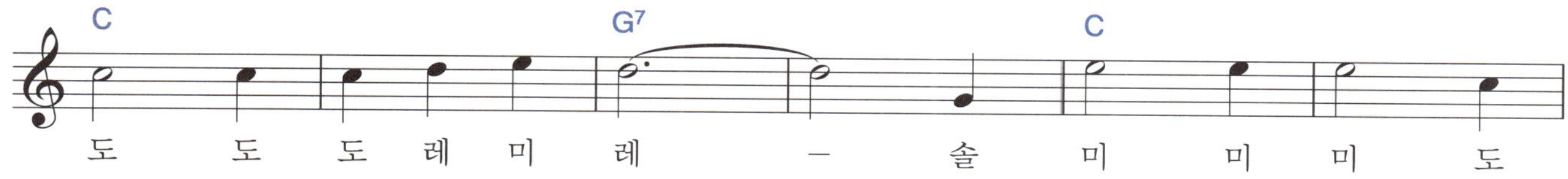

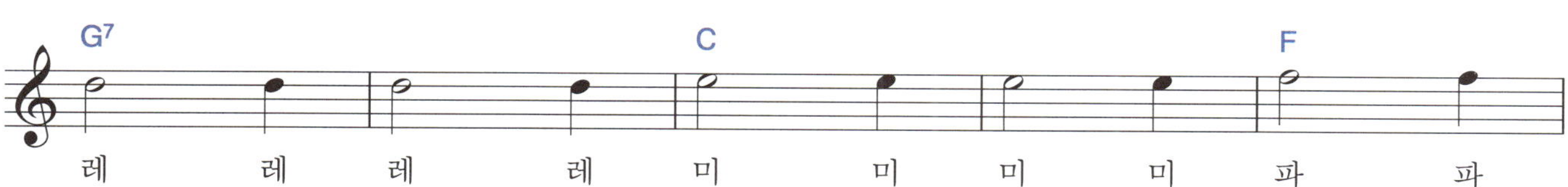

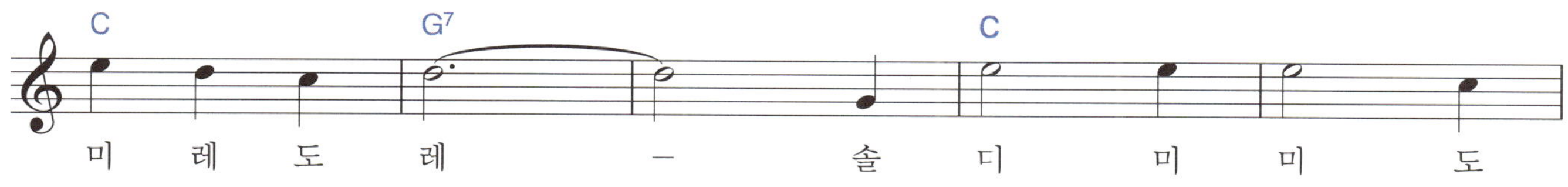

등대지기

유경손 작사, 작곡 미상

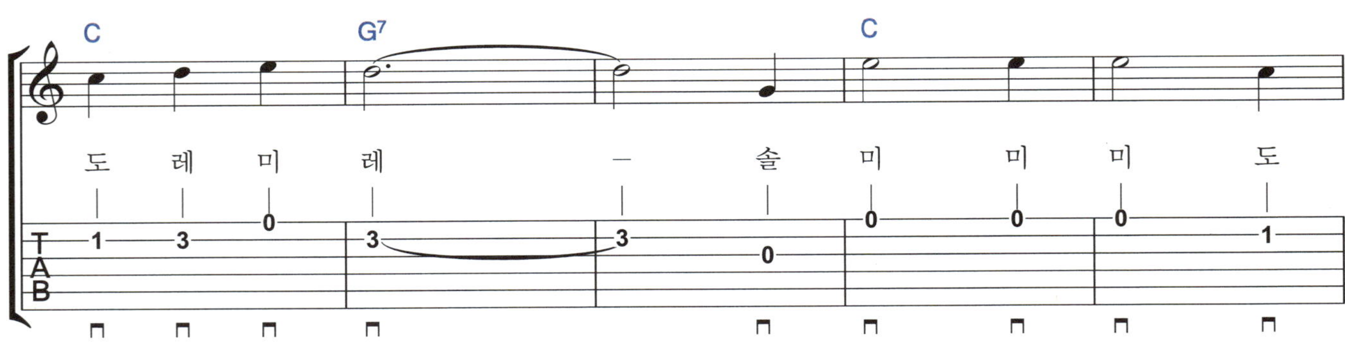

C   G⁷   C
―   도   레   레   레   미   미   미   미

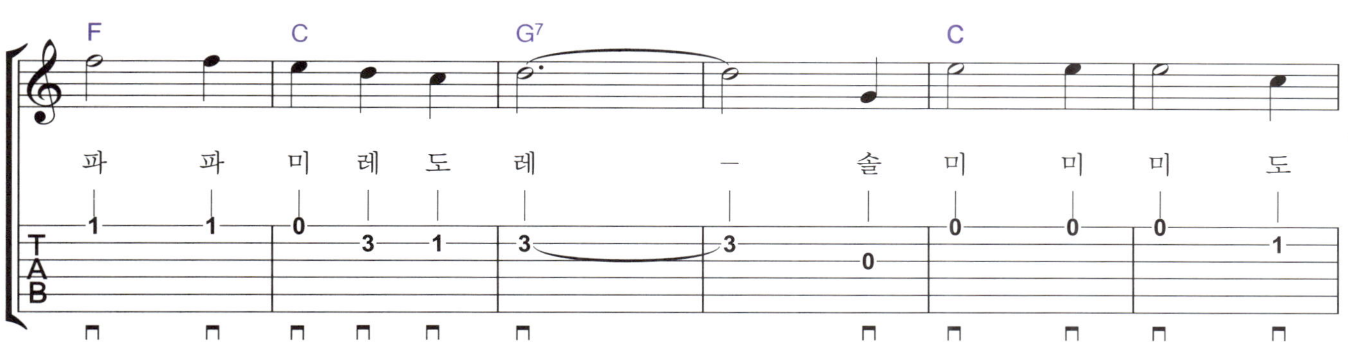

F   C   G⁷   C
파   파   미   레   도   레   ―   솔   미   미   미   도

F   C   G⁷   C
레   도   라   솔   솔   도   도   시   도   레   도   ―

$\frac{3}{4}$박자에서의 '점4분음표'와 '8분음표' 리듬 연습을 위한 곡으로, 독보력을 기르기 위해 계이름과 피킹 리듬기호를 넣지 않았습니다. 악보에 집중하기 위해 가사도 넣지 않았으니 천천히 멜로디를 연주하세요.

산바람 강바람

윤석중 작사. 박태준 작곡

악보 읽기가 어렵다면 타브 악보를 참고하세요.

산바람 강바람

윤석중 작사. 박태준 작곡

◇ 악보의 반복 기호

● 도돌이표

도돌이표를 만나면 앞부분의 도돌이표로 다시 되돌아갑니다.

①
연주 순서 : A − B − C − D − A − B − C − D

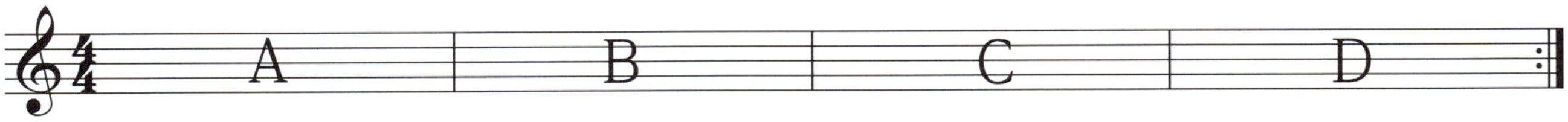

②
연주 순서 : A − B − C − D − C − D

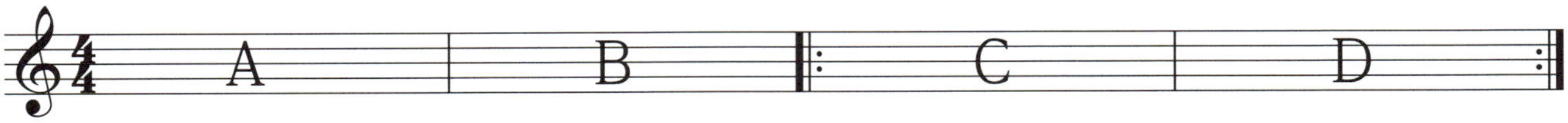

③
연주 순서 : A − B − A − B − C − D

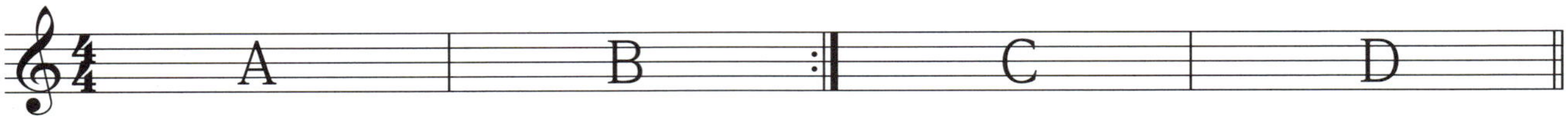

④
연주 순서 : A − B − A − B − C − D − C − D

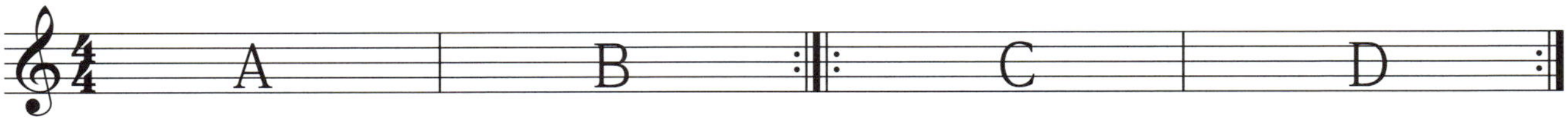

⑤

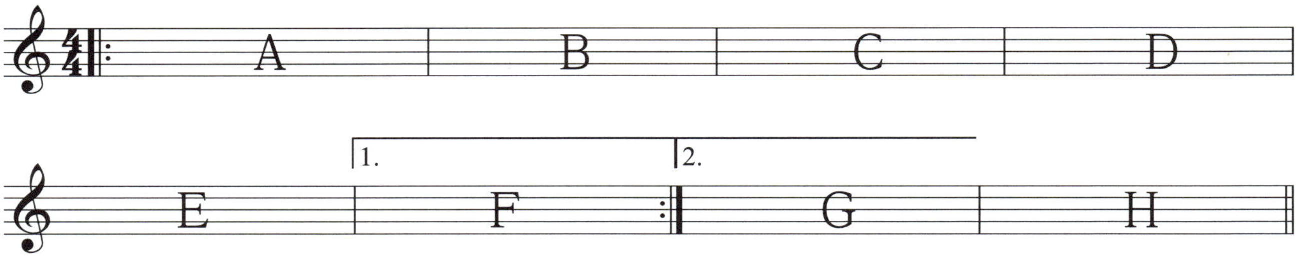

(F까지 진행해서 1번 괄호 도돌이표 적용 후,
앞으로 되돌아가서 두 번째로 진행할 때는, E에서 2번 괄호인 G로 넘어간다.)

연주 순서 : A − B − C − D − E − F − A − B − C − D − E − G − H

● D.C.(Da Capo−다카포)

노래의 맨 처음으로 다시 되돌아갑니다.

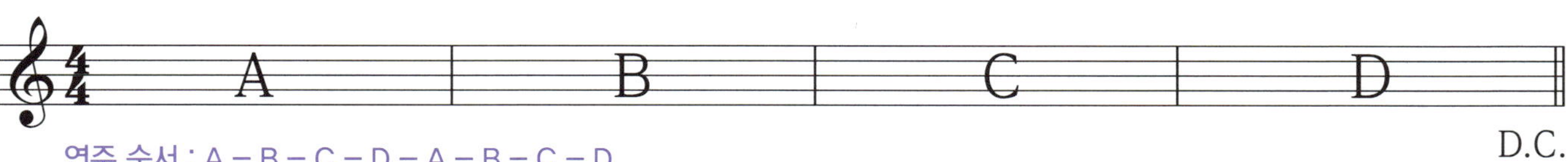

연주 순서 : A − B − C − D − A − B − C − D

- ● D.S.(DalSegno–달세뇨)

D.S. 표시를 만나면 𝄋(세뇨)로 되돌아갑니다.

연주 순서 : A – B – C – D – E – F – G – C – D – E – F – G – H

- ● D.S. al Coda(달세뇨 알 코다)

D.S. al Coda 표시를 만나면, 𝄋(세뇨)로 가서 진행하다 첫 번째 ⊕(코다)에서 두 번째 ⊕(코다)로 점프하여 진행합니다.

연주 순서 : A – B – C – D – E – F – C – D – E – H

- ● Fine(피네)

여기서 끝마치라는 뜻입니다.

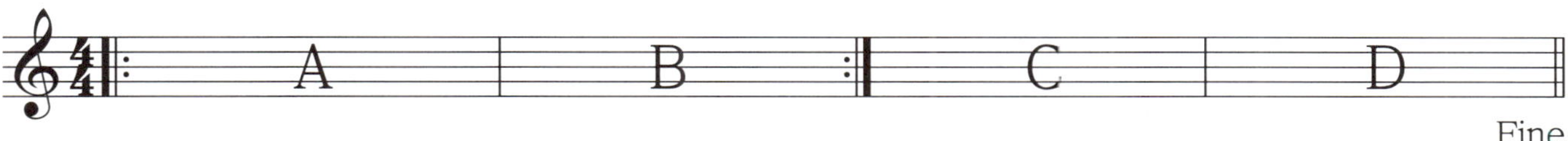

연주 순서 : A – B – A – B – C – D

$\frac{4}{4}$ 박자에서의 '4분음표'와 '8분음표' 피킹 리듬을 위한 연습곡입니다.
멜로디와 리듬을 따라 부르며 차분히 한 음씩 연주하세요.

캐논 변주곡

Johann Pachelbel 작곡

캐논 변주곡

Johann Pachelbel 작곡

C G Am Em
솔 미 파 솔 미 파 솔 솔 라 시 도 레 미 파 미 도 레 미 미 파 솔 라 솔 파 솔 도 시 도

F C F G
라 도 시 라 솔 파 솔 파 미 파 솔 라 시 도 라 도 시 도 시 도 시 라 시 도 레 미 파 솔

C G Am Em
미 도 레 미 레 도 레 시 도 레 미 레 도 시 도 라 시 도 도 레 미 파 미 레 미 도 시 도
D.S. al Coda
달 세뇨: 𝄋(세뇨)로
돌아가서 연주
D.S. al Coda
코다: ⊕에서 ⊕로
이동하여 연주
F G C
라 도 시 도 시 라 시 도 레 도 시 도 라 시 도

$\frac{4}{4}$박자에서의 붙임줄과 반복기호 그리고 조표가 있는 멜로디를 위한 연습곡입니다.
박자를 세면서 천천히 정확하게 연주하세요.

Fly me to the moon

Bart Howard 작사. 작곡

Fly me to the moon

Bart Howard 작사. 작곡

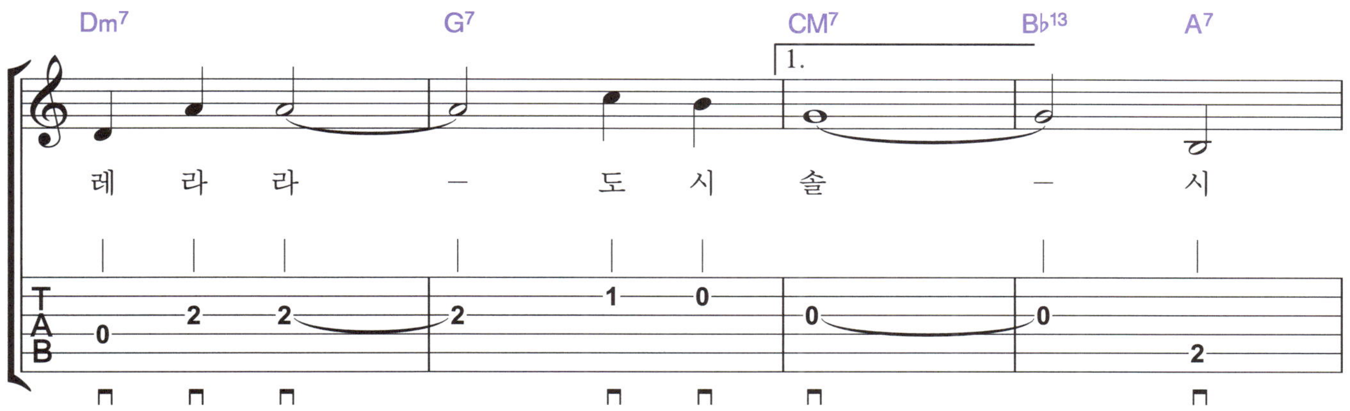
레 라 라 － 도 시 솔 － 시

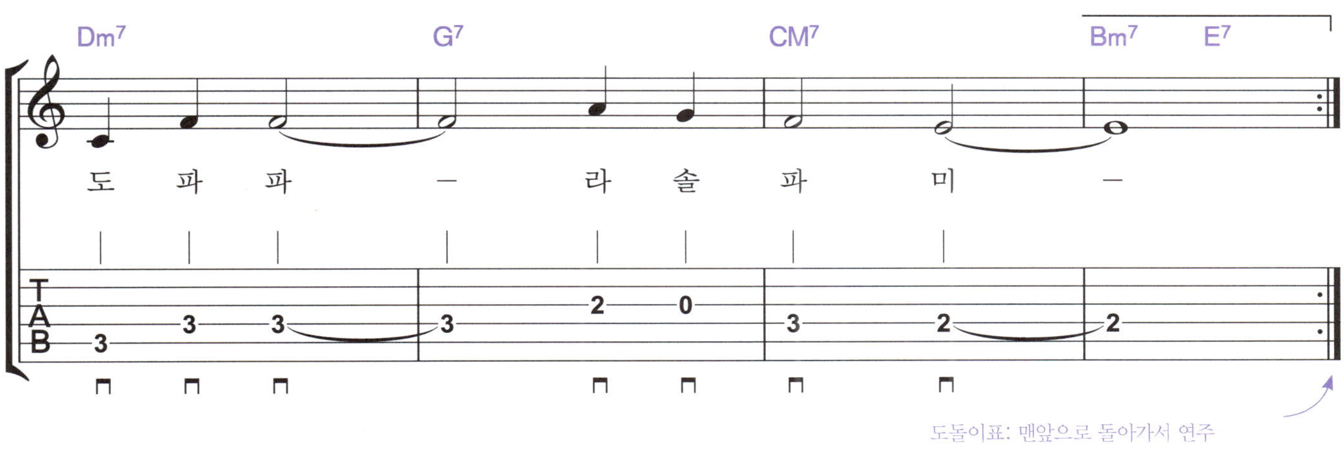
도 파 파 － 라 솔 파 미 －
도돌이표: 맨앞으로 돌아가서 연주

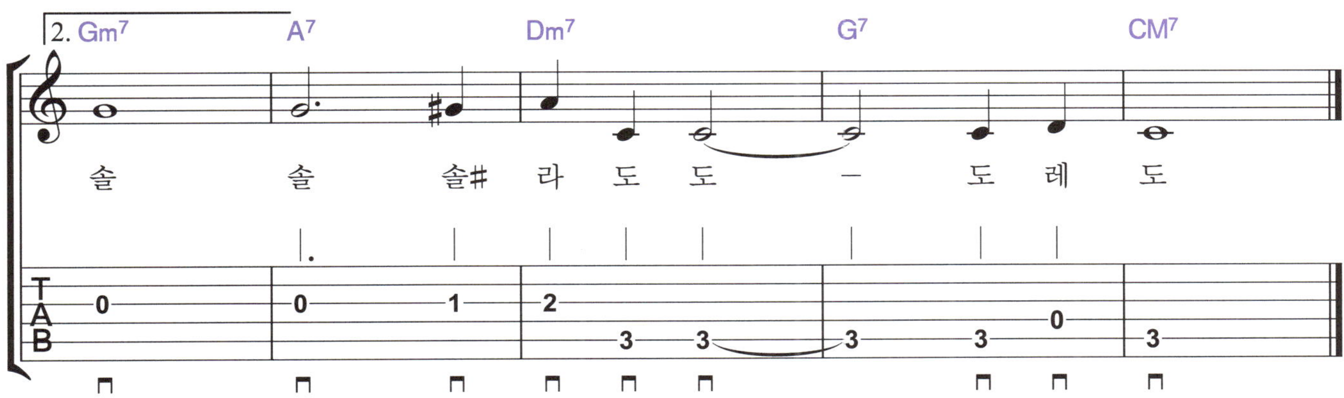
솔 솔 솔# 라 도 도 － 도 레 도

$\frac{6}{8}$박자에서의 덧줄 연습을 위한 곡으로, 8분음표를 한 박으로 세어 주어야 합니다.
독보력 연습을 위해서는 4마디만 피킹 리듬기호를 넣었으니, 참고하여 연주하세요.

오빠 생각

최순애 작사. 박태준 작곡

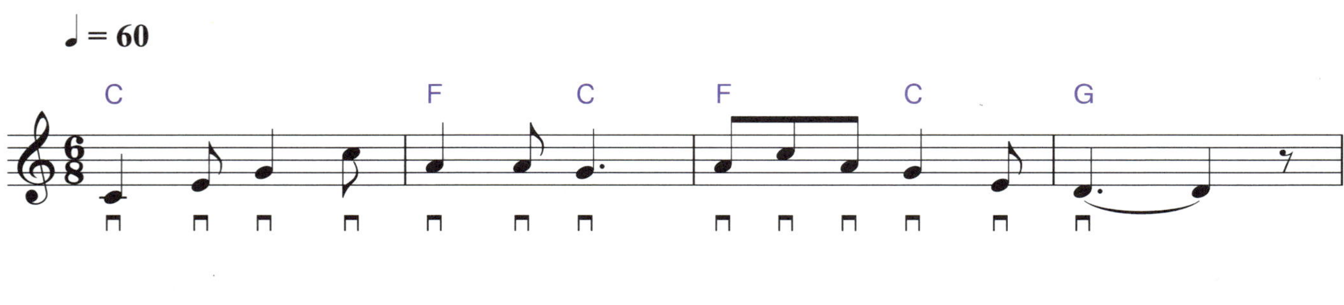

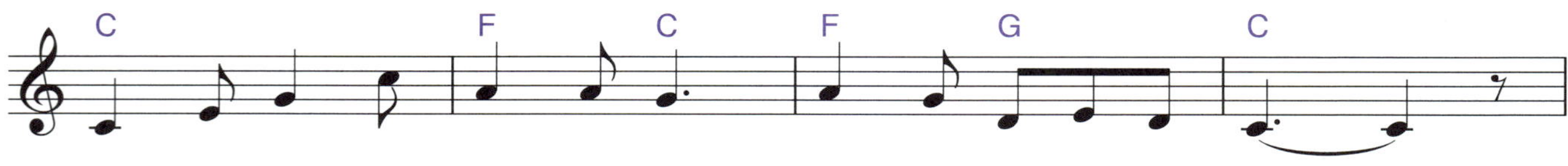

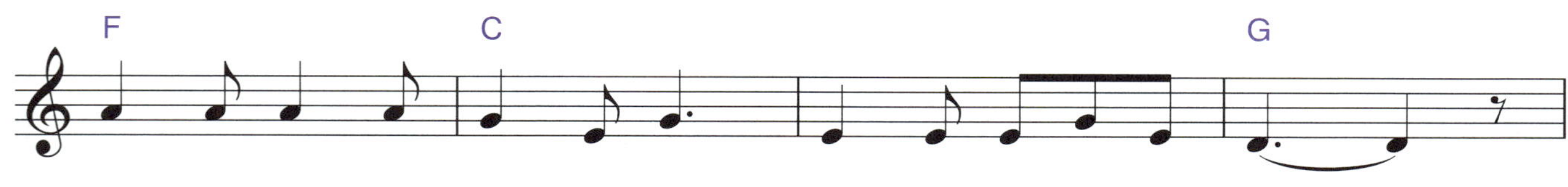

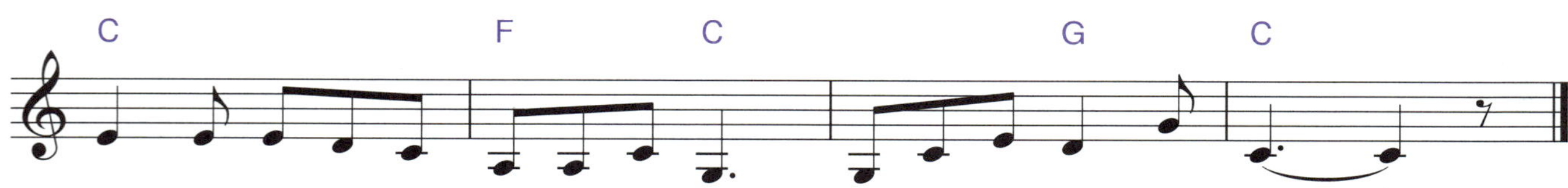

오빠 생각

최순애 작사. 박태준 작곡

lesson 3

오픈코드를 마스터해서
8비트 리듬과 노래도 함께 정복하자.

서두르지 말자!!!
기타를 빨리 잘치고 싶은 마음은 이해한다.
하지만 모든 것에는 과정이 있다.
마음을 차분하게 하고 순서를 밟아 나가자.

오픈코드(Open Chord)란?

오픈코드(Open Chord)는 개방되어 있는 코드,
즉 개방현을 사용하는 코드입니다.

◈ 기본 코드의 명칭

	C	D	E	F	G	A	B
메이저 코드	C	D	E	F	G	A	B
마이너 코드	Cm	Dm	Em	Fm	Gm	Am	Bm
도미넌트 세븐스 코드	C7	D7	E7	F7	G7	A7	B7
메이저 세븐스 코드	CM7	DM7	EM7	FM7	GM7	AM7	BM7
마이너 세븐스 코드	Cm7	Dm7	Em7	Fm7	Gm7	Am7	Bm7

◈ 코드 이야기

※ 메이저는 밝은 느낌

메이저 코드는 대체로 강하고 밝고 명랑한 느낌을 주는 코드로 주로 동요, 행진가 등에 주로 사용됩니다.

※ 마이너는 어두운 느낌

마이너 코드는 이별과 슬픔, 아픔, 그리움을 표현하는 발라드나 트로트에 주로 사용됩니다.

※ 도미넌트 세븐은 끝내는 느낌

세븐은 1도 코드로 되돌아가려고 하는 성질을 가진 코드로, 노래의 문장의 끝이나 노래를 마무리할 때 주로 사용합니다.

※ 메이저/마이너 세븐은 부드럽고 따뜻하여 고급스러운 느낌

메이저/마이너 세븐 코드들은 느낌이 부드럽고 따뜻하여 재즈나 보사노바 등에 주로 사용되는데 요즘에는 다양한 팝 음악에도 많이 사용됩니다.

◈ 쉬운 메이저 오픈코드 C, D, E, G, A `Track 14`

처음부터 소리가 잘 안나고 손이 아픈 것은 시간이 지나면 해결이 됩니다.
쉬운 코드부터 마스터 하면 자신감이 생겨 실력이 빨리 향상됩니다.
인내를 가지고 천천히 반복적으로 연습하세요.

● 근음 ○ 개방현 × 연주하지 않는 음

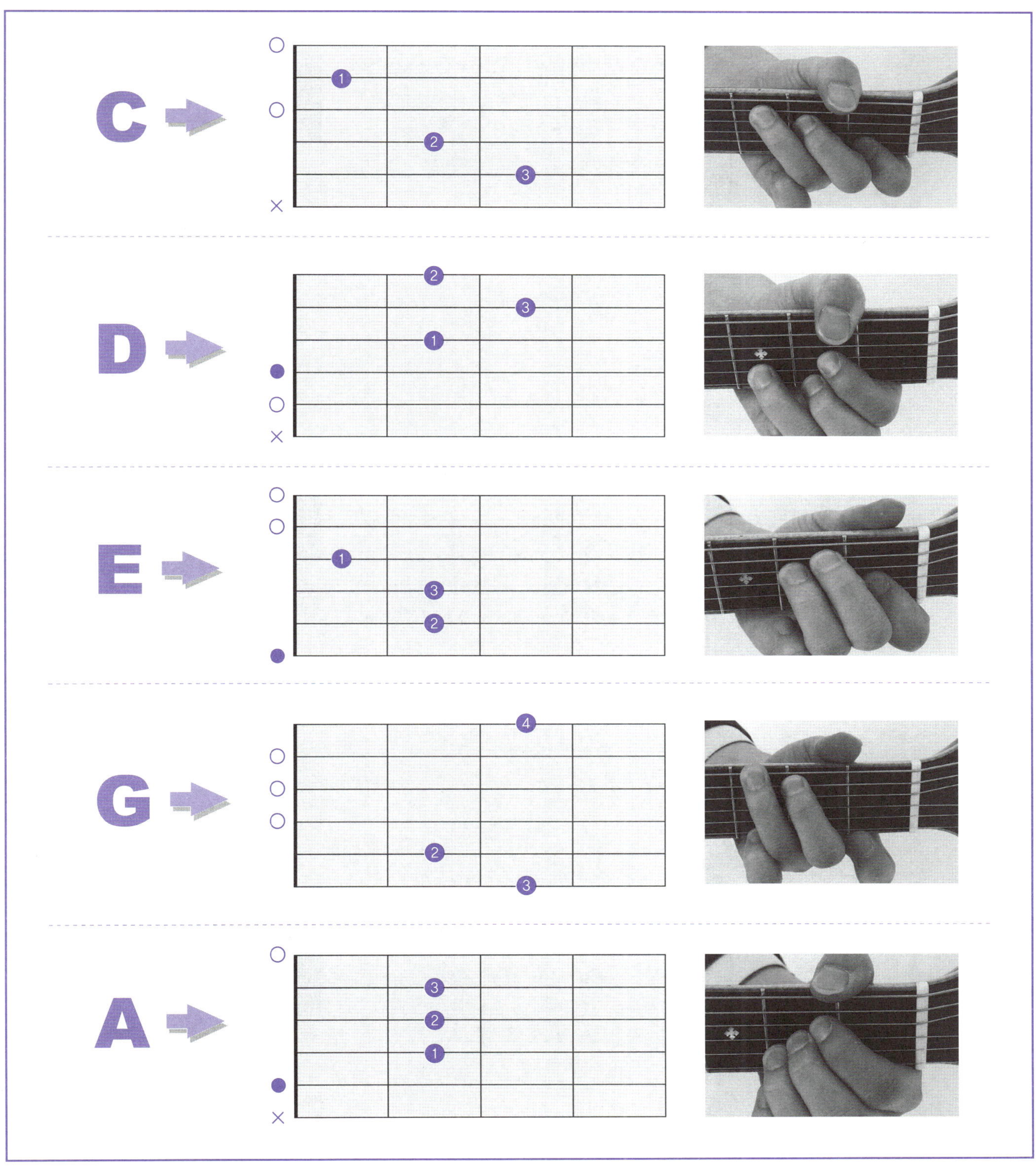

◈ 쉬운 마이너 오픈코드 Dm, Em, Am Track 15

● 근음　○ 개방현　× 연주하지 않는 음

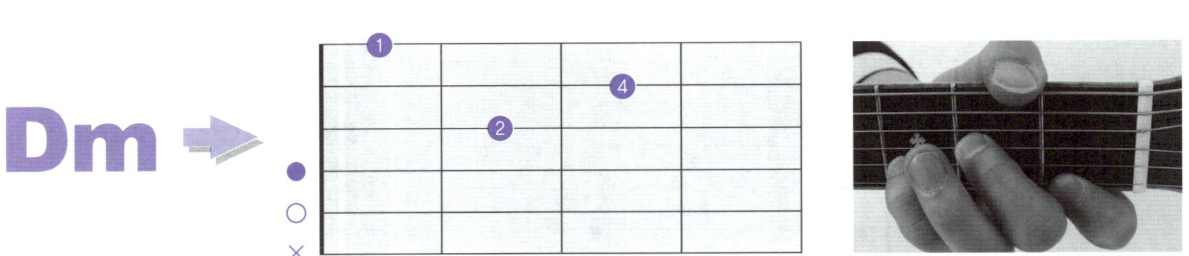

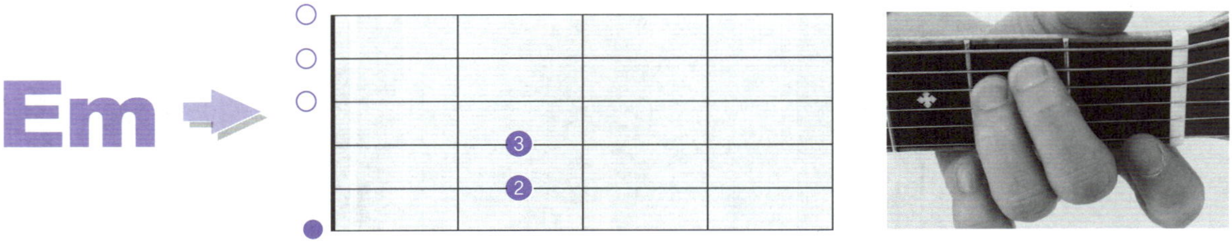

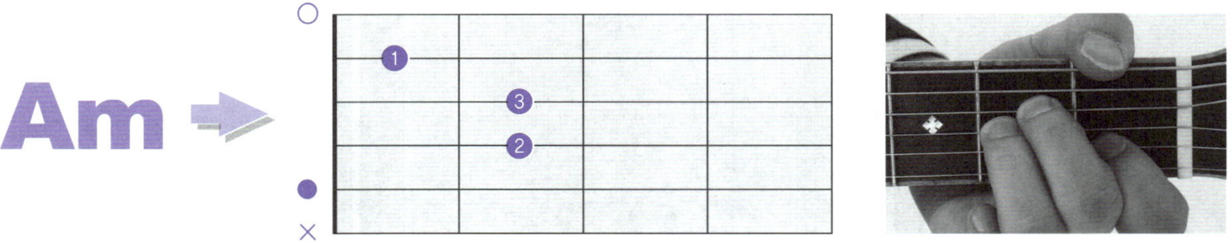

◇ 쉬운 세븐 오픈코드 D7, E7, G7, A7, B7 `Track 16`

● 근음　○ 개방현　× 연주하지 않는 음

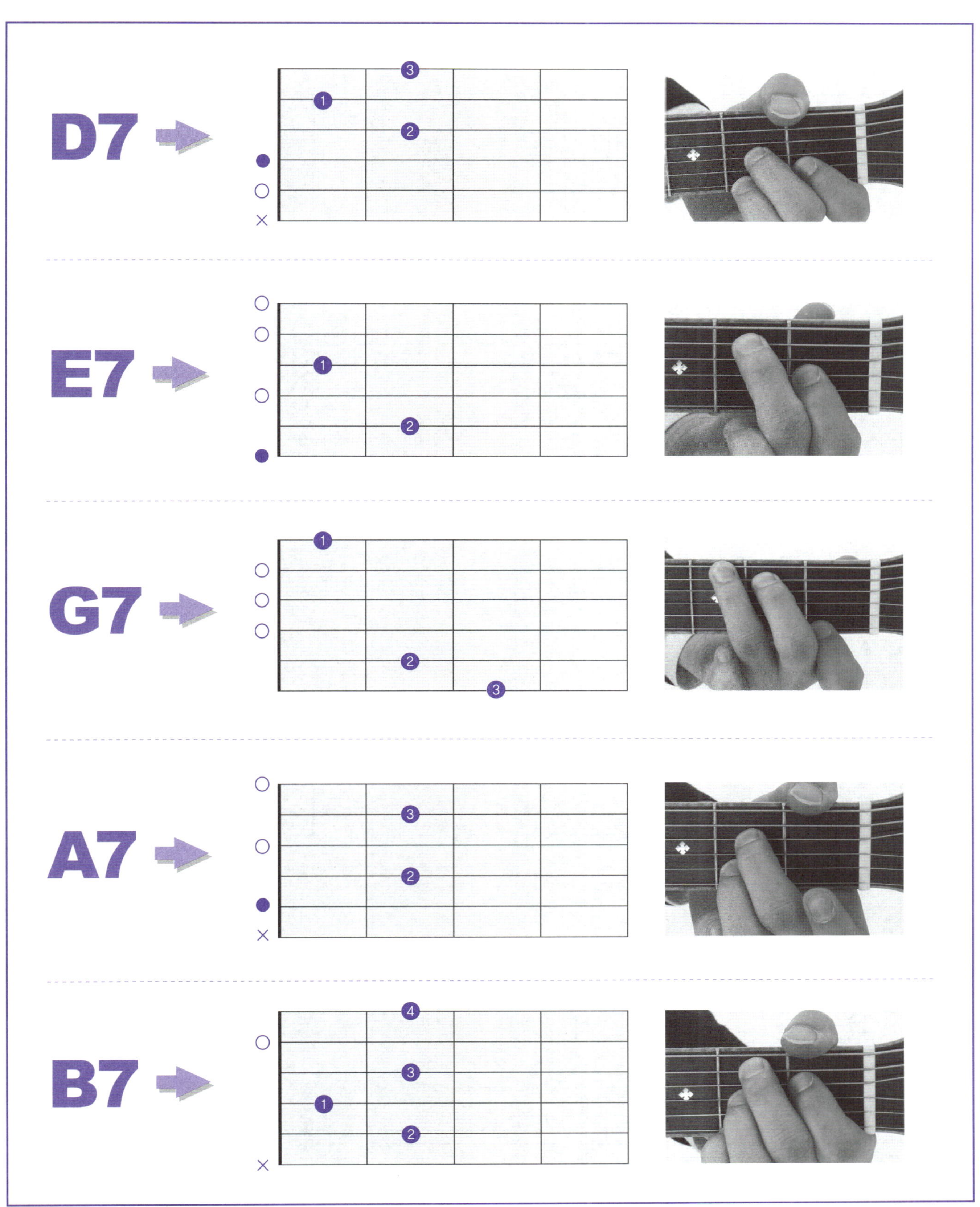

코드 입문 쉬운 3코드 연습

메이저 3코드

1. A – D – E Track 17

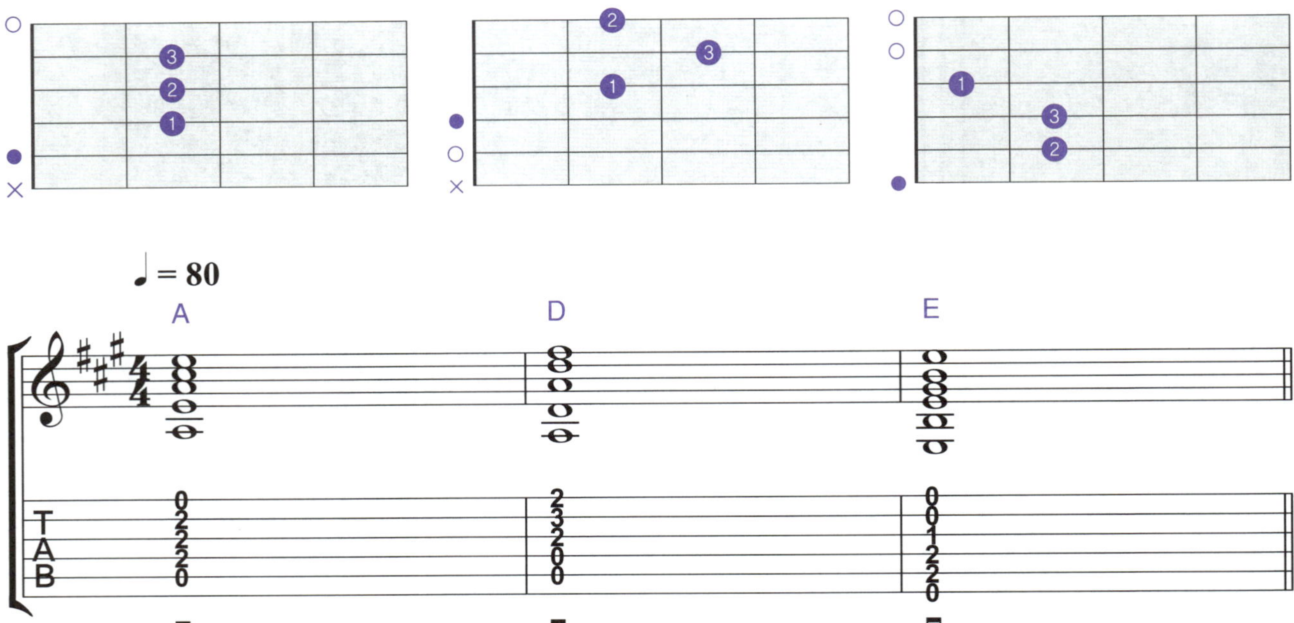

2. D – G – A Track 18

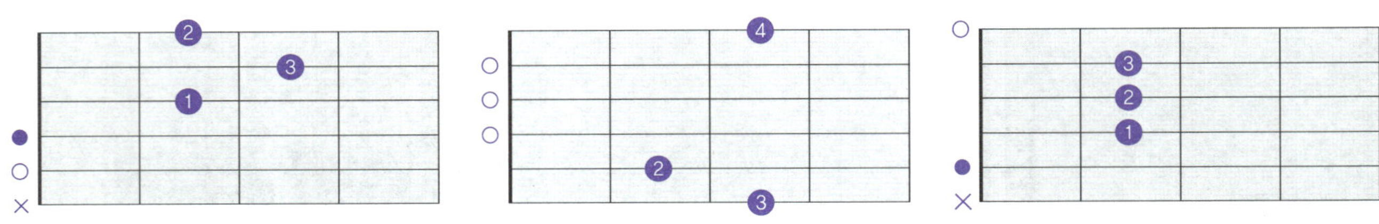

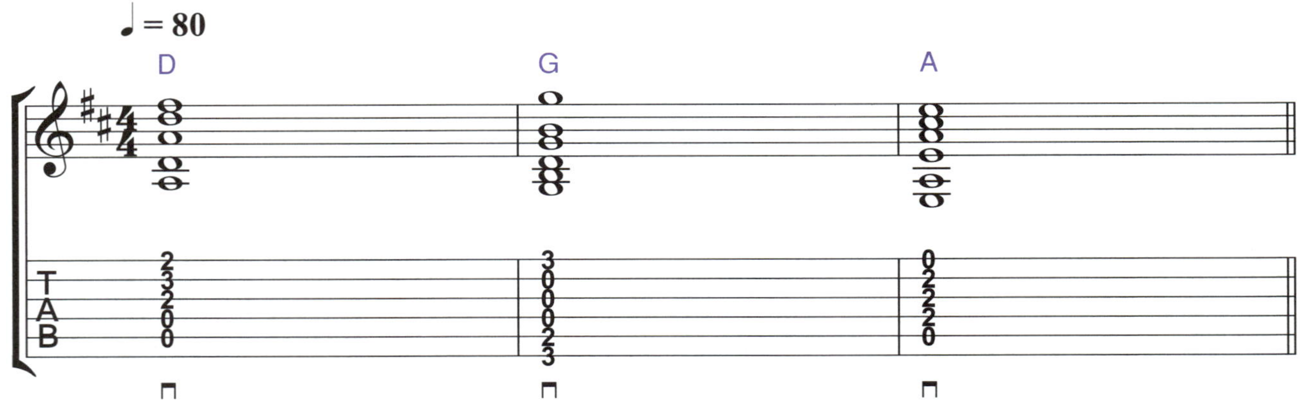

마이너 3코드

1. Am – Dm – E7 Track 19

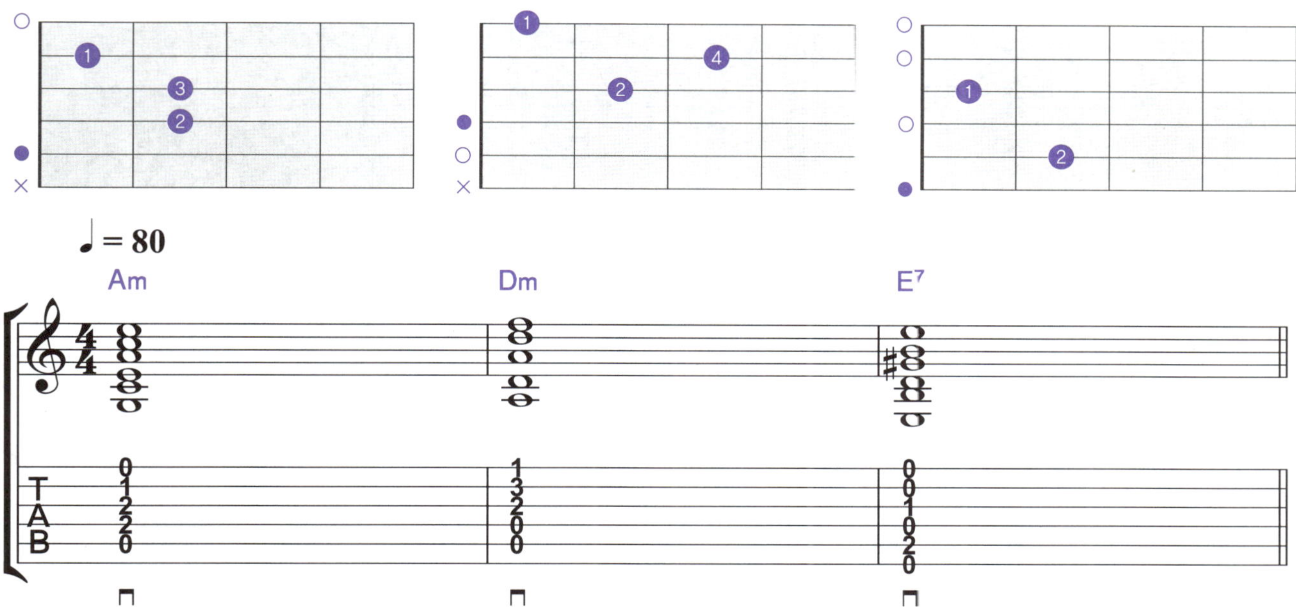

2. Em – Am – B7 Track 20

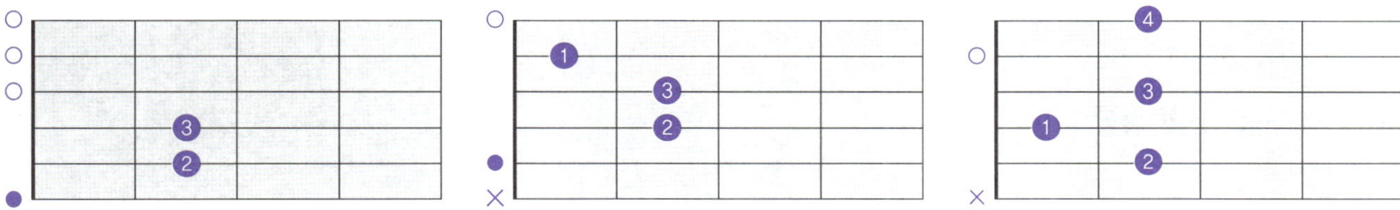

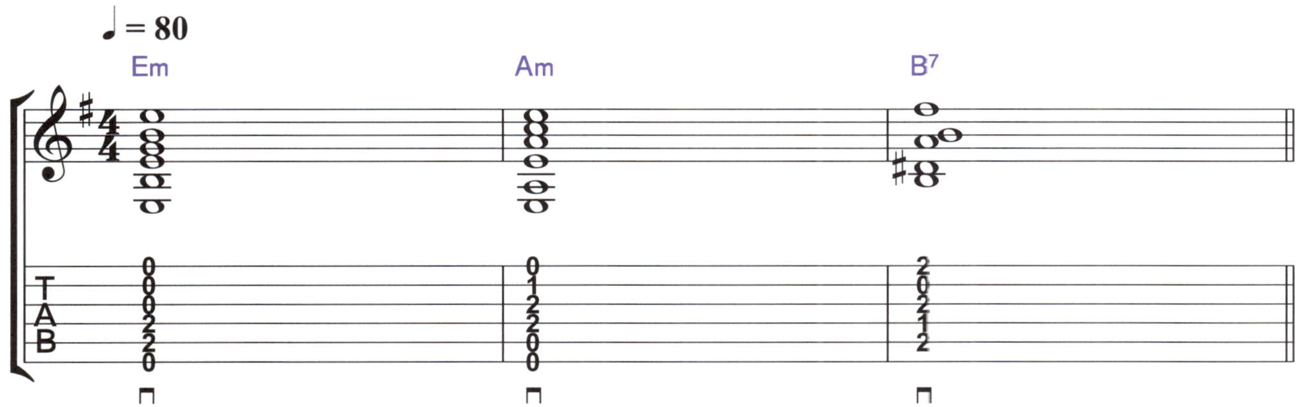

응용 코드 연습

1. C – Am – Dm – G7 **Track 21**

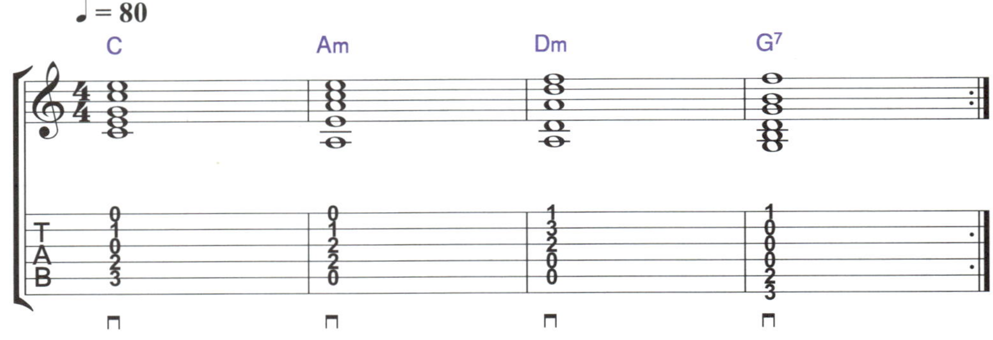

2. C – D – Em – G **Track 22**

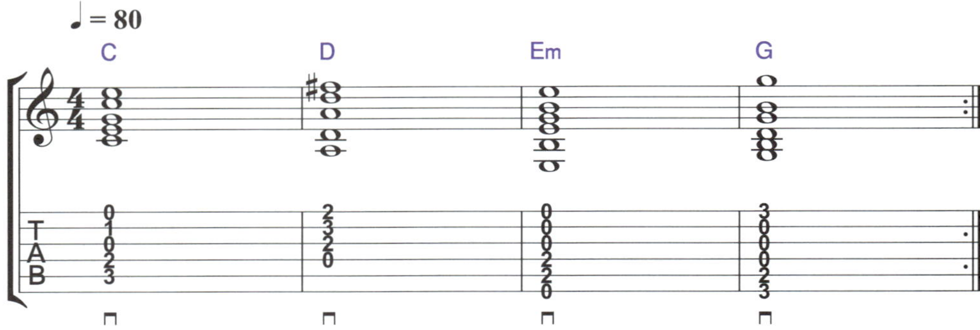

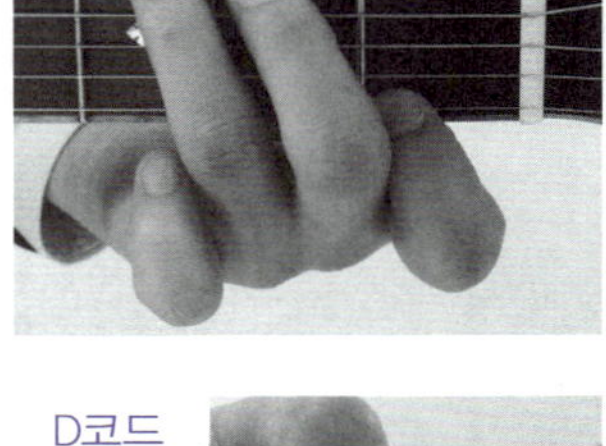

3. G – C – D – G **Track 23**

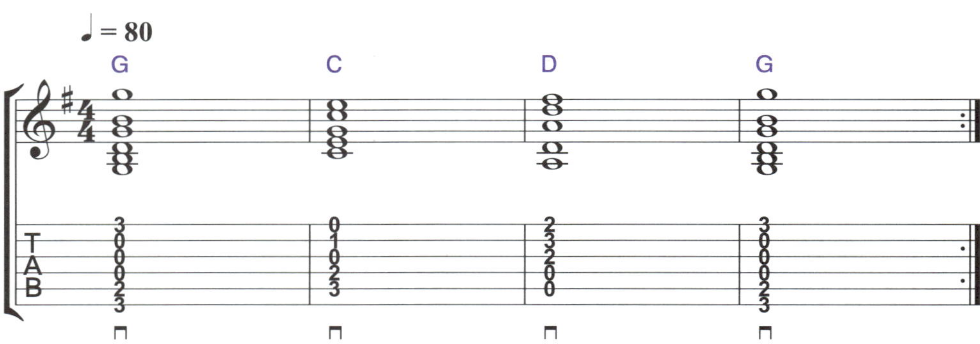

약식코드 Track 24

이번에는 하이코드를 쉽게 잡을 수 있는 약식코드에 대해서 배우겠습니다.
왼손 검지로 여섯 줄을 다 누르는 것을 "바레(barre)"라고 하는데
바레코드(=하이코드)가 아닌 쉬운 "F, Fm, Bm, Cm" 약식코드를 배우겠습니다.

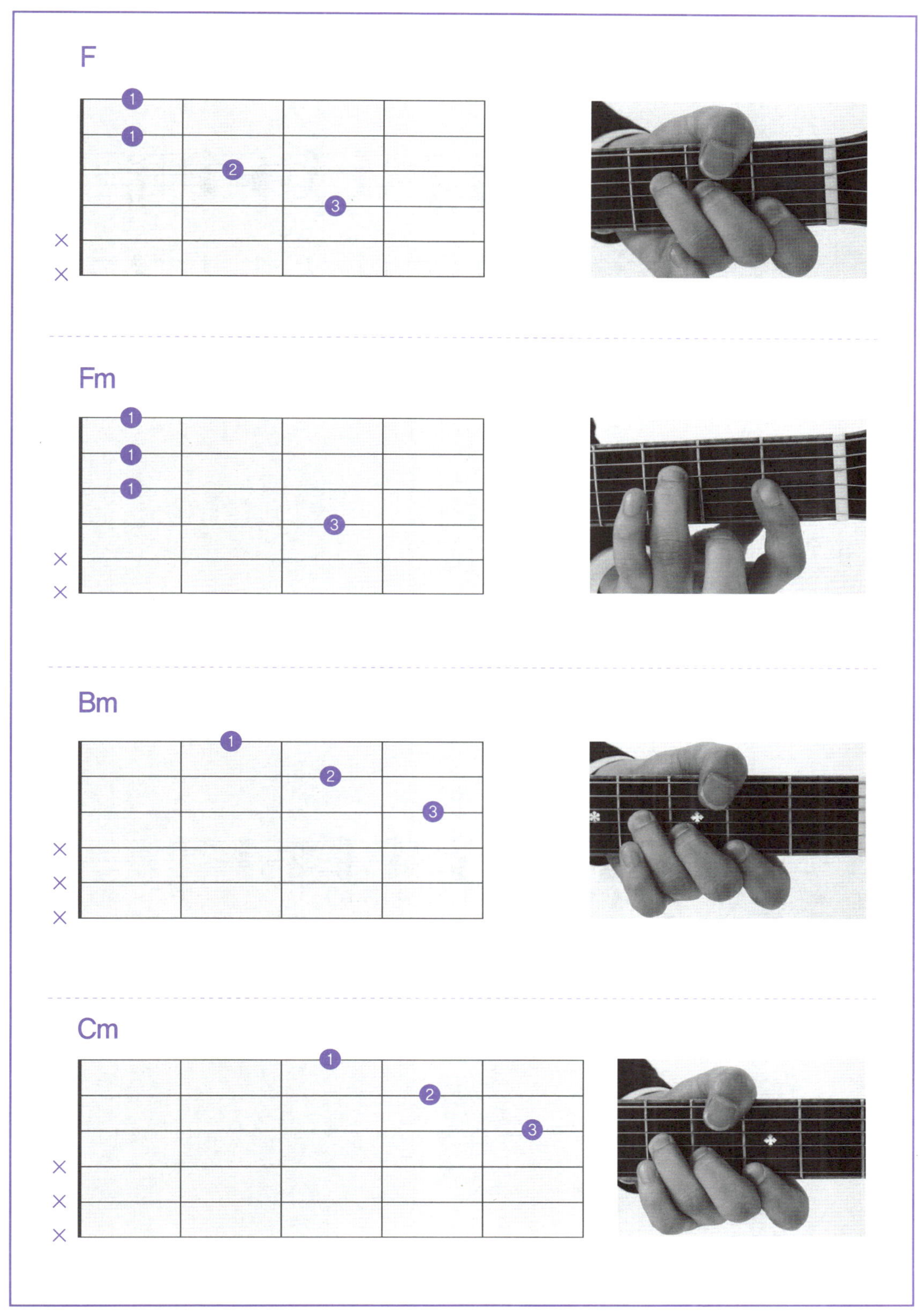

약식코드 연습

  F 약식코드 연습 Track 25

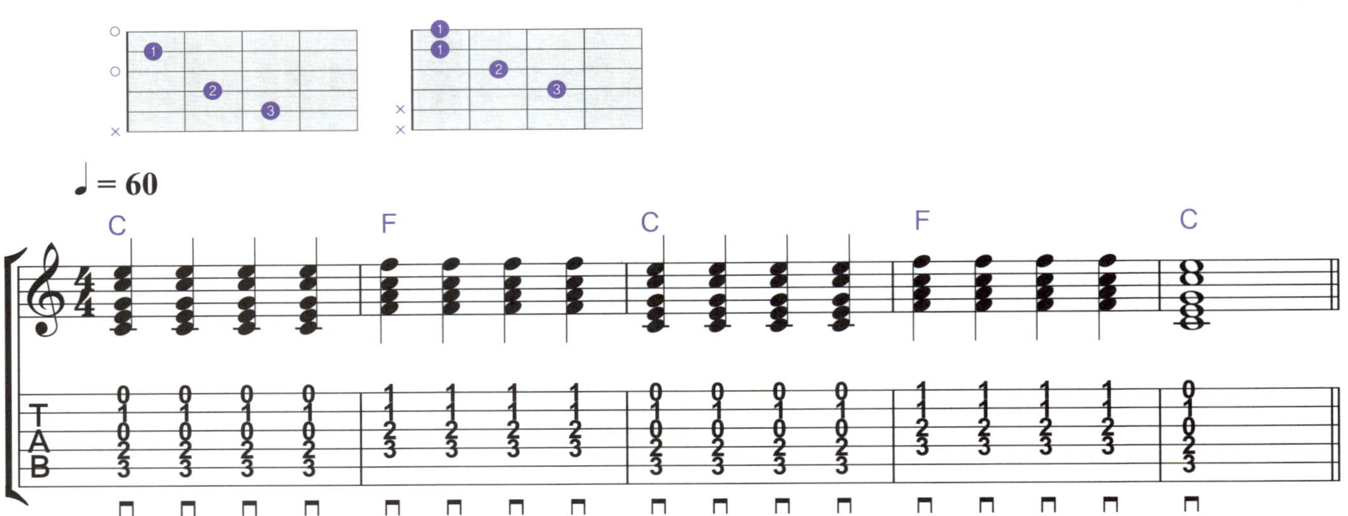

  F와 Fm 약식코드 연습 Track 26

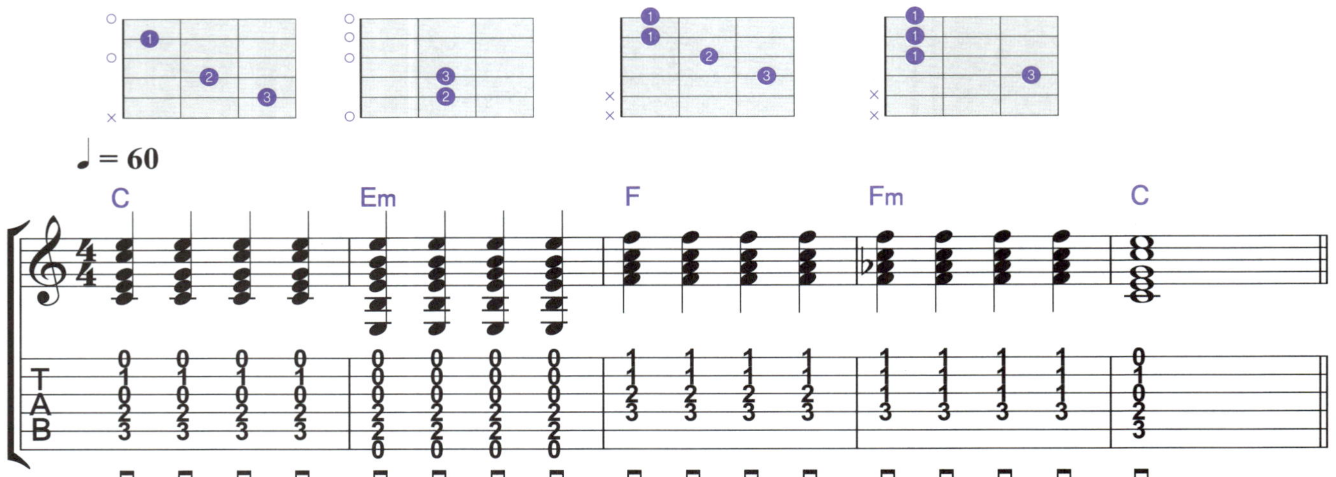

ex 3 Bm 약식코드 연습 **Track 27**

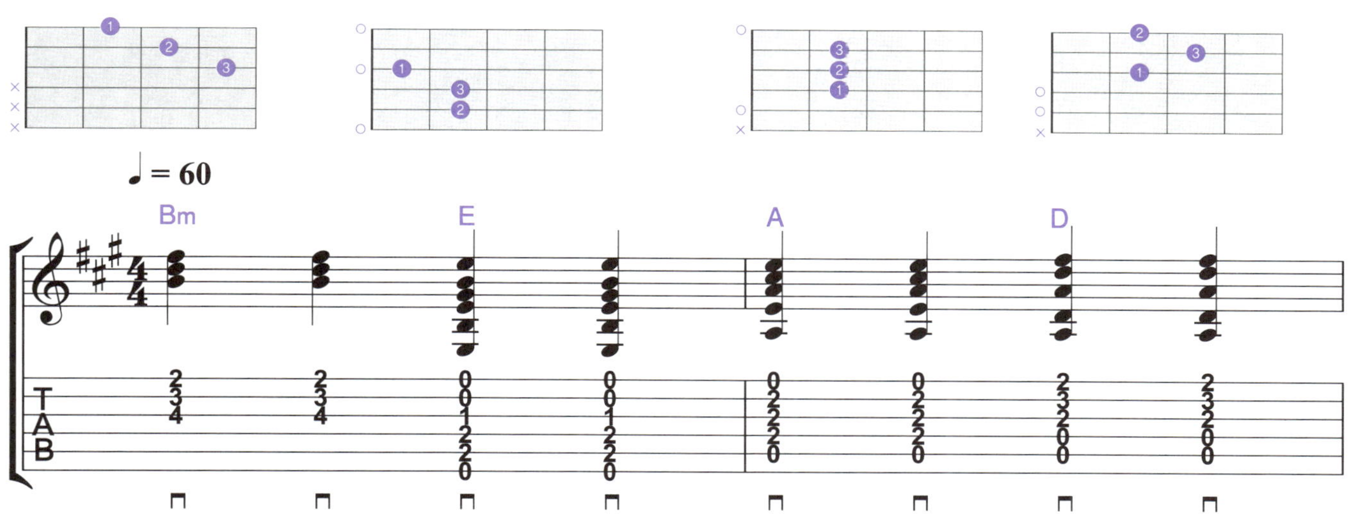

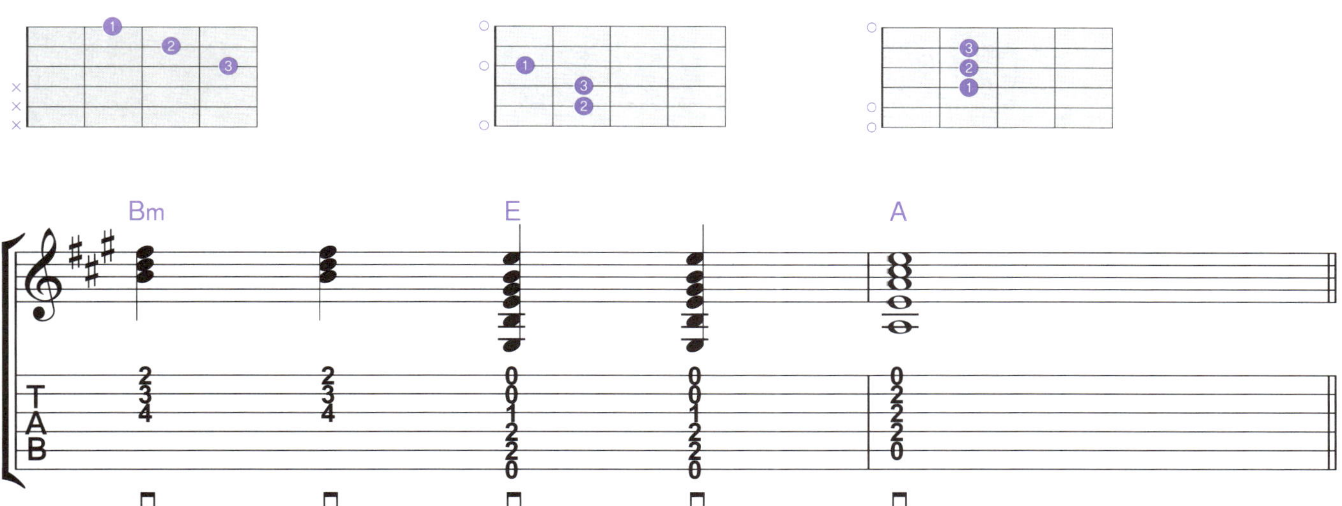

오픈코드 반주

곰 세 마리
작사, 작곡 미상

오픈코드 반주

생일 축하 노래
외국곡

오픈코드 반주

애국가

안익태 작곡, 작사 미상

F 약식 바레코드를 적용한 반주

당신은 사랑 받기 위해 태어난 사람

이민섭 작곡, 작사

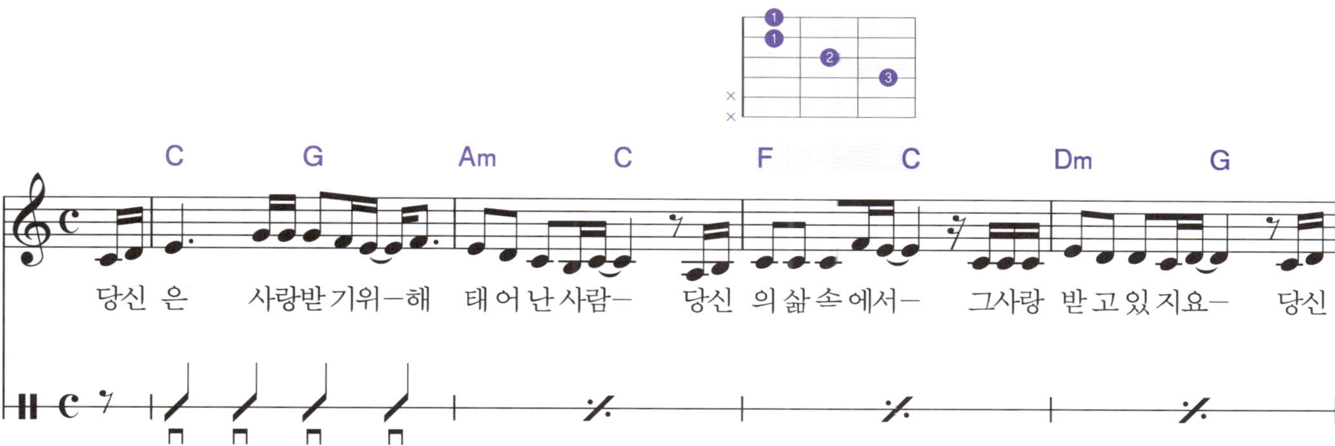

Bm, Cm 약식 바레코드를 적용한 반주

마법의 성

김광진 작사. 작곡 / THE CLASSIC 노래

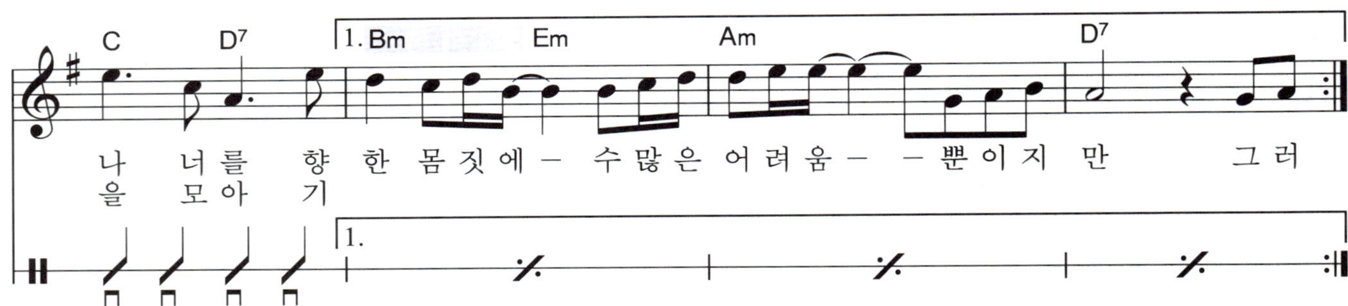

Cm   G   Em   Am   D7
－성을지나－늪을건너　어둠 의동굴속딸리그대가보여　이제

Cm   G   Em   Am   D7
나의손을잡아보－아 요　우리 의몸이떠오르는－것 을느끼죠 자유롭

C   Bm   Em   Am   D7   G
게 　－저하늘을　날아가도 놀라지말아요　우리앞

C   Bm   Em   Am   D7   G
에 　－펼쳐질세 상 이너무나소중해－함께 라면

Lesson 4

하이코드에서 좌절하지 말자.
이 책만의 특별한 비법을 전수하겠다.
비법대로 수련만 하면 마스터가 될 수 있다.

하이코드란?

기타에서는 손가락 하나로 여섯 줄 모두 같은 프렛 위를 누르는 것을 바(bar)라고 합니다.
예를 들면 집게손가락으로 바를 하면서
그 밖에 손가락으로 여러 가지 형태로 누를 수 있는 코드 형식을
바레코드(바 코드)라고 합니다. 바레코드는 개방현이 포함되지 않는
하이 포지션으로 누르기 때문에, 하이코드라고 부릅니다.

◈ 하이코드 빨리 외우기

밑에 보이는 지판의 5번줄, 6번줄 근음의 위치를 왼손 집게손가락으로 짚어가면서 모두 암기해야 합니다.
근음을 한눈에 보고 짚는 훈련을 해야 실력이 빨리 향상됩니다.

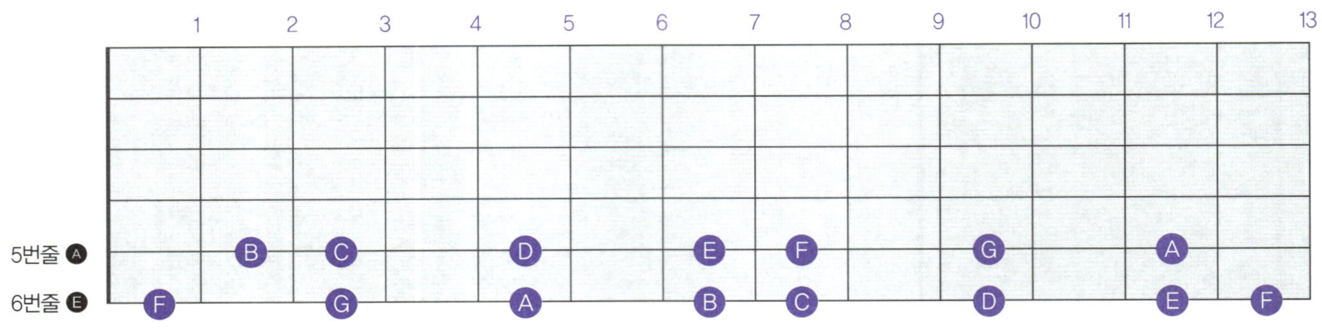

● 왼손 자세

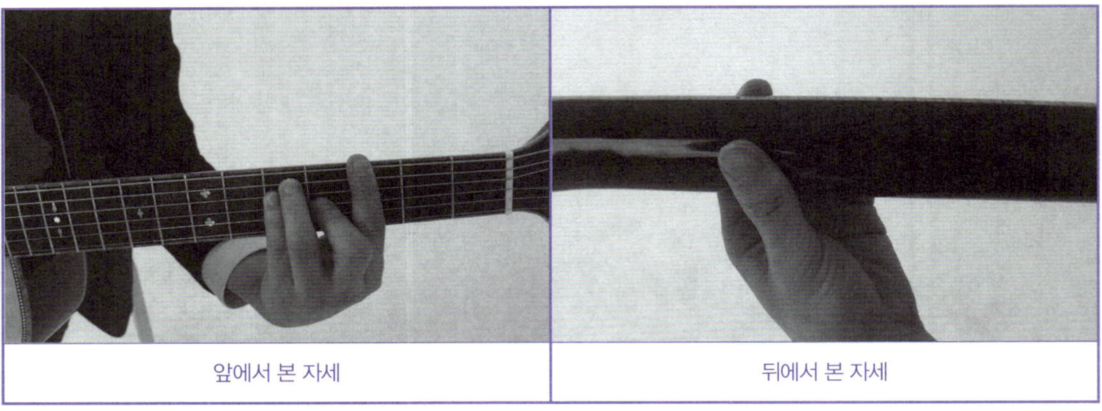

● 왼손 잡는 위치

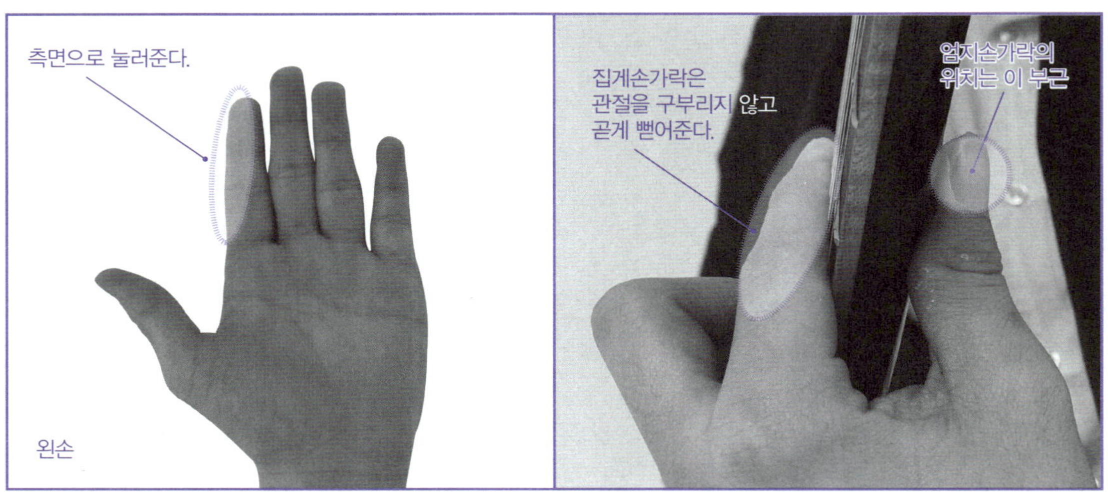

◈ E형 코드폼

6개줄을 잡는 코드폼으로 3가지 자세가 있습니다.
이것만 외워도 12key×3 = 36가지 하이코드폼을 외우는 효과를 볼 수 있습니다.

● E형 코드폼 운지법

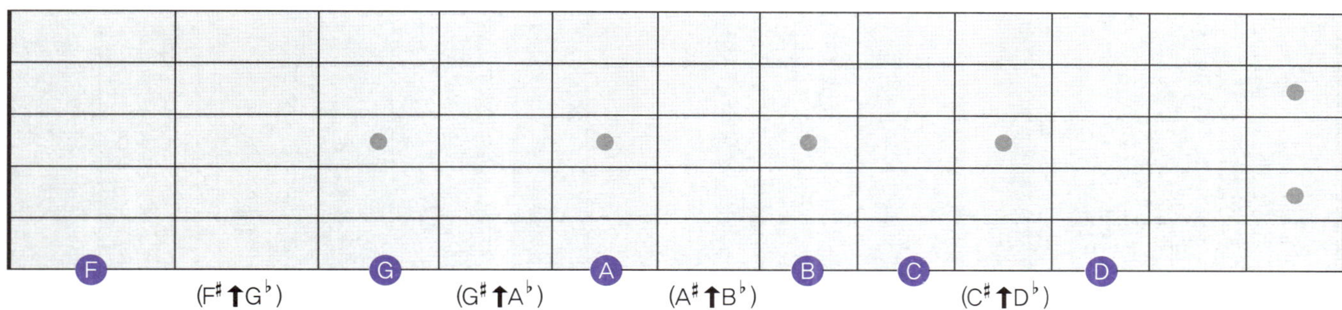

이 부분은 "♯(샤프) 또는 ♭(플랫)"이다.

● E형 코드폼 운지법

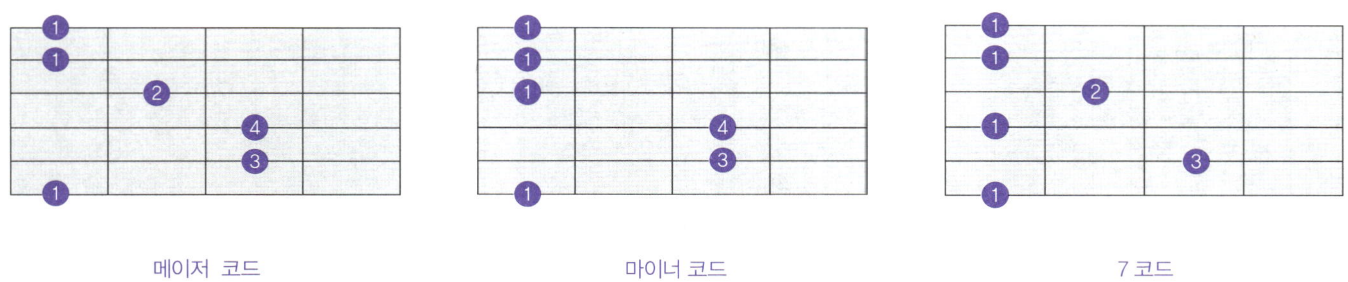

메이저 코드   마이너 코드   7 코드

● E형 코드폼 적용법 `Track 38`

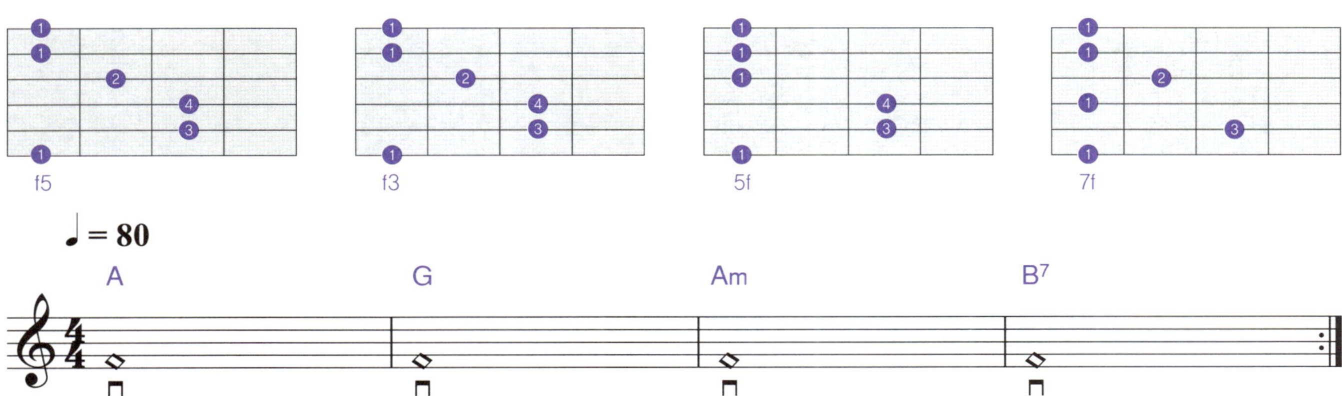

◇ A형 코드폼

5개줄을 잡는 코드폼도 위와 마찬가지로 3가지 자세가 있습니다.
이것도 12key×3 = 36가지 E형 코드폼과 합하면 총 72가지 하이코드폼을 외우는 효과를 볼 수 있습니다.
짧은 시간에 많은 코드를 습득할 수 있는 아주 중요한 비법입니다.

● A형 코드 근음

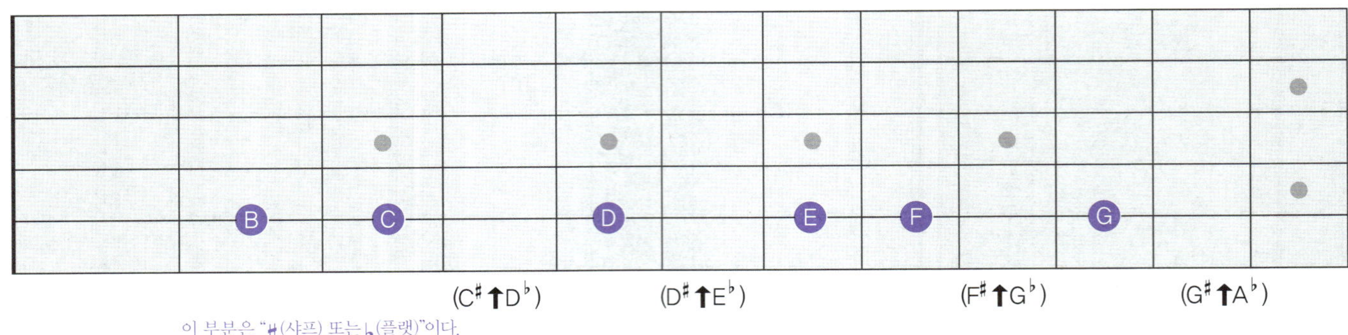

● A형 코드폼 운지법

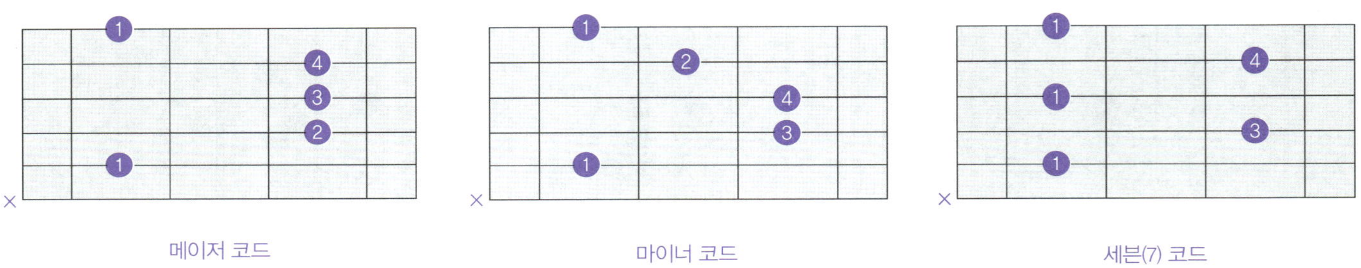

● A형 코드폼 연습 예제 Track 39

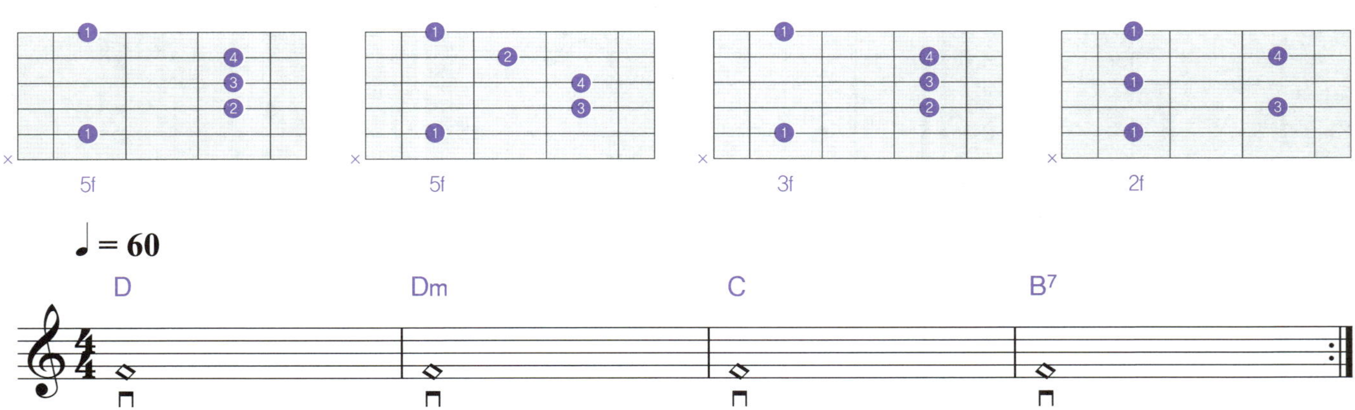

하이코드 연습

ex 1 기본 하이코드 연습 Track 40

♩ = 80
A형
E형
A형
C G F Fm C

ex 2 #(샤프)를 적용한 하이코드 연습 Track 41

♩ = 80
E형
A형
E형
B F# G#m E B

ex 3 ♭(플랫)을 적용한 하이코드 연습 Track 42

♩ = 80
D♭ A♭ E♭m B♭m G♭ B♭m A♭7 D♭

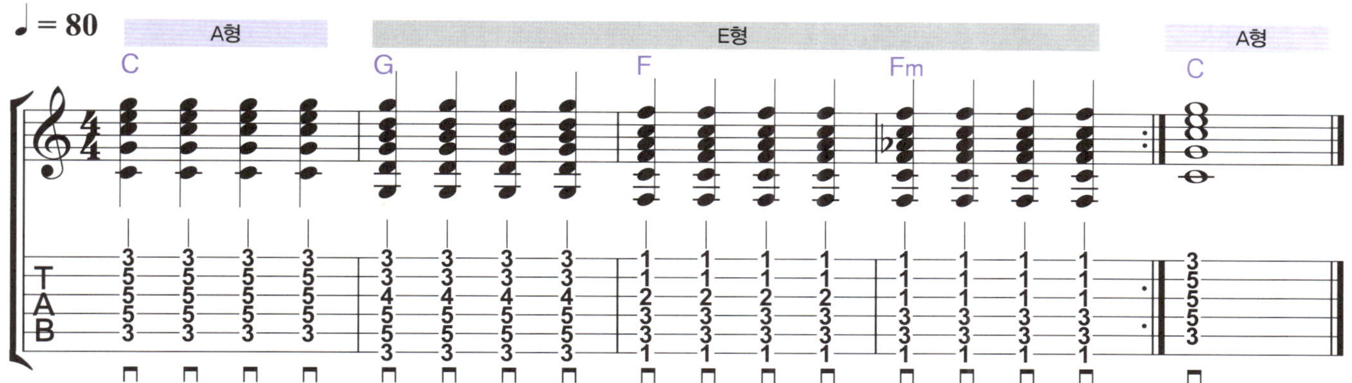

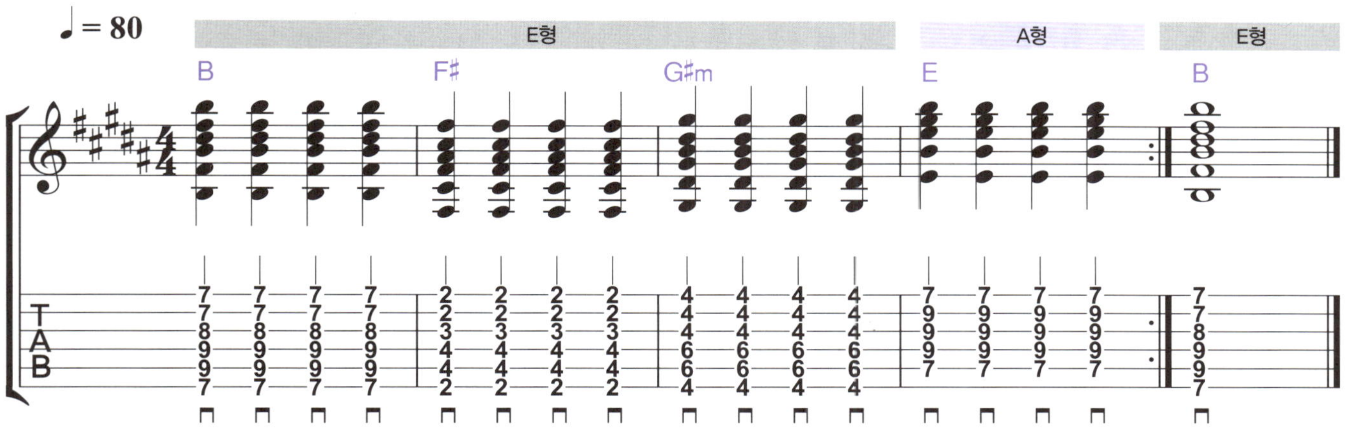

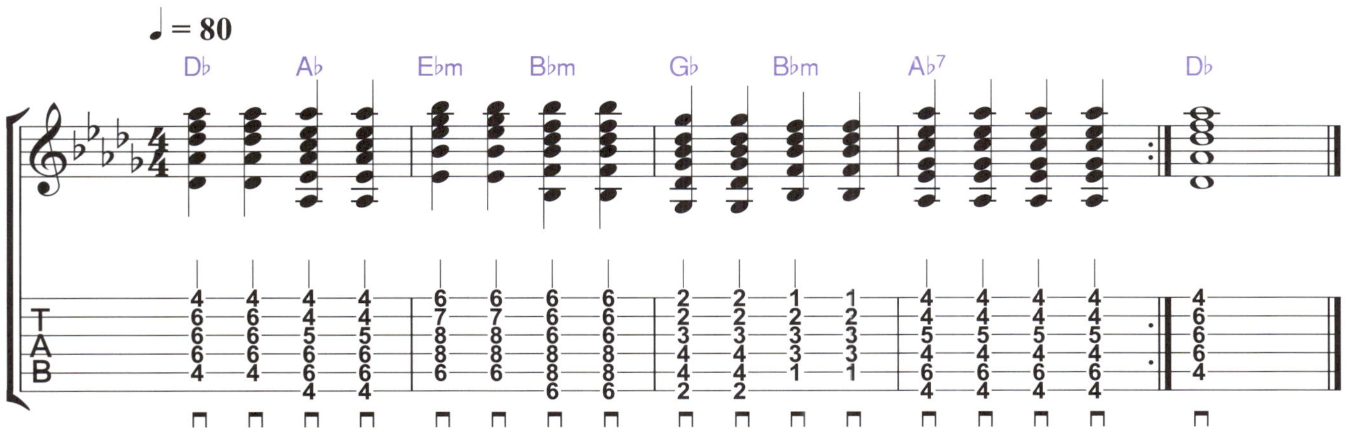

하이코드 반주(F, Fm, G7, C7)

보고싶다

윤사라 작사. 윤일상 작곡 / 김범수 노래

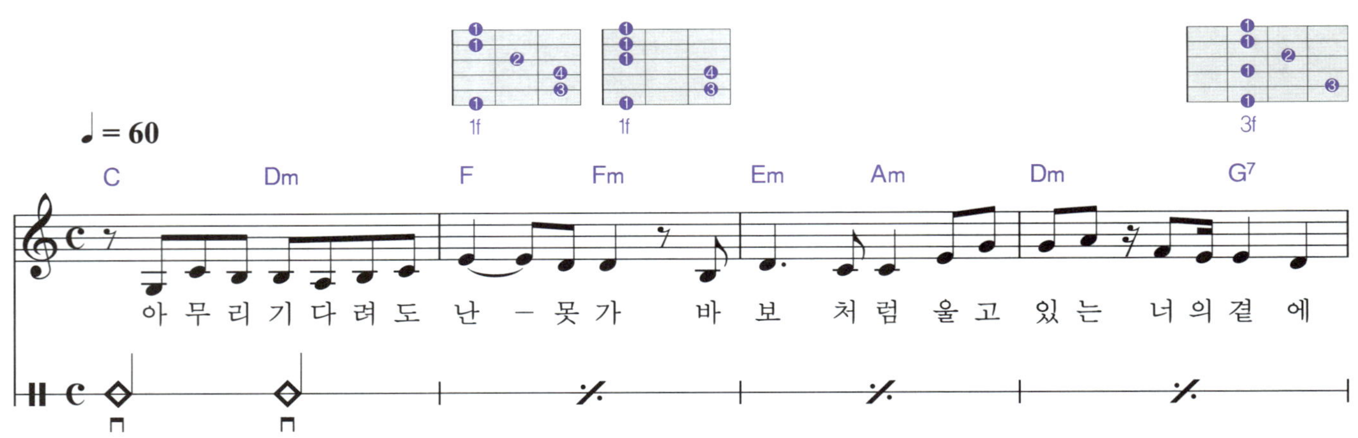

Fm   Em   A⁷   Dm   D⁷   G⁷
고 － 싶다   내게무릎꿇고 모두없－던일－이뤌－수있 － 다면－ 미

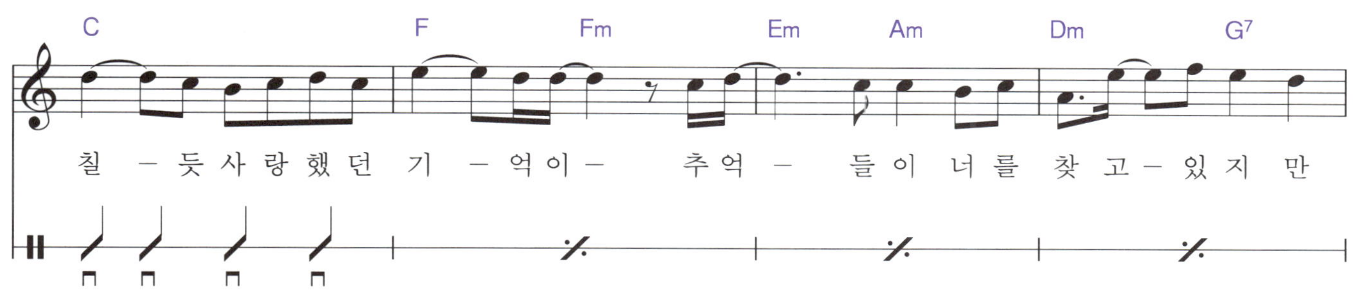

C   F   Fm   Em   Am   Dm   G⁷
칠 － 듯사랑했던 기 － 억이－ 추억 － 들이 너를 찾고－있지 만

C   A⁷   Dm   G⁷   F
더이상사랑이란 변 －명에너를가 －둘수없 어   이러면

Em   A⁷   Dm   G⁷   C
안 －되지만－   죽을만큼보 고 싶－다 －

하이코드 반주(C♯m, F♯m, G♯m, B7, G♯7)

다행이다

이적 작사. 작곡 / 이적 노래

A
B7
E
C#m
아름다 운세―상이 ―여기 ― 있 어 줘서 ―
거친 바람 속―에도 젖은
하루 살―이와 고된

E
A
1. E
G#7
4f
지 붕 밑 ― 에도 홀 로 내 팽 개 ― 쳐 져 ― 있 지 ― 않 다 는 게
살 아 남 ― 기 가 행 여 무 의 미 ― 한 일 ― 이 아 ― 니 라
지 친
1.

2. E
G#7
C#m
G#m
A
E
D
는 게 언 제 ― 나 나 의 곁 ― 을 지 ― 켜 주 ― 던 그 대 라 ― 는 놀 ― 라 운 ― 사 람 ― 때 문 ―
이란
2.

B
E
C#m
G#m
A
― 걸 ― 그대를 만나고 그대의 머릿결 ― 을만― 질수― 가있 ―어서
D.S.
D.S.

Lesson 5

이제부터는 간단한 잔기술로
간지나게 반주하자!!

이것만 잘해도 멋진 연주자가 될 수 있다.

8비트 리듬 주법 트레이닝

* 컷팅 주법
* 왼손 뮤트 스트럼
* 싱커페이션
* 리듬섹션
* 8비트 다운스트로크

◇ 컷팅 주법

손바닥을 이용해서 부분적으로 소리를 없애고 피크로 "촥~" 하는 찰진 소리를 내는 방법으로 타악기적인 효과를 내주는 주법입니다.
드럼 스네어 연주하듯이 두 번째와 네 번째 박자에 악센트를 주어야 합니다.

● 컷팅 주법 자세

컷팅의 자세와 동작들입니다. 천천히 순서대로 동작을 연습해서 속도를 늘려 나가세요. 처음부터 빨리 하면 손가락을 다칠 수도 있으니 서두르지 말고 연습하세요.

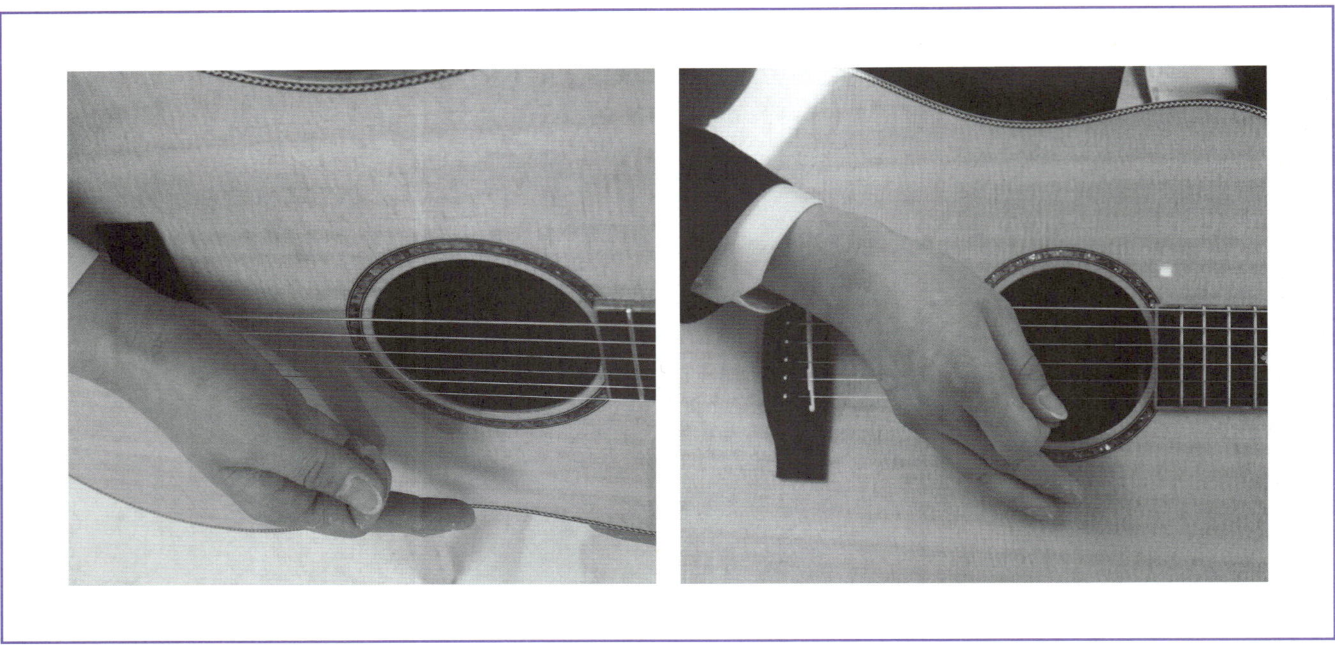

ex 1 **Track 47**

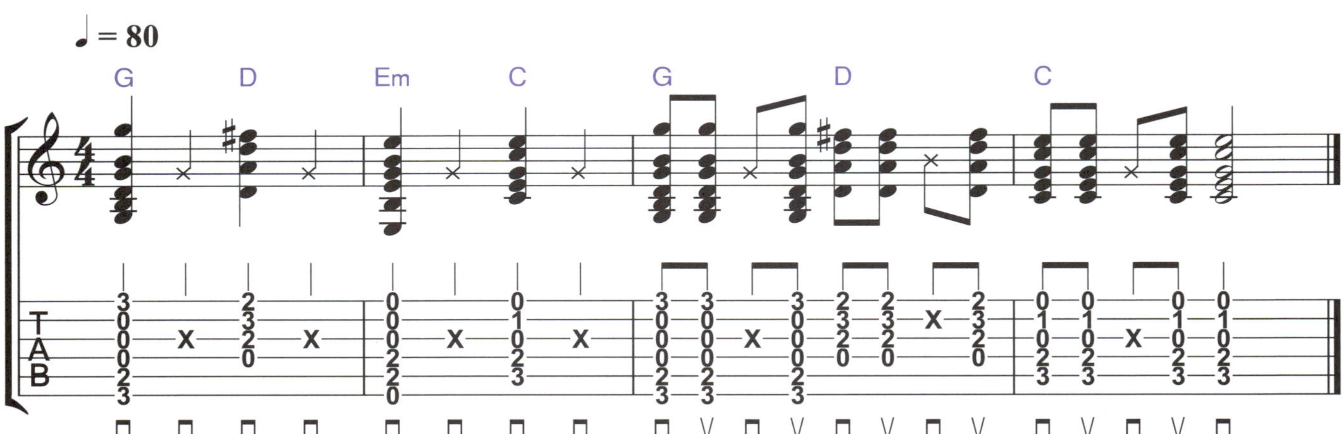

◇ 왼손 뮤트 스트럼

왼손 손가락을 쭉펴서 6개의 줄을 누르지 않고 줄 위에 살짝 얹어 놓고 오른손으로 스트로크를 해서 컷팅과 같이 "착"
하는 소리를 내는 주법입니다.

※ 왼손 뮤트 자세

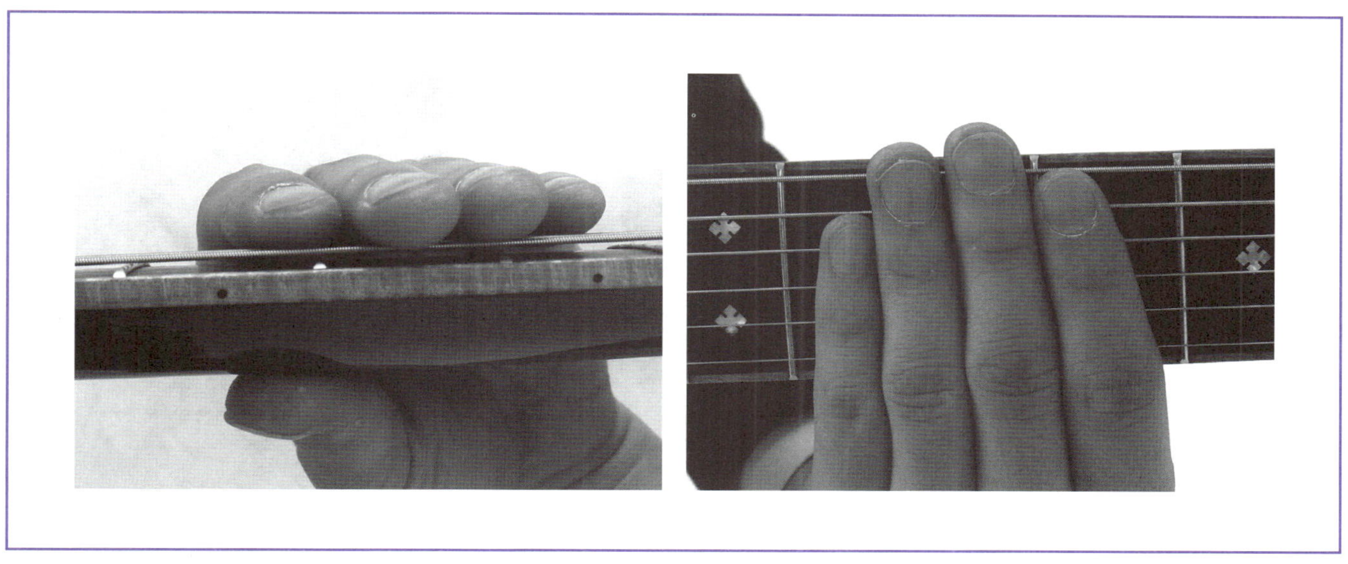

ex 2 **Track 48**

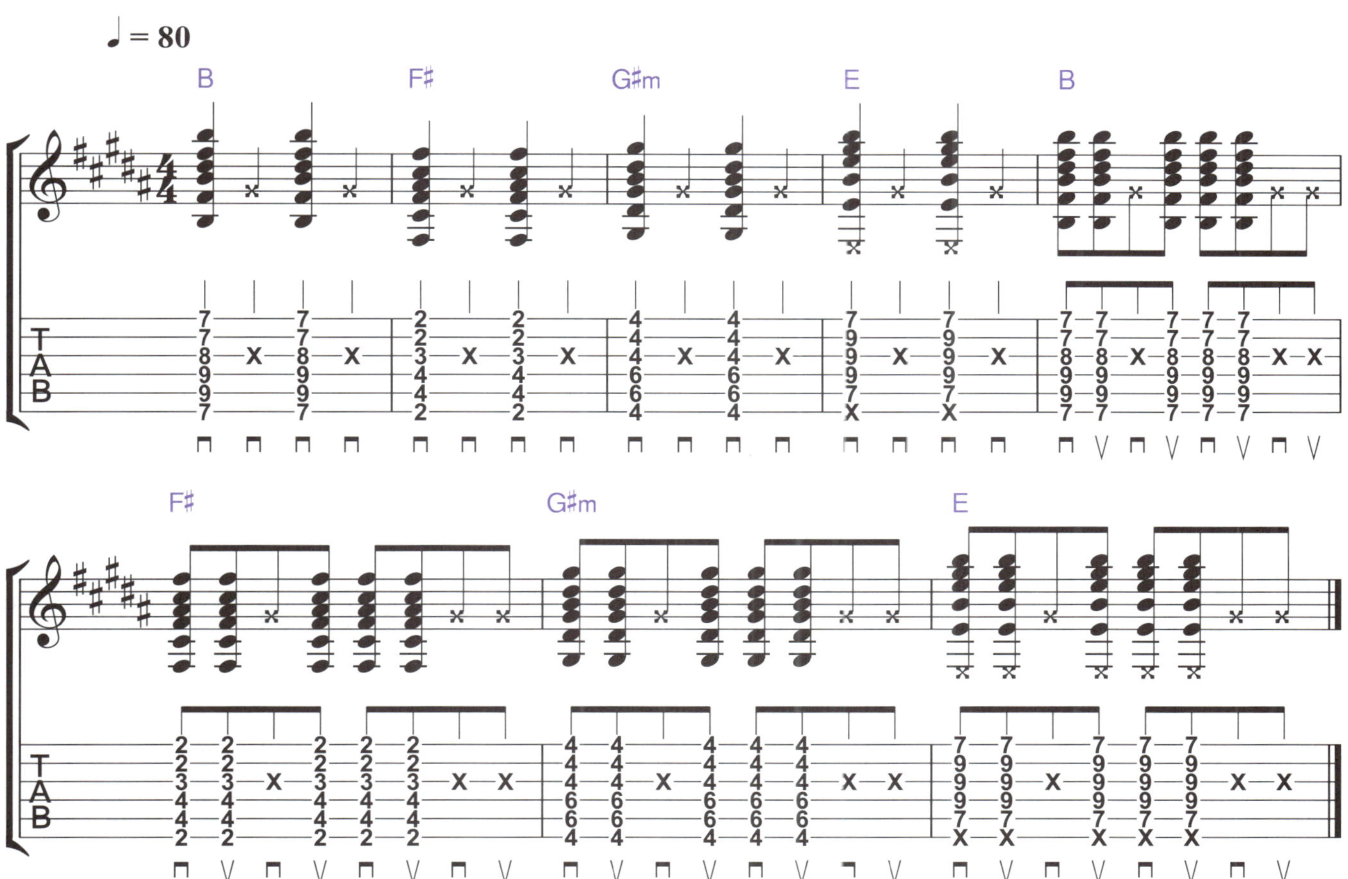

◈ 싱커페이션(당김음)

음표를 당겨서 약박을 강박으로, 강박을 약박으로 위치가 바뀌는 것을 말합니다.
실제 연주 시 악보상에는 박자가 바뀔 때나 마디가 바뀔 때 붙임줄을 연결하여 표시합니다.

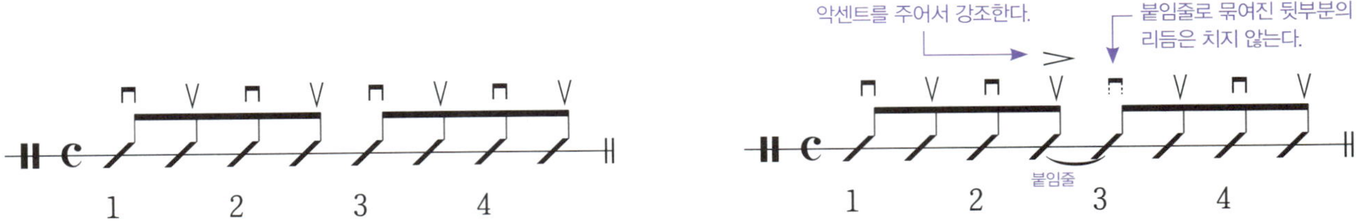

● 싱커페이션 코드 체인지

마디가 바뀔 때 붙임줄을 연결하면 다음 마디의 코드를 반 박 당겨서 연주해야 합니다.

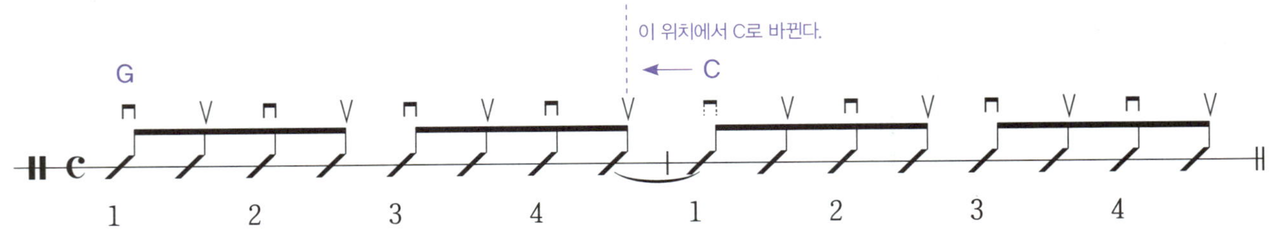

ex 1 3번째 박이 당겨지는 싱커페이션 연습 **Track 49**

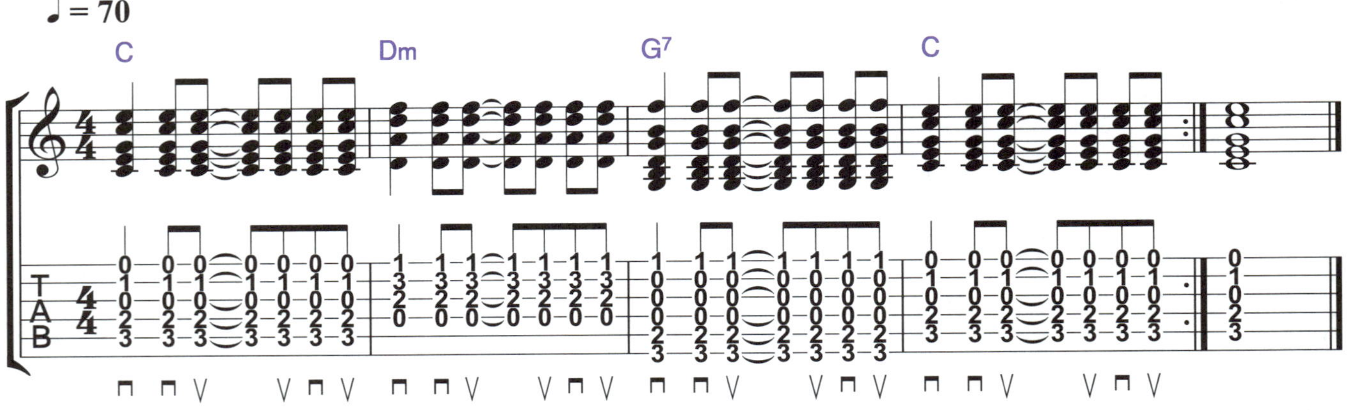

ex 2 마디가 넘어갈 때 코드가 당겨지는 싱커페이션 연습 **Track 50**

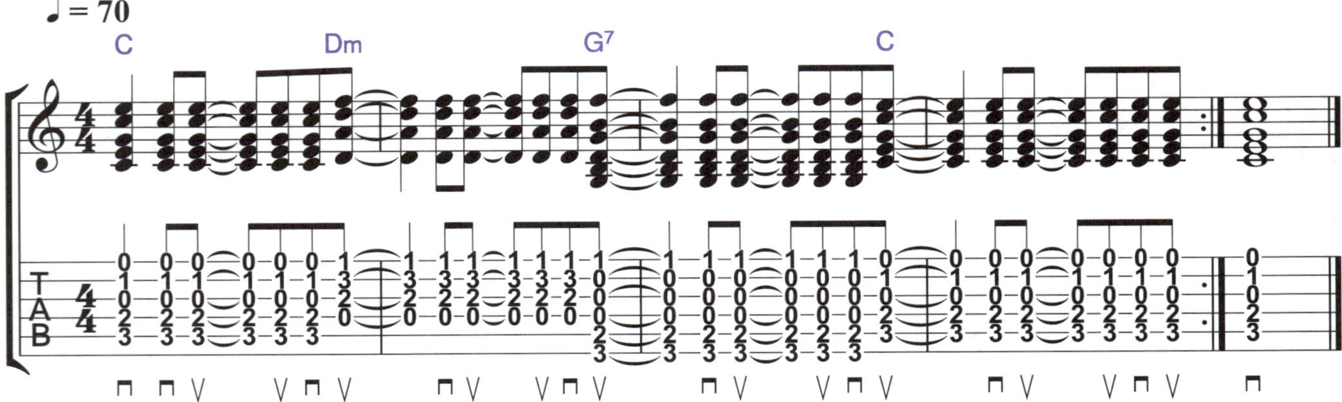

◇ 리듬 섹션 연습

● **리듬 섹션(Rhythm Section)이란?**

한 부분, 한 구문이란 뜻으로 노래에서의 어떤 특정한 부분을 집어서 말할 때 쓰는 용어라 할 수 있겠습니다.
연주자들은 이렇게 얘기합니다 "우리 4번째 마디 섹션 맞춰볼까요?" 이 말을 해석하면 "우리 4번째 마디를 똑같은 리듬
으로 연주할까요?" 밴드를 하고 싶다면 섹션 연습을 미리미리 해두는 것이 좋습니다.

● **섹션 연습**

ex 1 스타카토를 이용한 섹션 연습(음표 밑에 점이 찍힌 부분은 짧게 끊어서 연주합니다.) **Track 51**

ex 2 오른손 컷팅 주법을 이용한 섹션 연습 **Track 52**

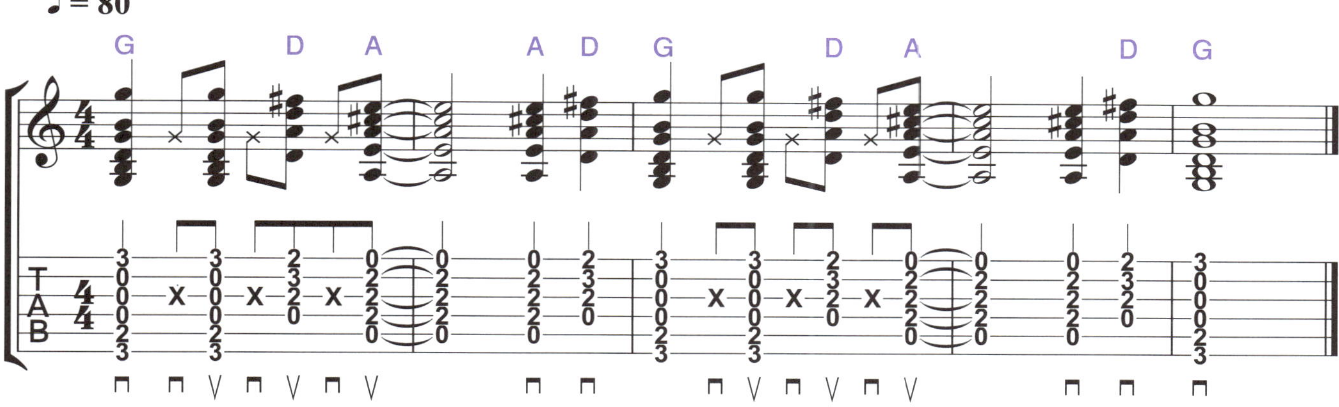

ex 3 쉼표를 적용한 섹션 연습 **Track 53**

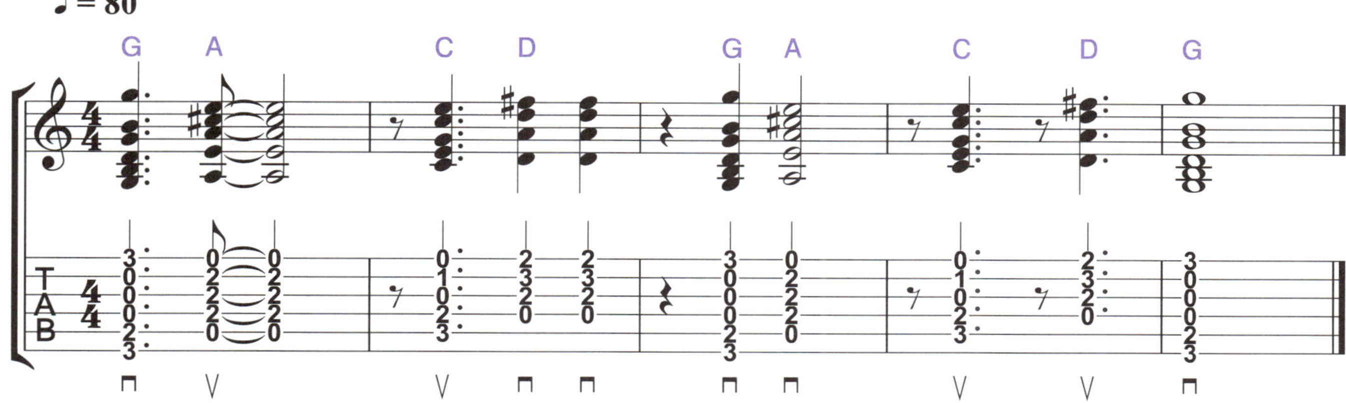

◈ 8비트 다운 스트로크

8비트 다운 스트로크는 강하고 힘있는 느낌의 사운드를 표현할 수 있는 주법입니다.
락(Rock)과 같이 강한 느낌을 내고 싶을 때 사용하면 효과적입니다.

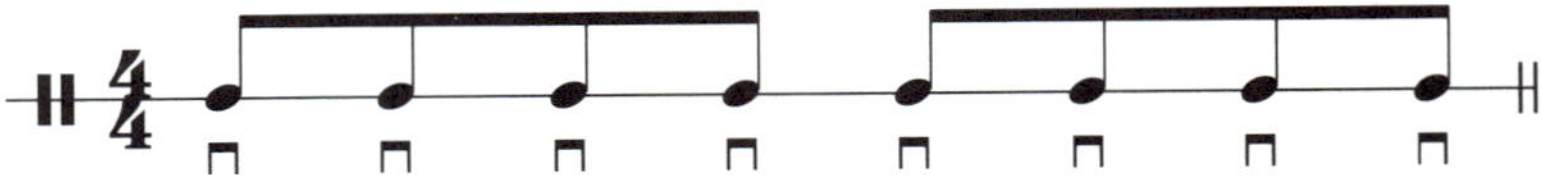

ex 1 Track 54

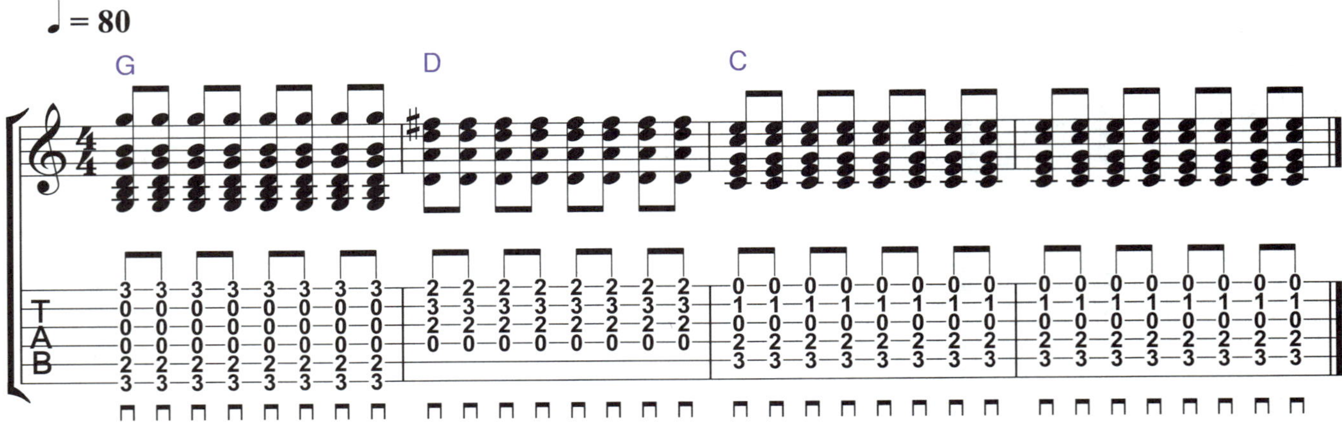

● 악센트

악센트는 좀 더 강하게 연주해 리듬에 강약을 표현하는 연주법입니다.
보통 2번째, 4번째 박에 악센트를 주어서 드럼 리듬 같은 효과를 내어줍니다.

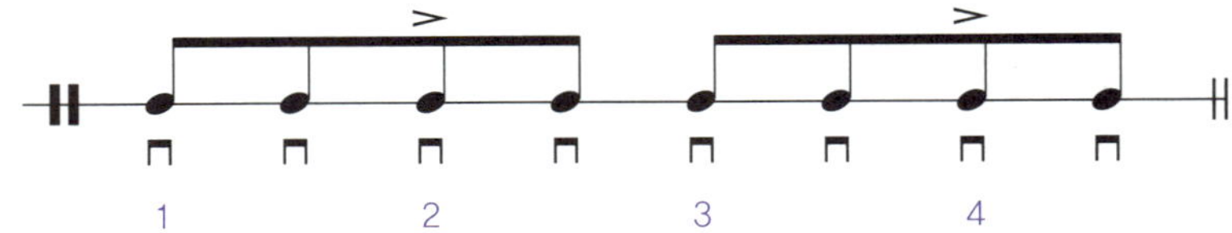

ex 2 Track 55

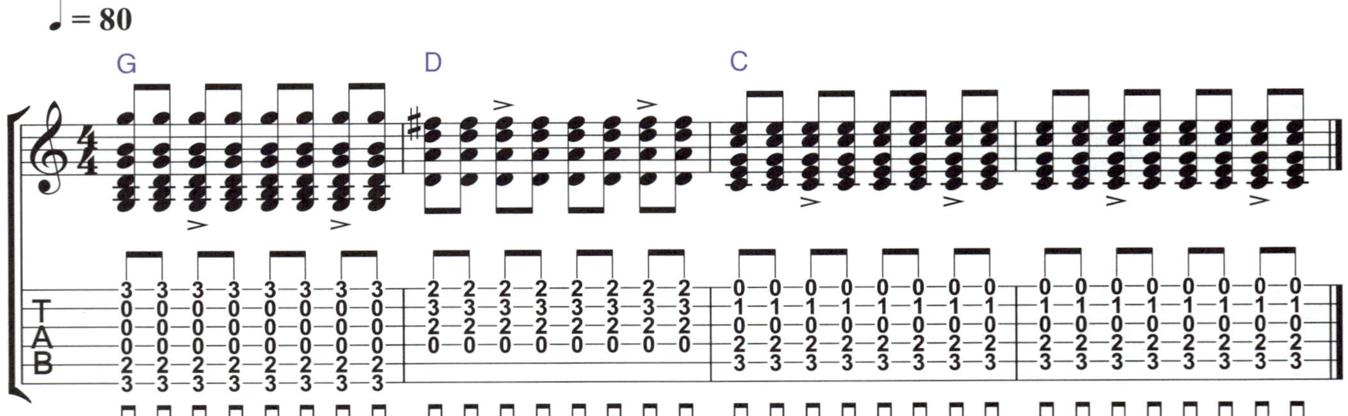

◇ 8비트 리듬 종합 연습

 발라드 스타일의 반주법 **Track 56**

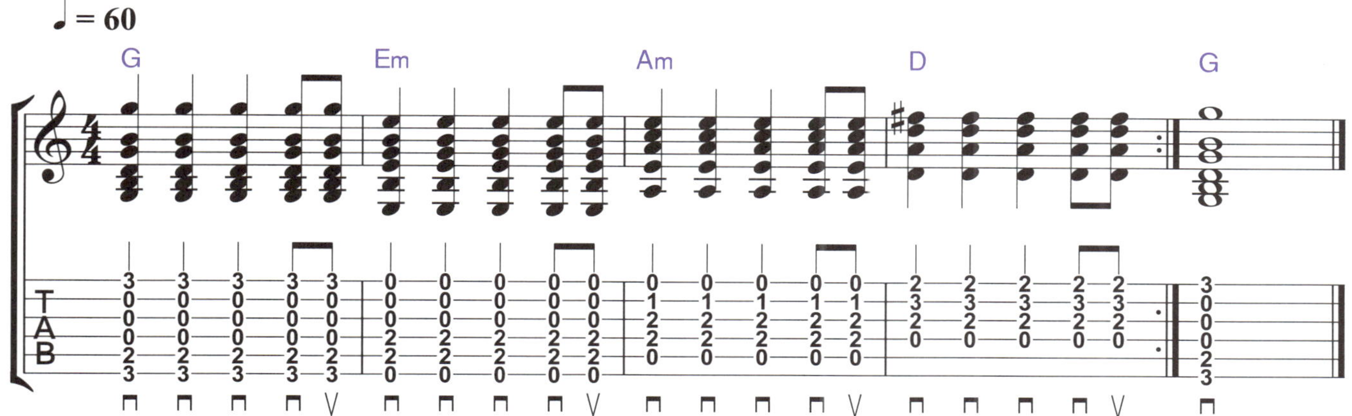

 포크송이나 찬송가 스타일 반주법(칼립소 주법) **Track 57**

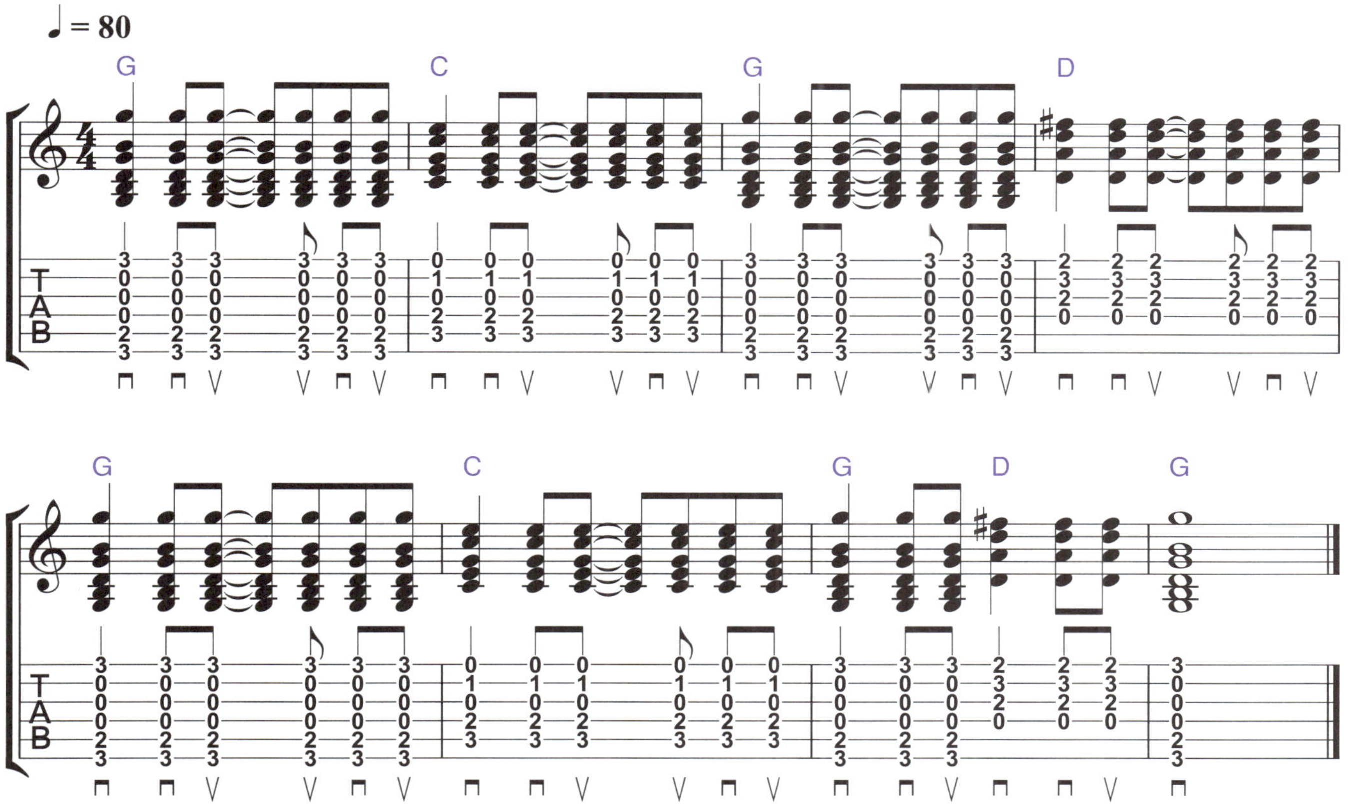

ex 3 왈츠 스타일 반주법 Track 58

♩ = 80
C   Dm   G7   C
Am   F   G7   C

ex 4 모던 록 스타일 반주법 Track 59

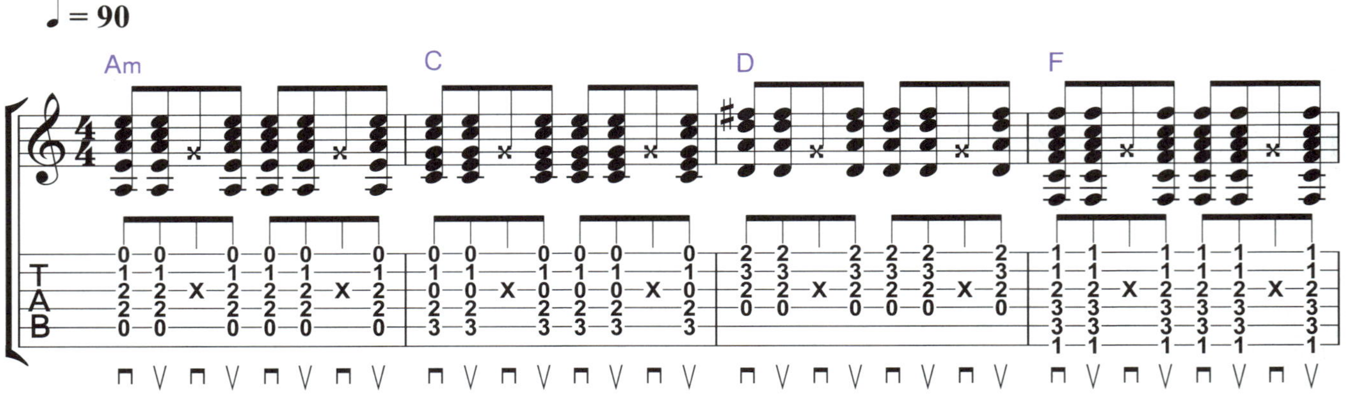
♩ = 90
Am   C   D   F

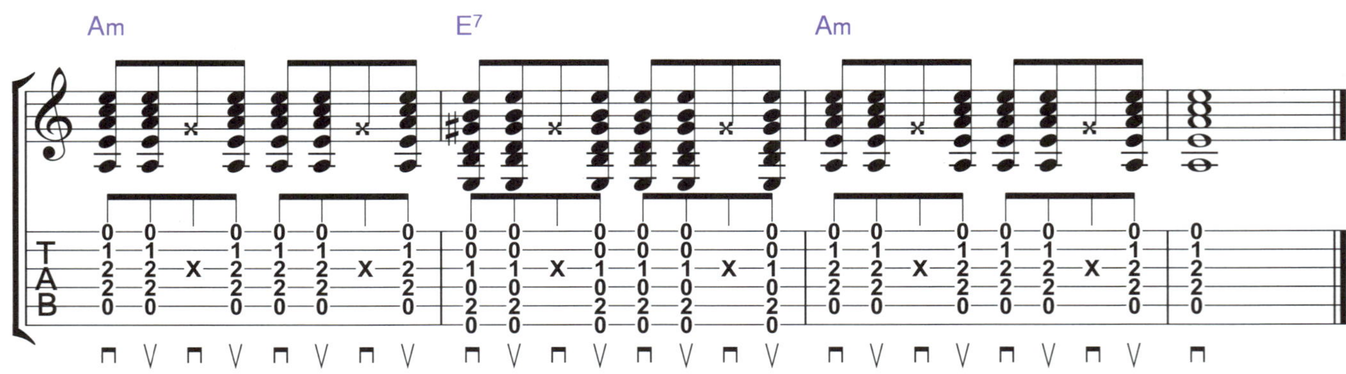
Am   E7   Am

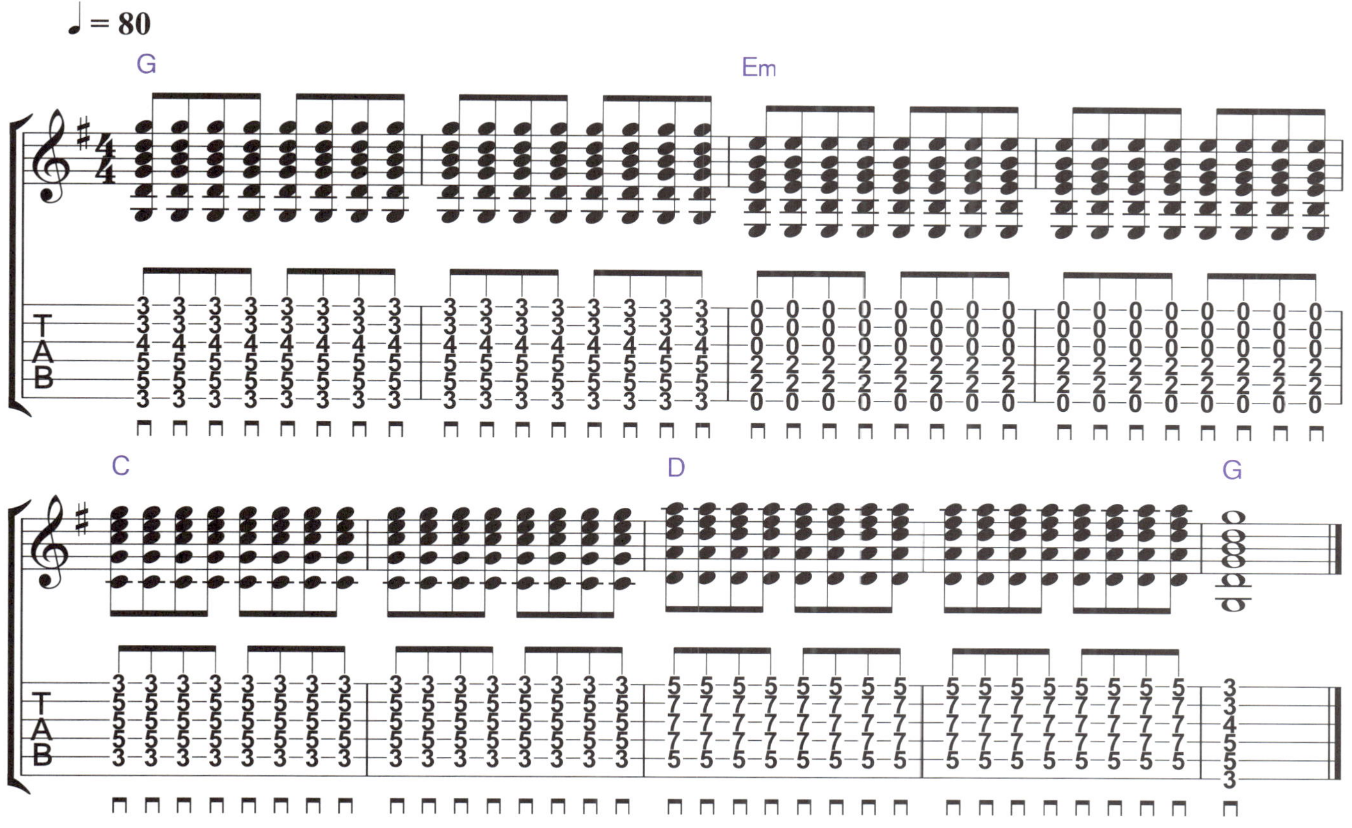
♩= 80
G   Em
C   D   G

♩= 120
Am   Dm   Am   E7
Am   Dm   Am   E7   Am

조개껍질 묶어

윤형주 작사.작곡

D G A7 D
여름 밤은 깊어만 가고 잠은 오지않네 —
D G A7 D
랄라 라라라라 — 랄 라라라랄라라 —
D G A7 D
랄라 라랄 라랄라라라 랄라 라라라라 —
A7 D A7 D
랄라 라라라라 — 랄라 라라라라 —

8비트 다운 스트로크를 적용한 반주

아름다운 구속

한경혜 작사. 김종서 작곡 / 김종서 노래

Dm   Em   Gm   A   Dm
널 　－들 여 　－ 보내기 가 　－힘 겨 워 지 는 나 　－를 어 －떡 해

G   F   G   C   Em   Am   F
－ 처 음 이 야 － 　－내 가 －드 디 어 － 　－내 －가 － 사 랑 에 －－나 빠
(8비트 컷팅 주법 + 싱커페이션)

G   Am   A⁷   F   G
－ 져 버 렸 어 － 혼 자 인 게 － －좋 아 －－ 나 를 사
(8비트 컷팅 주법 + 싱커페이션)

C   Em   Am   Dm   G   Am
－ 랑 했 던 나 에 게 － 또 다 른 내 －가 온 거 야 －
(8비트 컷팅 주법 + 싱커페이션)

8비트 왼손 뮤트 스트럼을 적용한 반주

오 필승 코리아

이근상, 붉은 악마 작사. 작곡 / YB밴드 노래

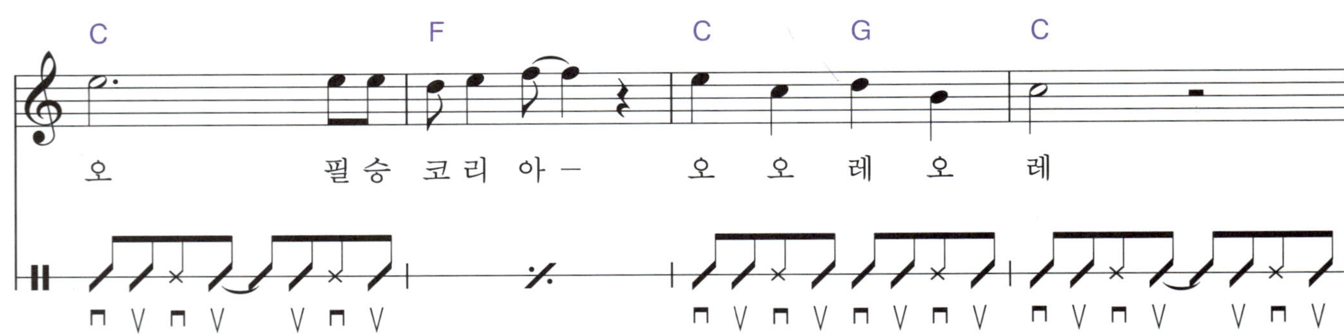

C
F
G
오 필 승 코 리 아 — 오 필 — 승

C
F
코 리 — 아 오 필 승 코 리 아 —

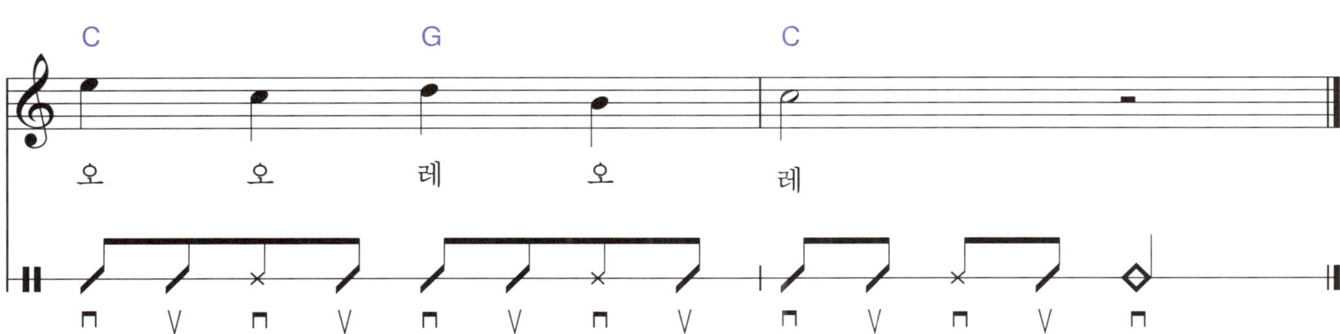

C
G
C
오 오 레 오 레

8비트 다운 & 업 스트로크와 싱커페이션을 적용한 반주

아메리카노

권정열, 윤철종 작사. 작곡 / 10cm 노래

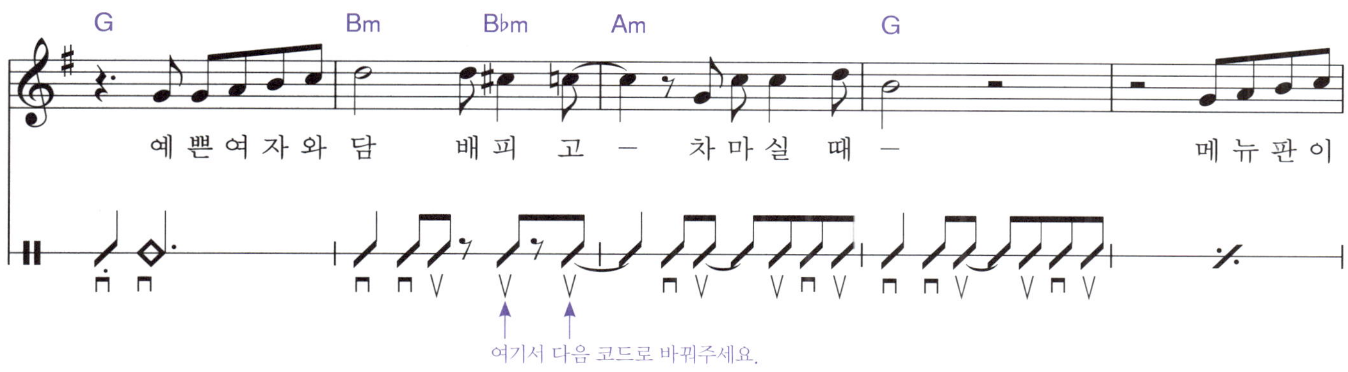
G   Bm   B♭m   Am   G
예쁜 여자와 담 배 피 고 — 차 마실 때 —   메뉴판이
여기서 다음 코드로 바꿔주세요.

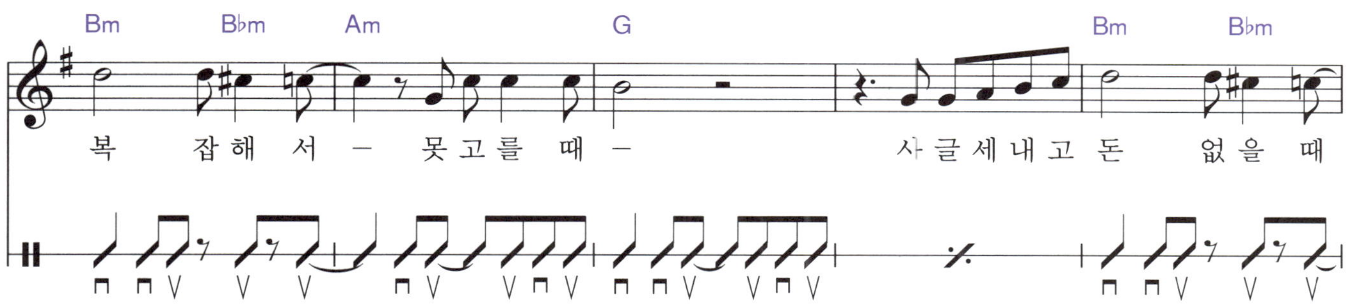
Bm   B♭m   Am   G   Bm   B♭m
복 잡해 서 — 못 고를 때 —   사 글 세 내고 돈 없을 때

Am   G   Bm   B♭m   Am
— 밥 대신 에 —   자 장 면 먹고 후 식 으 로 —

D
아 메 아 메 아 메 — 아 메 아 메   아 메 아 메 아 메

lesson 6

이것만 마스터하면 당신은 통기타 반주에서 자유로워질 수 있다.

기타 반주의 화려함은 여기에 달려있다.

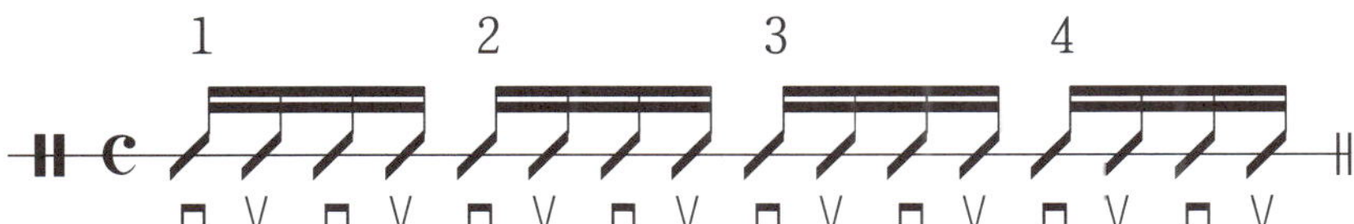

16비트란?

$\frac{4}{4}$ 박자에서 한 마디에
16분음표가 16개 있는 것입니다.
위에 제시된 리듬 악보처럼
한 박 안에 16분음표 4개를 기타에서 연주할 때,
한 박동안 오른손을 4번 움직이게 됩니다.
이렇게 네 박을 연주하면 총 16번을 스트로크 하게 됩니다.
이것이 16비트 스트로크 입니다.

◈ 16비트 스트로크 기본 리듬 익히기

많은 리듬을 연주하기 때문에 입으로 박자를 세어주면서 느린 속도부터 빠른 속도까지 천천히 연습하는 습관을 기르는 것이 고수가 되는 비결입니다. 박자를 세는 몇 가지를 다뤄보겠습니다.

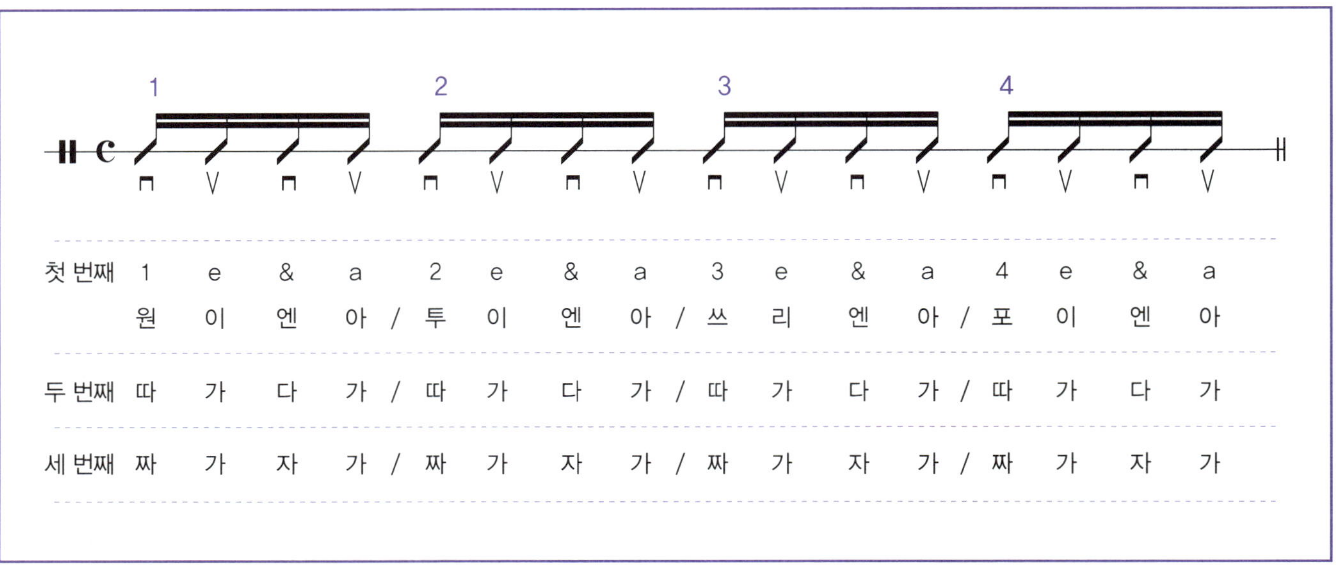

◈ 8가지 리듬 패턴 Track 70

16비트 리듬의 핵심 단어이자 공식들입니다. 반드시 외우고 넘어갑시다.
스트로크와 헛 스트로크를 잘 구분해서 천천히 연습하세요.

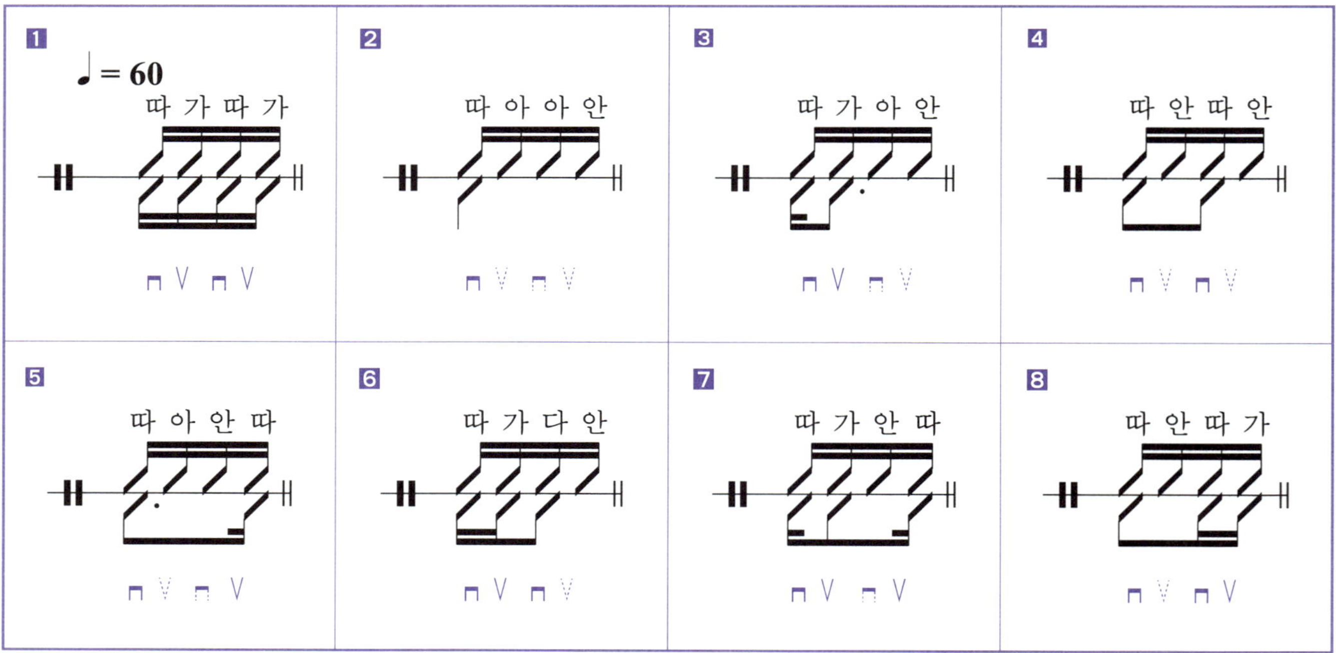

◈ 16비트 리듬의 응용 연습

이번에는 8가지 패턴을 조합한 16비트 리듬의 응용 연습 방법을 알아보겠습니다.
16비트 리듬악보를 한눈에 보면 음표가 많아서 어려워 보이지만 연습방법만 알면 정말 쉽게 연주할 수 있습니다.

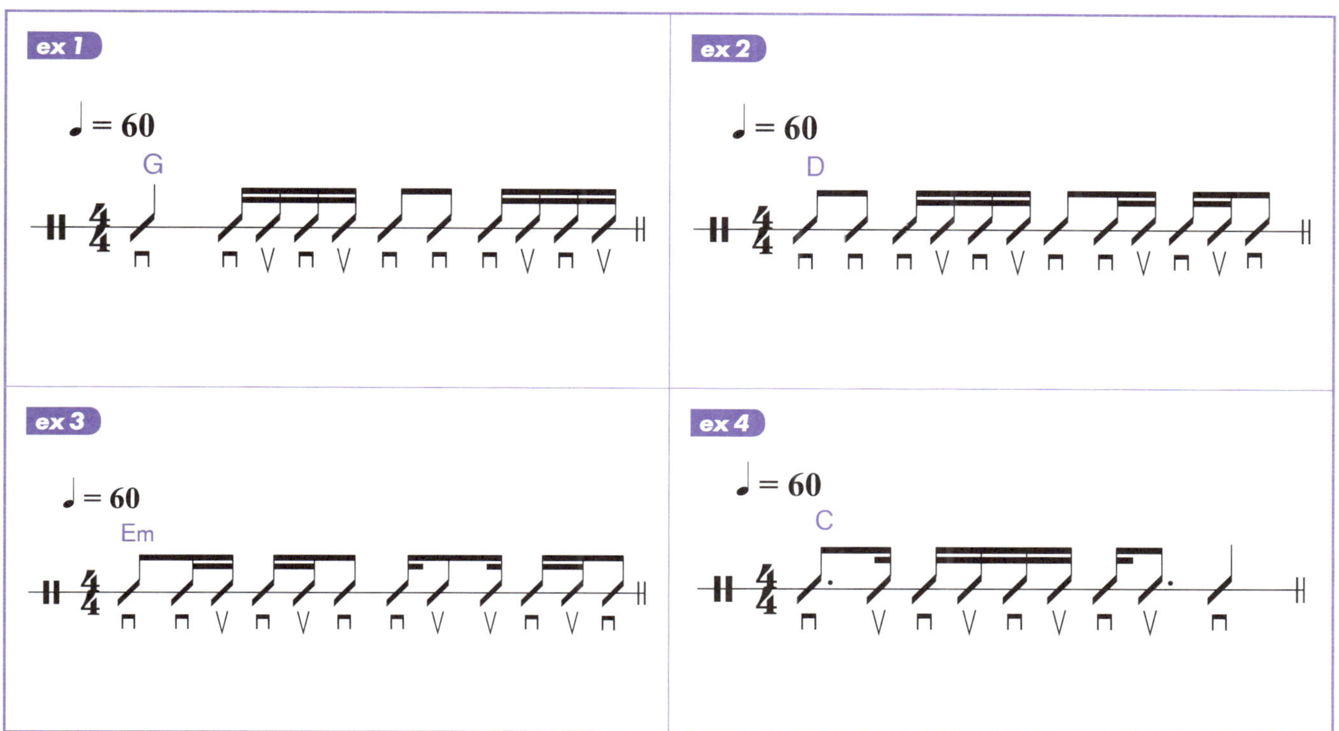

● 마디를 분할하여 리듬 연습 Track 71

왼손으로 줄을 뮤트하며 한 마디씩 나눠서 느린 속도부터 빠른 속도로 천천히 늘려 나가면서 반복적으로 연습하세요.

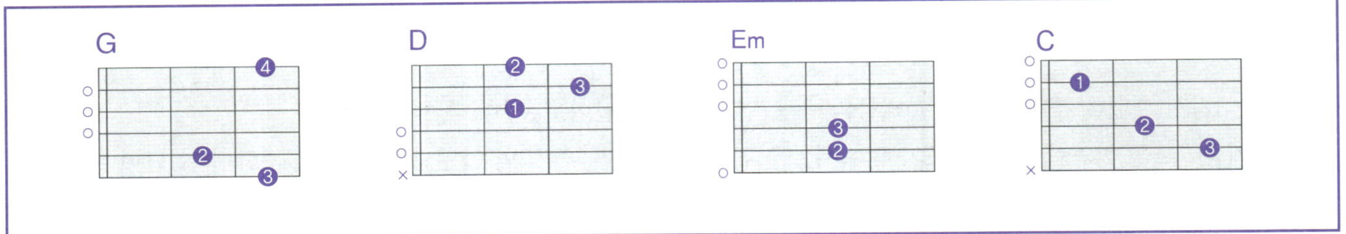

● 16비트 스트로크 기본 패턴 Track 72

♩ = 70

● 16비트 스트로크 싱커페이션 Track 73

♩ = 70

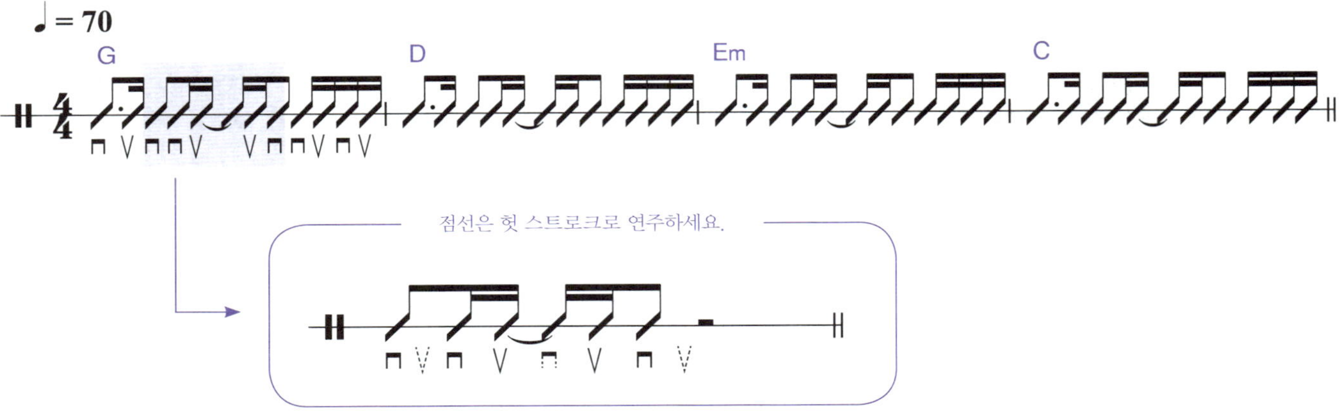

● 16비트 스트로크 바리에이션 Track 74

♩ = 70

◈ 16비트 뮤트 스트로크 연습

16비트 뮤트 스트로크 연주는 타악기적인 효과를 동시에 얻을 수 있어 신나고 화려한 느낌의 사운드를 연출할 수 있는 주법입니다. 특히 쉼표와 악센트를 적용한 연습은 내가 원하는 느낌을 섬세하게 다룰 수 있는 스트로크 감각을 얻을 수 있기 때문에 아주 중요한 연습입니다.

– 연습 포인트 –

오른손이 빠르게 움직이는 동안에 현이 울리는 소리와 뮤트소리가 명확하게 들려야 느낌을 제대로 살릴 수 있으니 메트로놈을 틀어 놓고 카운트를 입으로 몸으로 세면서 인내를 가지고 천천히 섬세하게 연습하세요.

※ 쉼표를 적용한 16비트 뮤트 스트로크 연습 `Track 75`

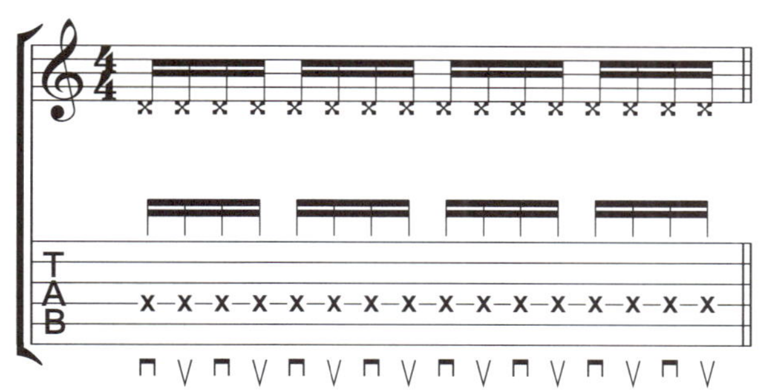

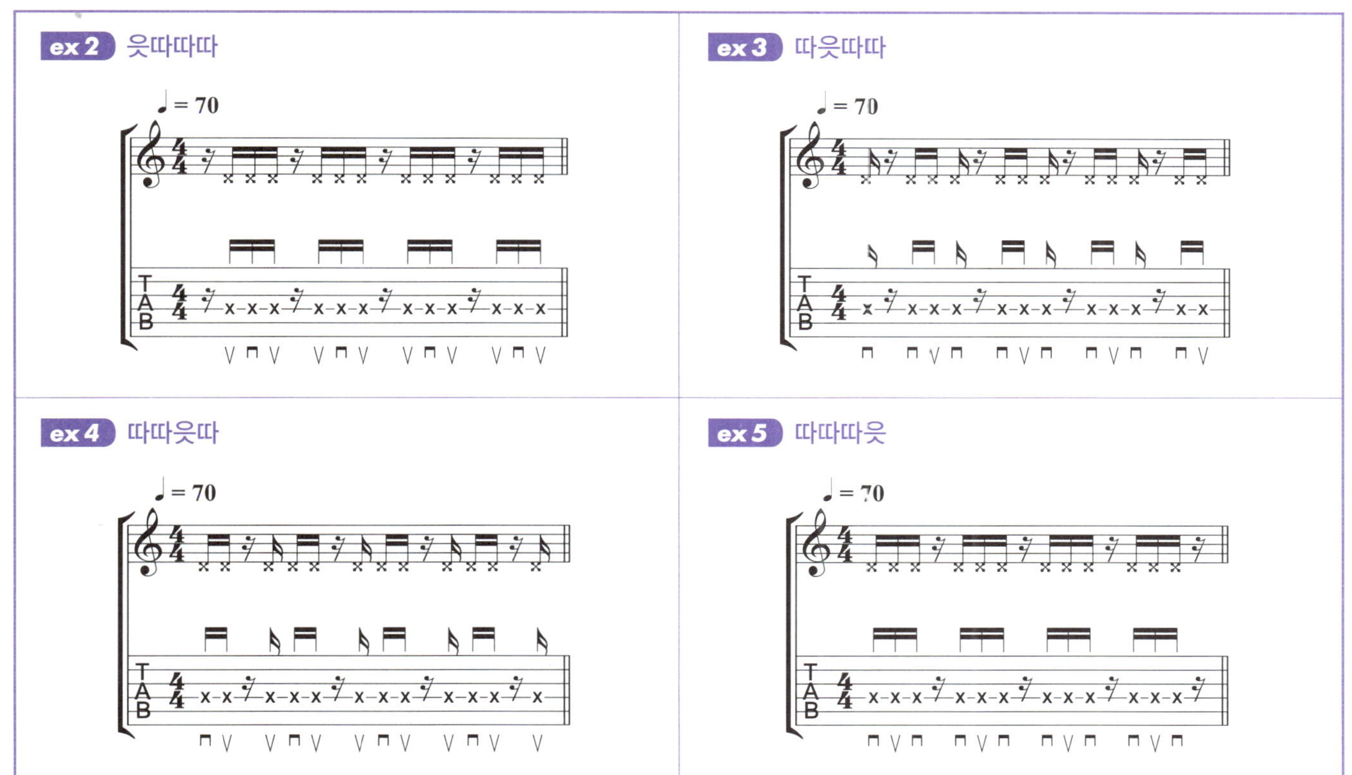

입으로 불러가면서 쉼표 부분은 헛 스트로크로 연주하여 오른손 템포(속도)를 유지시켜 줍니다.

※ 응용 연습 Track 76

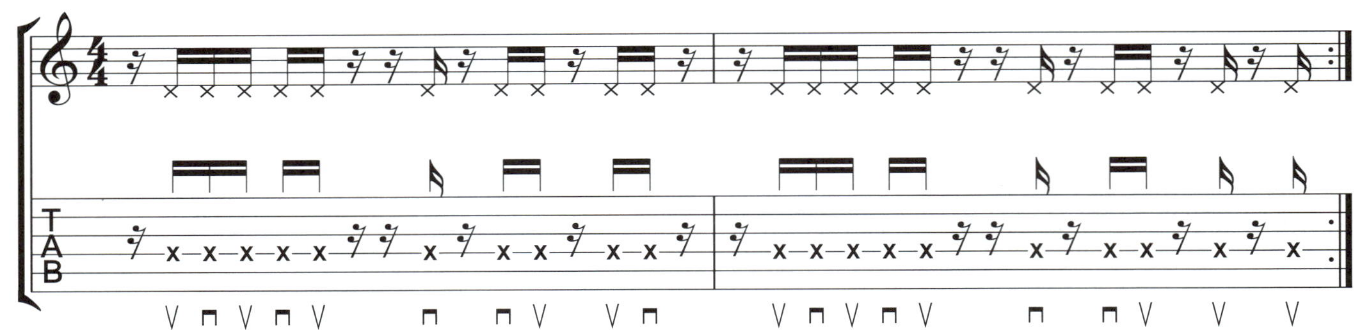

※ 악센트를 적용한 16비트 뮤트 스트로크 연습 Track 77

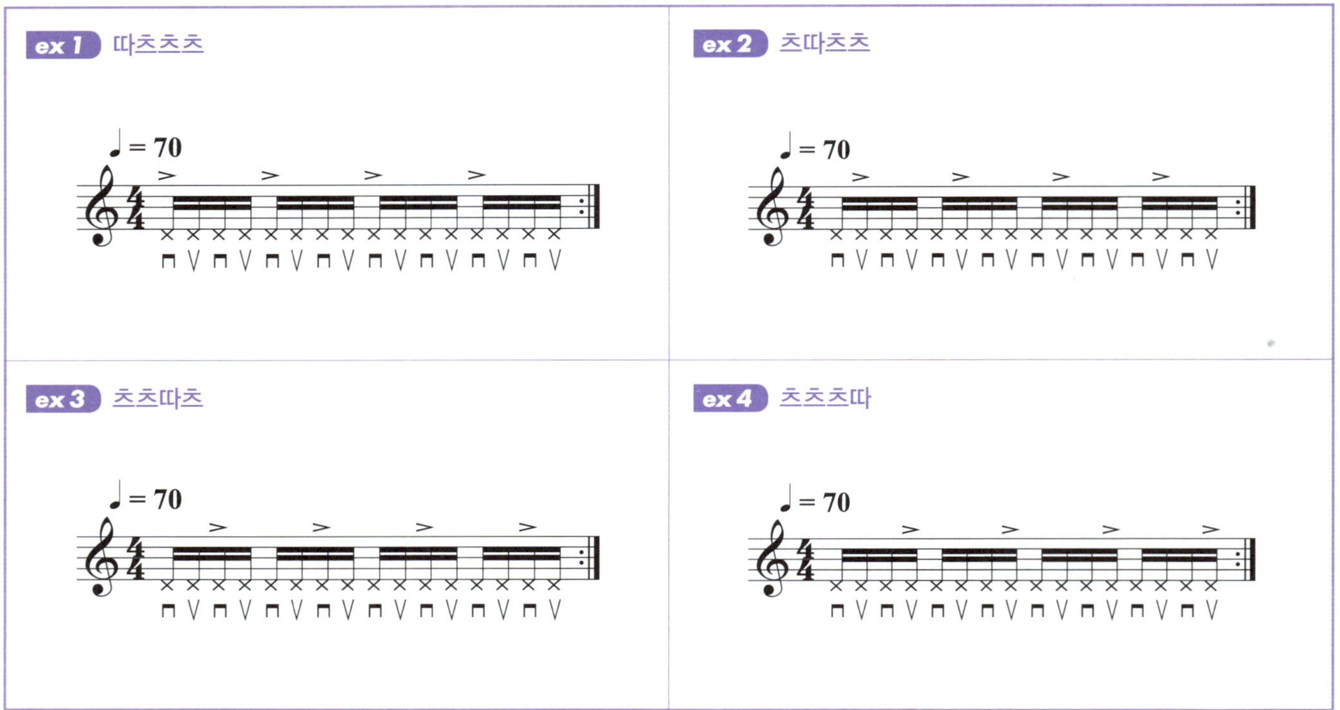

ex 1 따츠츠츠
ex 2 츠따츠츠
♩ = 70
♩ = 70
ex 3 츠츠따츠
ex 4 츠츠츠따
♩ = 70
♩ = 70

※ 응용 연습 Track 78

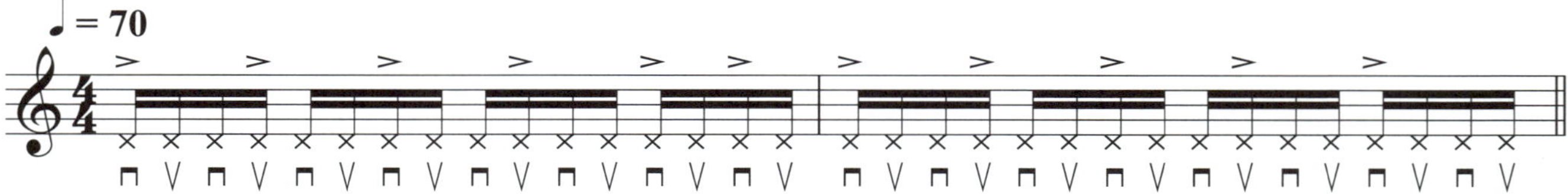

♩ = 70

※ 16비트 오픈 & 뮤트 스트로크 연습 **Track 79**

스트로크 연주에서 가장 핵심적인 주법으로 오픈과 뮤트를 잘 해야 맛깔스럽고 멋진 스트로크 연주를 할 수 있습니다.
이 주법은 줄을 누르는 왼손은 민첩성과 순발력을, 스트로크를 하는 오른손은 일정한 속도를 유지하는 지구력이 필요하
므로 벼락치기 연습보다는 오랜기간을 두고 매일 꾸준히 연습을 해야지만 실력이 향상됩니다.

● A코드를 하이코드 폼으로 잡아서 연습해보겠습니다.

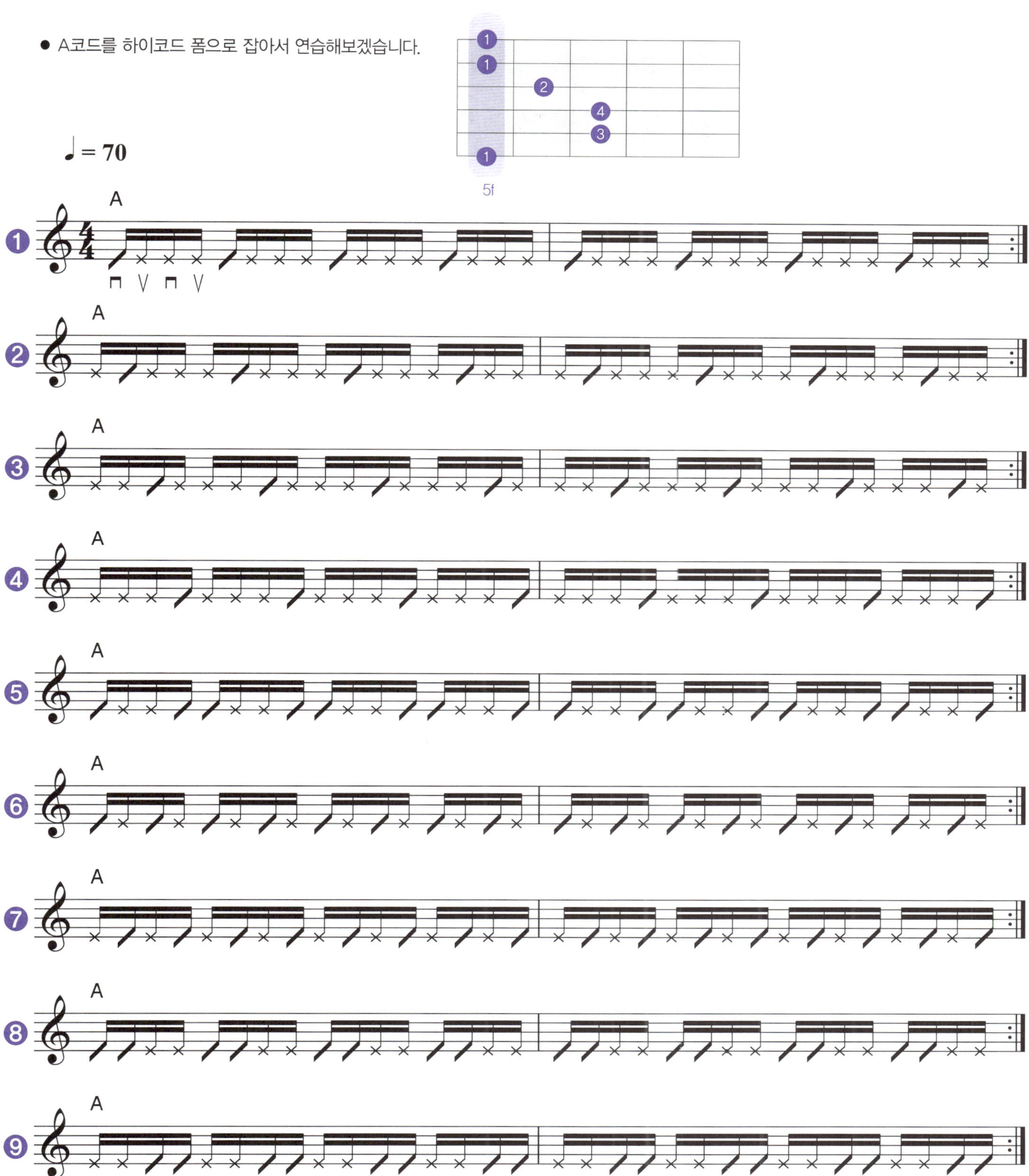

※ 응용 연습

ex 1 지나치는 음이 없도록 입으로 리듬을 불러가며 꼼꼼하게 연주하세요. Track 80

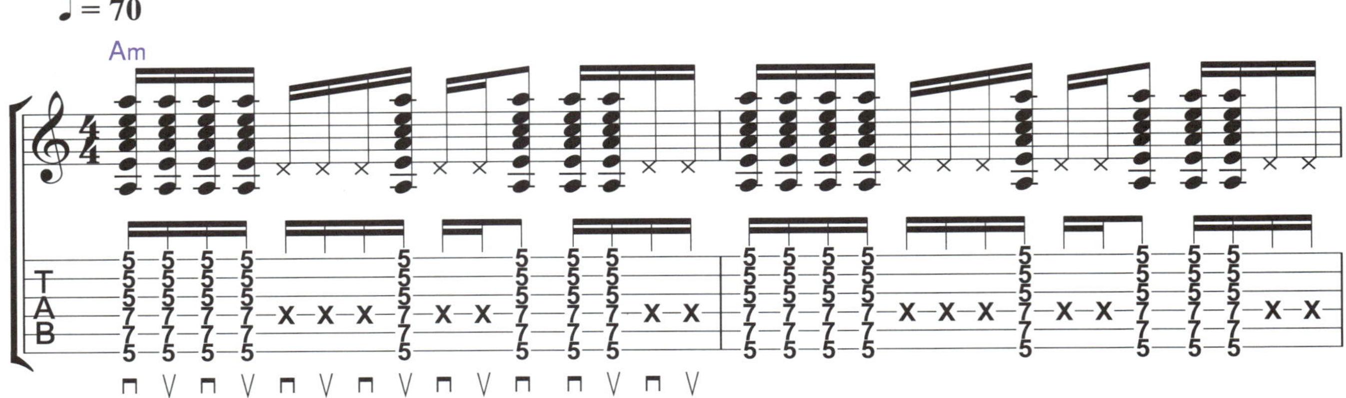
♩ = 70
Am

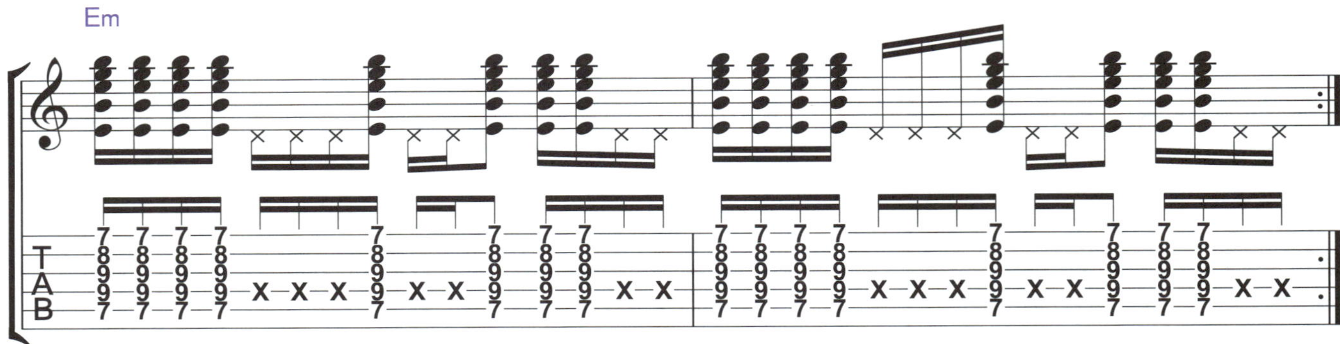
Em

ex 2 각 음표의 길이가 확실하게 표현될 수 있게 리듬을 잘 세어주면서 연주하세요. Track 81

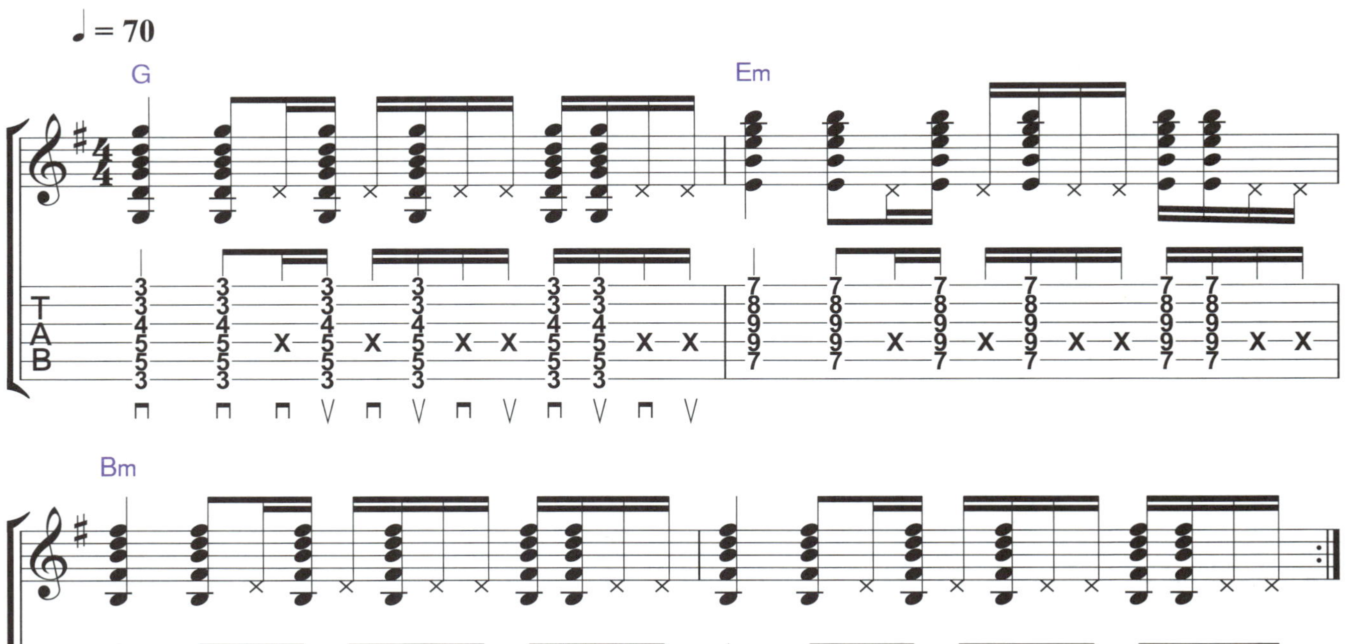
♩ = 70
G
Em
Bm

◈ 다양한 장르의 16비트 리듬 종합 연습

1) 발라드 스타일 **Track 82**

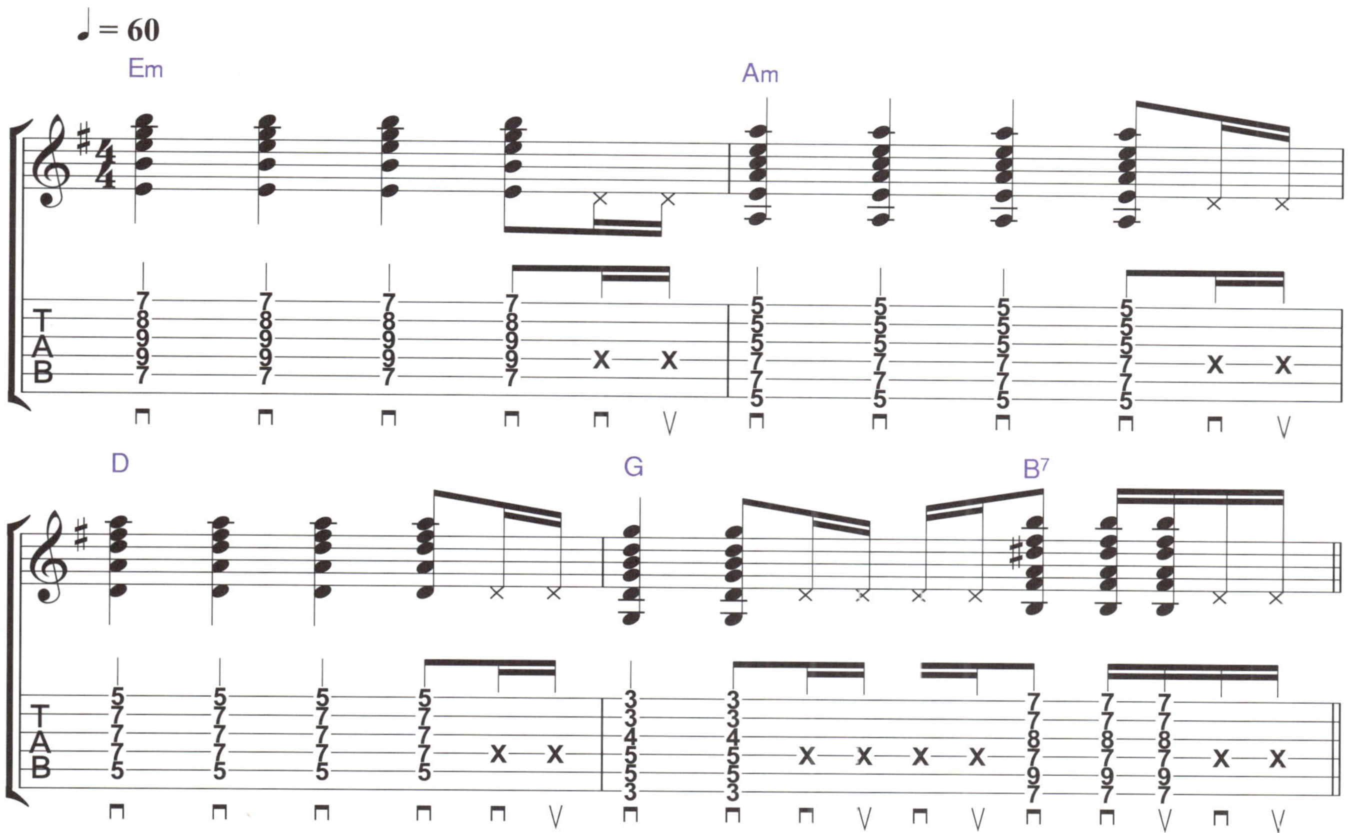

2) 컨트리 스타일 **Track 83**

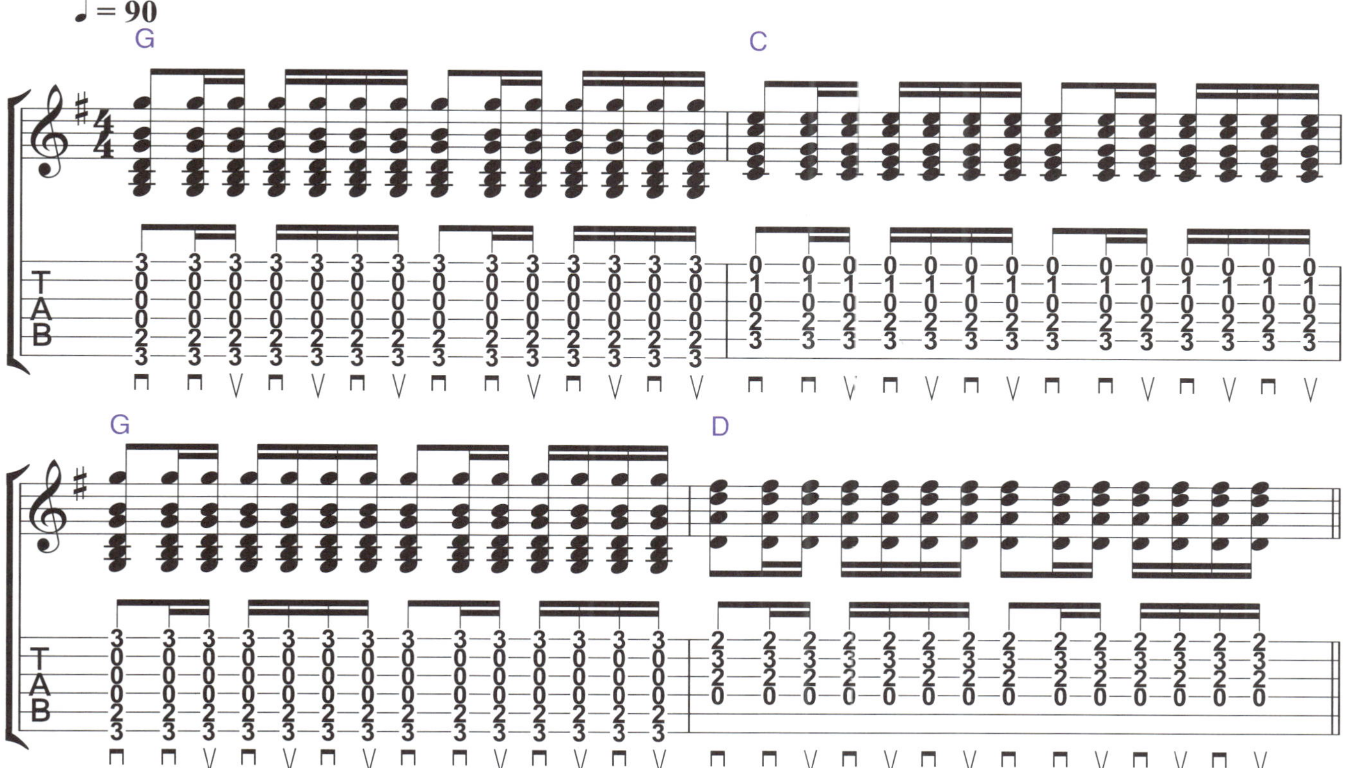

3) 모던 락 스타일

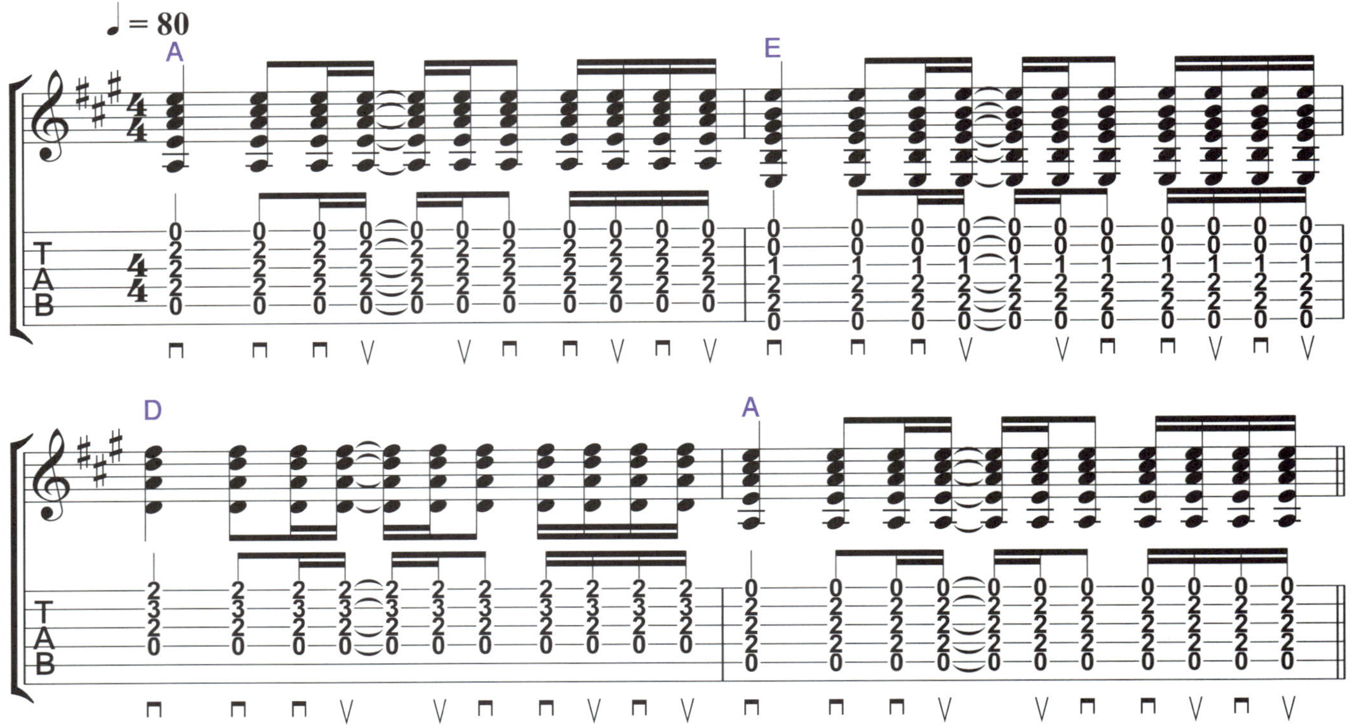

4) 신나는 디스코 FUNK 스타일

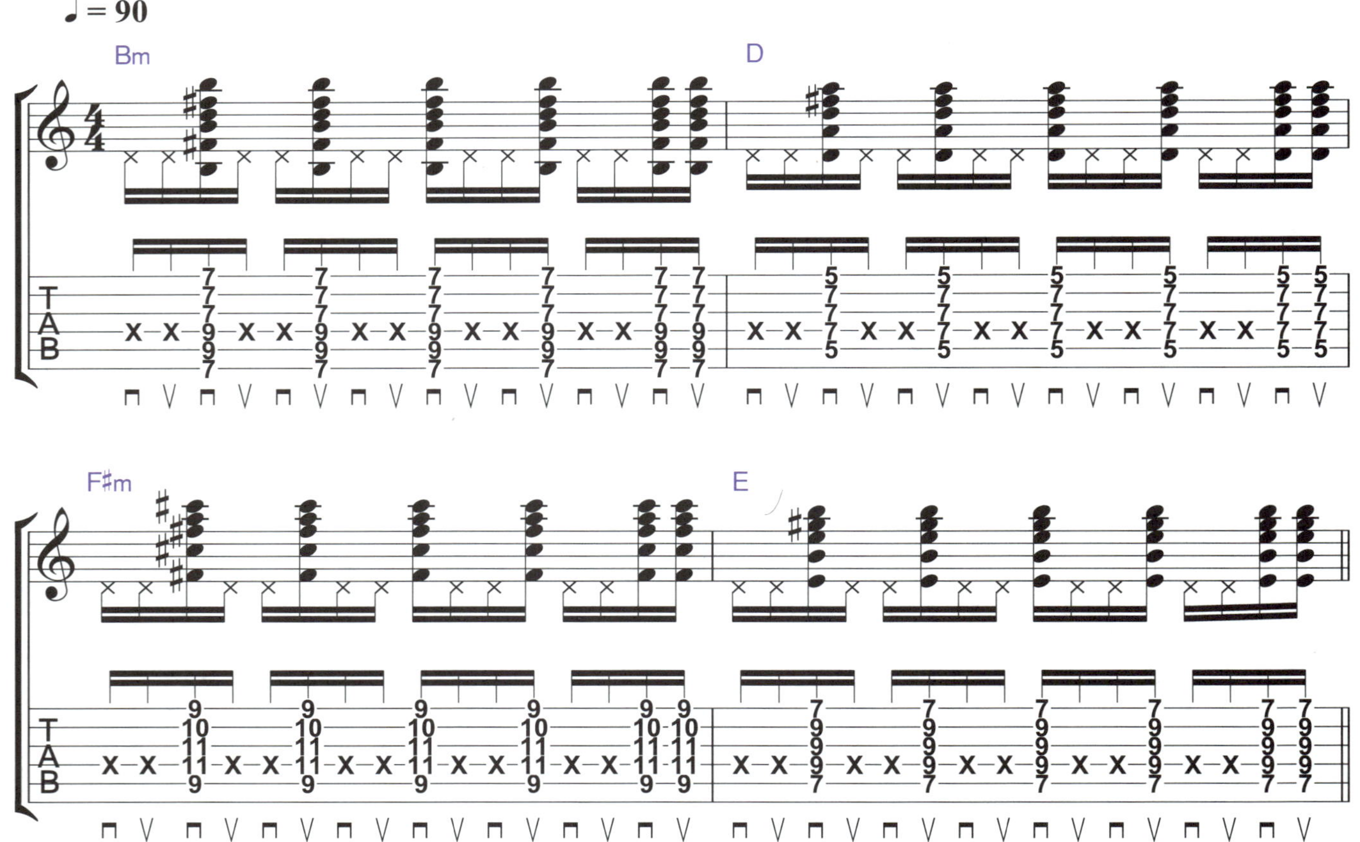

5) 모던 FUNK 스타일 **Track 86**

♩ = 85

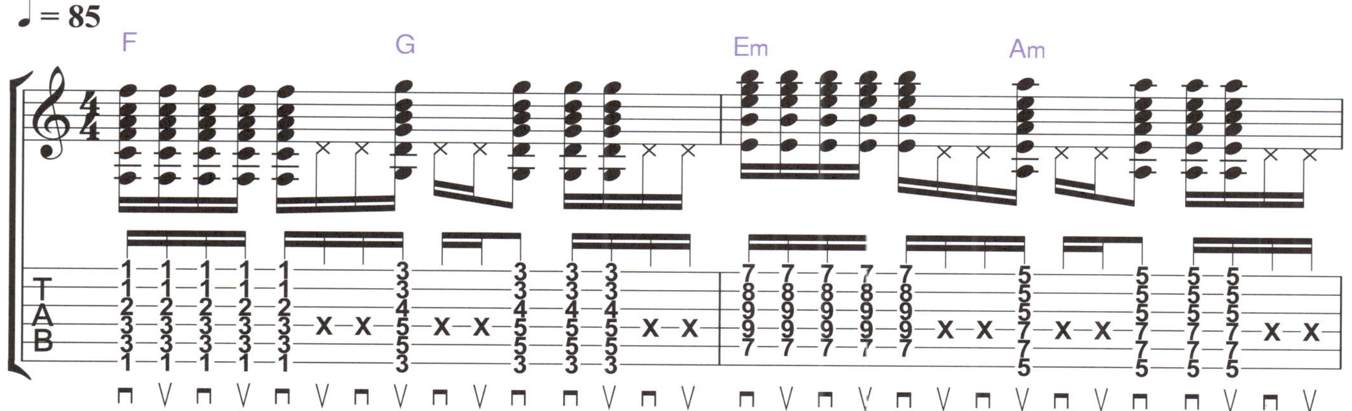

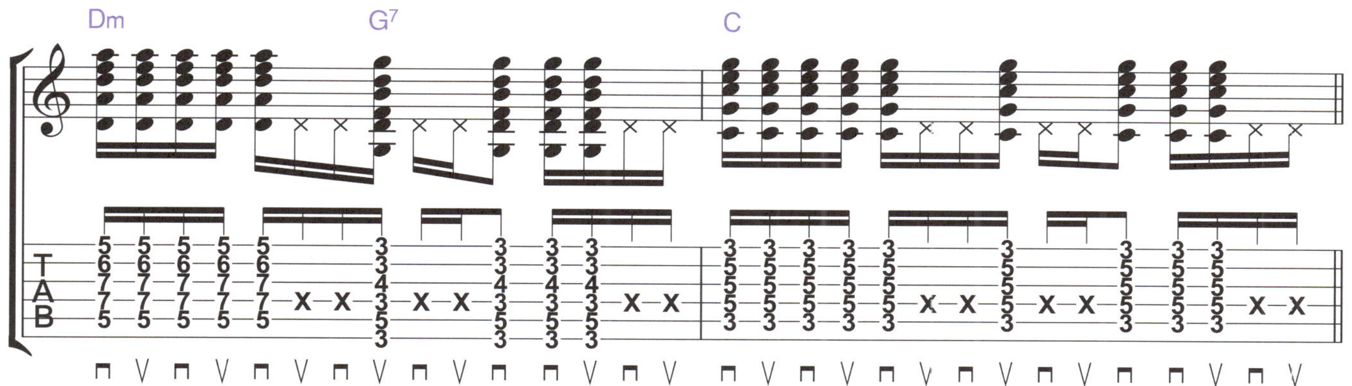

16비트 스트로크 반주

너에게 난 나에게 넌

송봉주 작사. 작곡 / 자전거 탄 풍경 노래

Em   Bm   C   G   Am   D
내 외 롭 던 지 - 난 시 - 간 을 - 환 하 게 비 - 춰 주 - 던 햇 살 이 - 되 고 - -

G   D   Em   G⁷   C   G
조 그 맣 던 -   너 의 - 하 - 얀 손 - 위 에 - 빛 나 는 보 - 석 처 - 럼

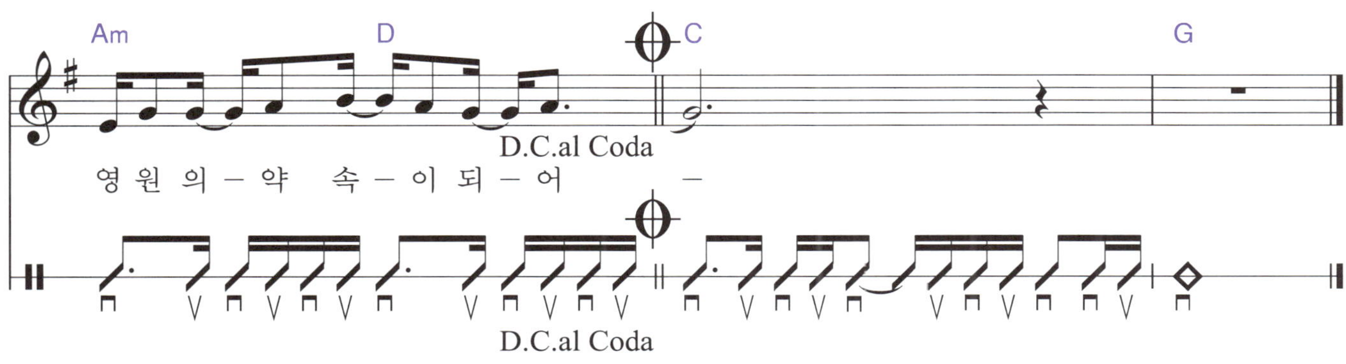

Am   D   C   G
영 원 의 - 약 속 - 이 되 - 어 -
D.C.al Coda
D.C.al Coda

싱커페이션과 왼손 뮤트를 적용한 16비트 스트로크 반주

본능적으로

윤종신 작사. 작곡 / 윤종신 노래

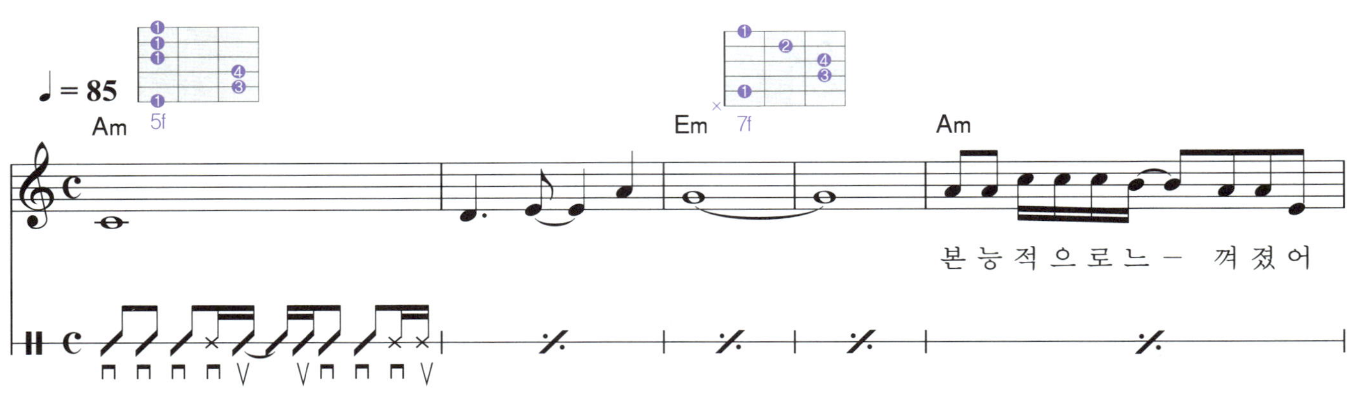

Am Em Dm Em
미친듯이막끌― 릴뿐야 섣푸른판단일―지라도 왠지사랑일것―만같아 오―――――― 워우워―
Am Dm G 3f C 5f
― 내 가 택 했 ―던그―녀―를 ― 난믿
A 5f Dm G C E 7f
― 겠 어 내 가 택 했 ―던그―밤을 ――― ―
Am Em
내생최고의사― 랑일지 미친사랑의시― 작일지 해봐야하는게사 ―랑일지 이제우리시― 작할까
Dm Em Am 1. 2.
오 ― 오 ――― ―― 워우워― ―

Lesson 7

로맨틱한 감성 연주는
오른손 끝에서 나온다.

기타로 이성을 자극하고 싶다면 이것을
필살 연습!!!

◈ 오른손가락의 명칭

엄지는 "P" 또는 "T", 검지는 "I", 중지는 "M", 약지는 "A"로 표기합니다.
엄지는 근음(Root)을 나머지 검지, 중지, 약지는 화음과 멜로디를 연주합니다.

◈ 아르페지오 오른손 자세

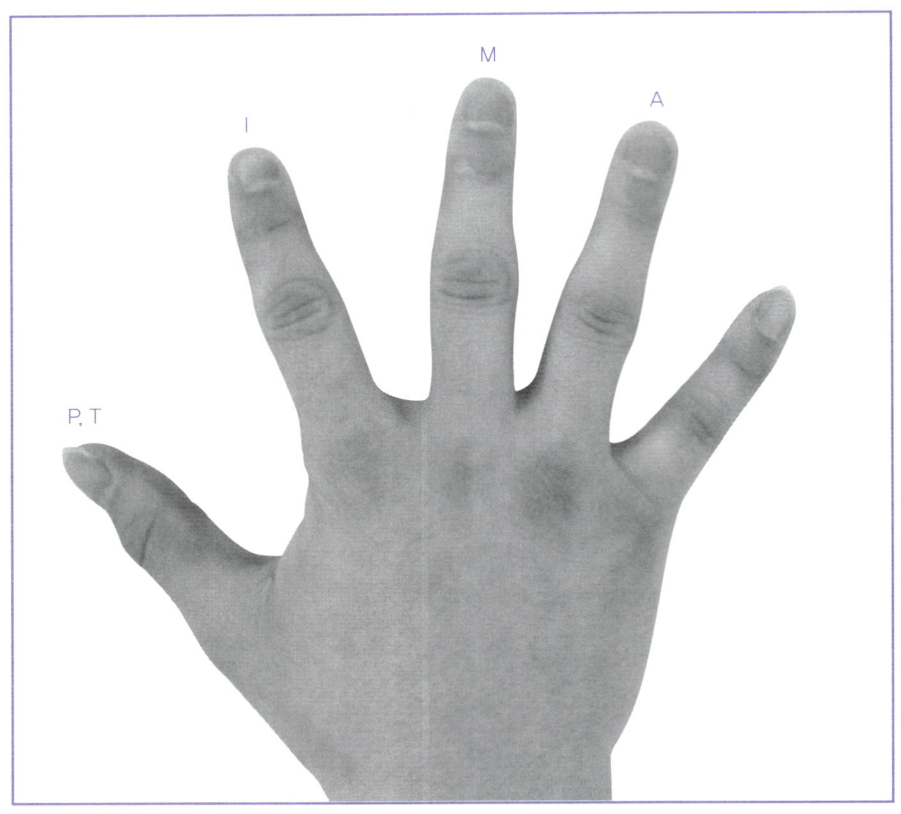

① 엄지손가락은 앞으로 쭉 펴줍니다.

② 검지, 중지, 약지손가락의 관절만 사용해서 줄을 튕겨줍니다. 손목이 최대한 움직이지 않도록 합니다.

③ 튕기려는 줄에 손가락이 수직 방향으로 움직일 수 있게 합니다.

◈ 타브악보로 보는 아르페지오 주법

초보 연주자는 타브 악보를 보고 아르페지오를 연주하는 것이 익숙하지 않을 것입니다. 꼼꼼히 살펴보고 숙지한 후 넘어가세요.

◇ 엄지손가락 근음 훈련

코드 이름 앞에 쓰인 알파벳(C,D,E,G,A,B)은 근음을 뜻합니다.
아르페지오 연주 시, 맨 처음에 엄지로 베이스(근음)를 연주해야 합니다.

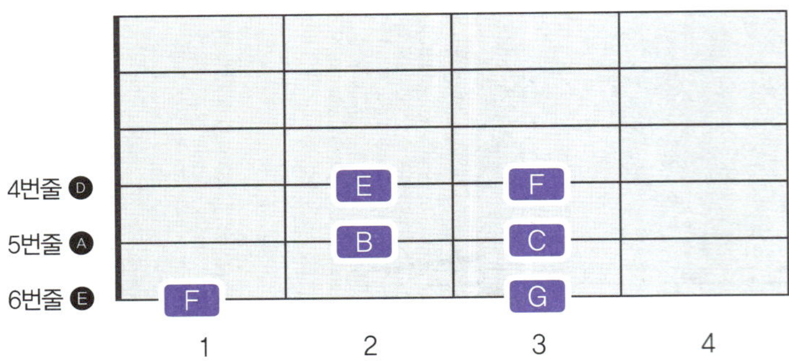

★ 위의 그림은 엄지로 연주해야 하는 코드의 근음입니다. 반드시 외우고 넘어갑시다.

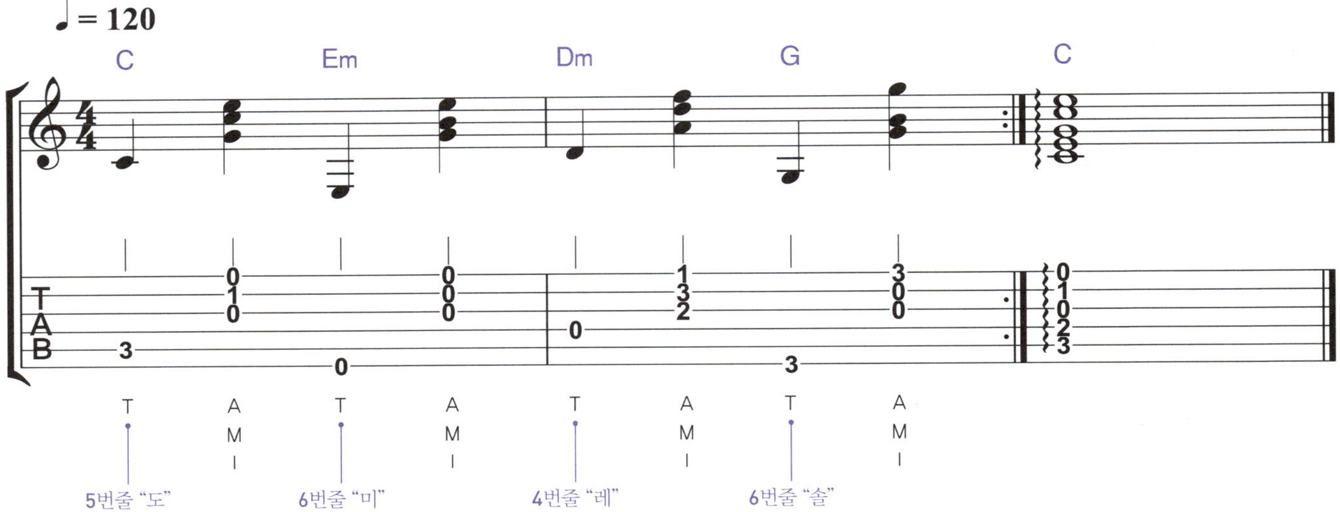

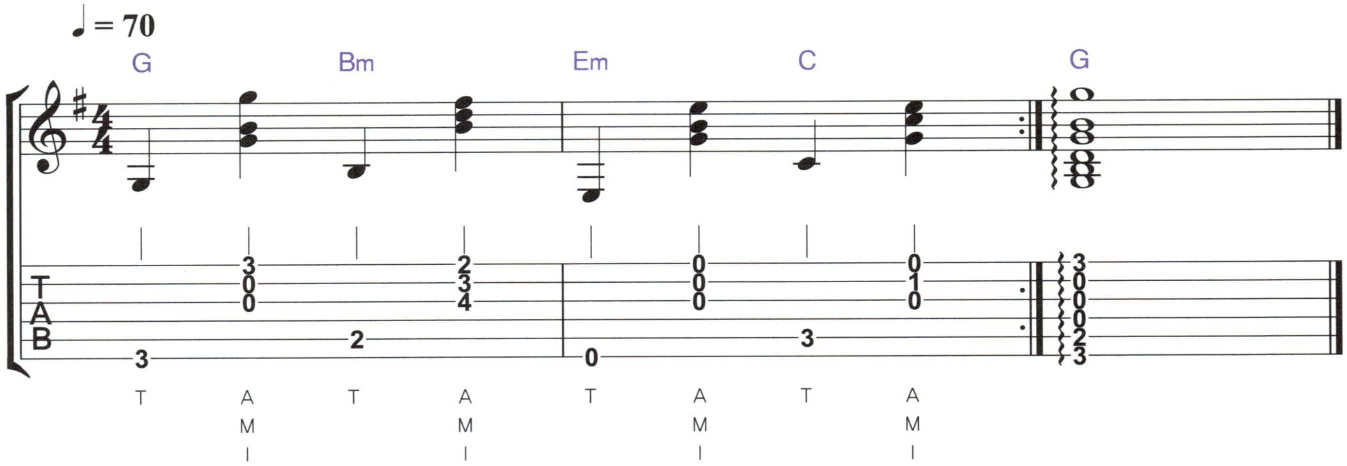

◈ 아르페지오 기본 패턴

기본적인 아르페지오 패턴으로 실제 연주에서 많이 쓰이는 연주들입니다.
한음씩 정확하게 손가락의 포지션을 잘 지키면서 연주하세요. 아르페지오 연주 시에는 맨 처음에 엄지로 베이스(근음)를
연주해야 합니다.

● 발라드에서 자주 사용되는 8비트 기본 아르페지오

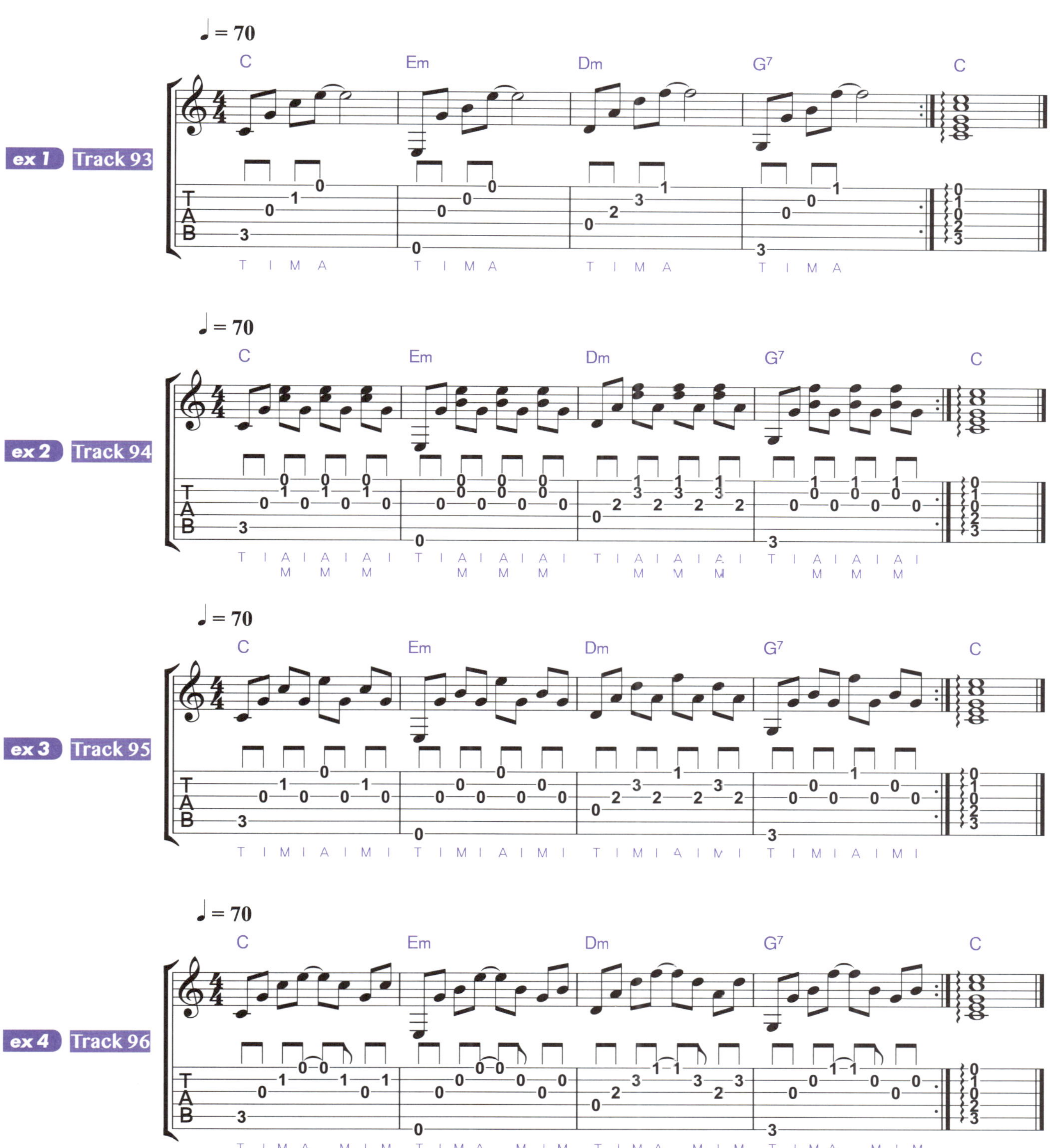

◇ 16비트 아르페지오

16비트 아르페지오는 손가락을 빨리 움직이고 줄을 많이 튕겨야 하기 때문에 음이 뭉개질 수 있습니다.
느린 속도부터 한 음씩 확실하게 튕겨주면서 반복 연습을 많이 해야 합니다.

ex 1 **Track 97**

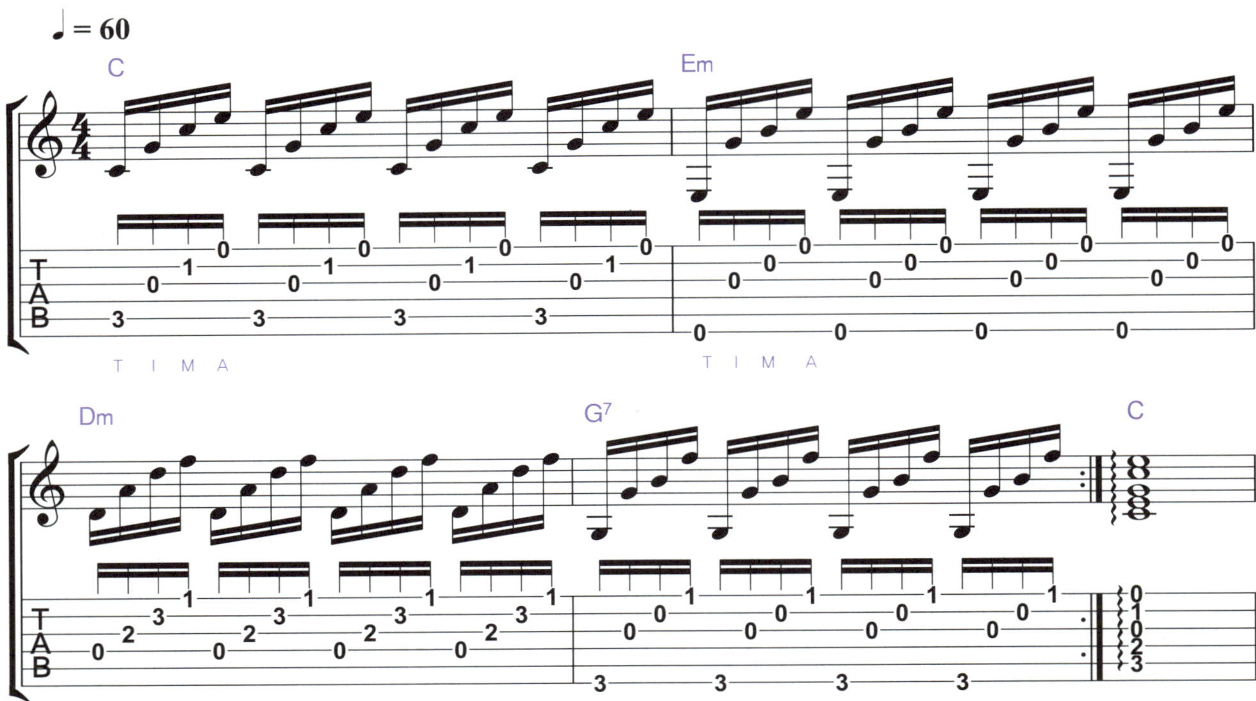

ex 2 **Track 98**

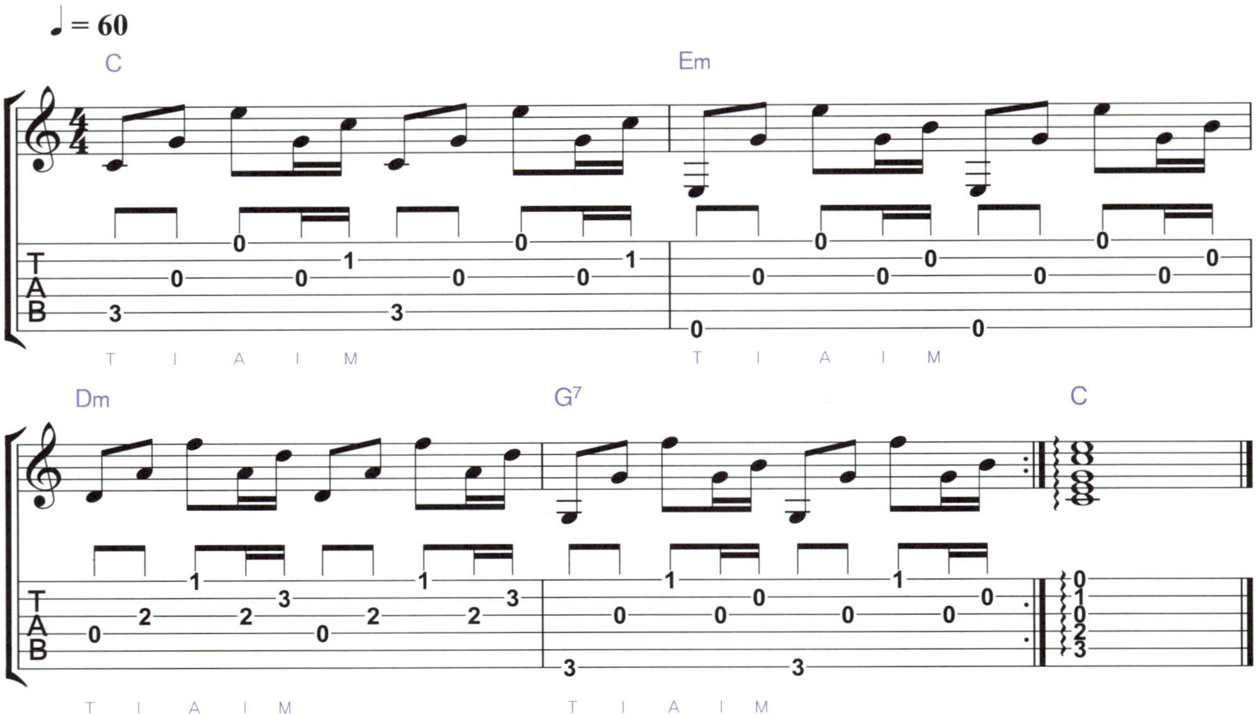

◇ 3핑거 아르페지오

3핑거 주법은 주로 엄지, 검지, 중지 3개의 손가락만을 이용해서 연주하는 주법입니다.
아르페지오 중에 가장 멋지고 화려한 주법이지만 가장 어려운 주법이기도 합니다.

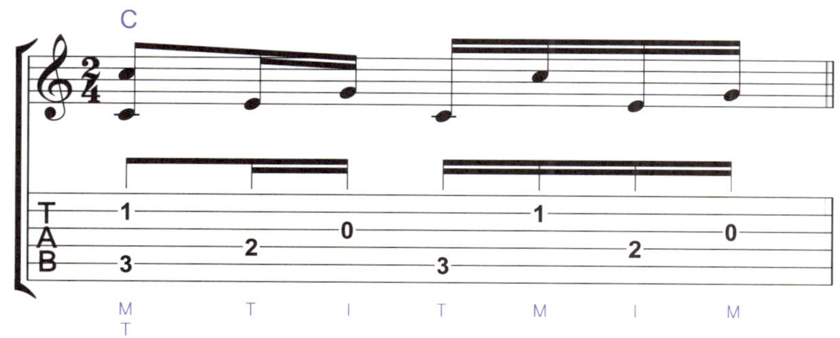

● **3핑거 기본 연습**

핑거링 훈련을 위해 2박자마다 오른손 탄현의 위치가 바뀌니 집중해서 연습하세요.

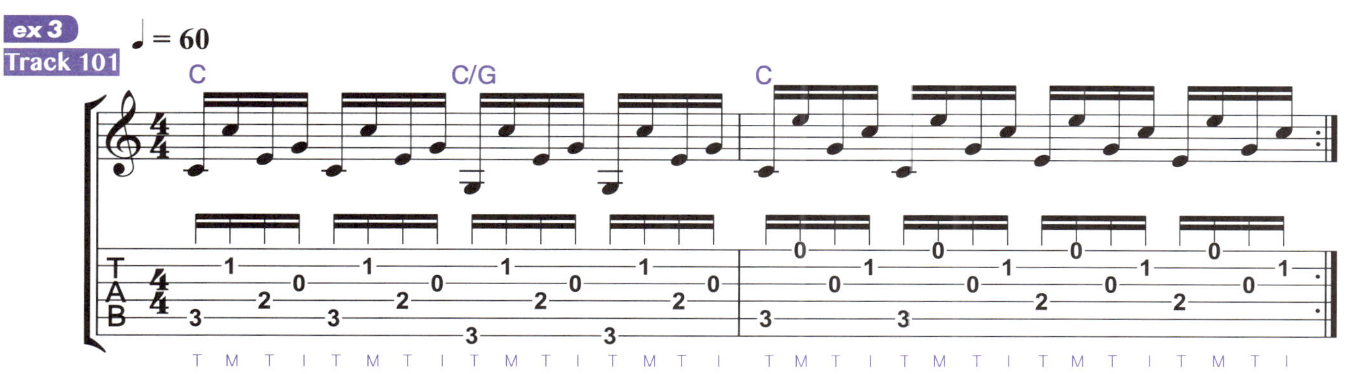

◇ 팝 음악에서 사용되는 3핑거 스타일

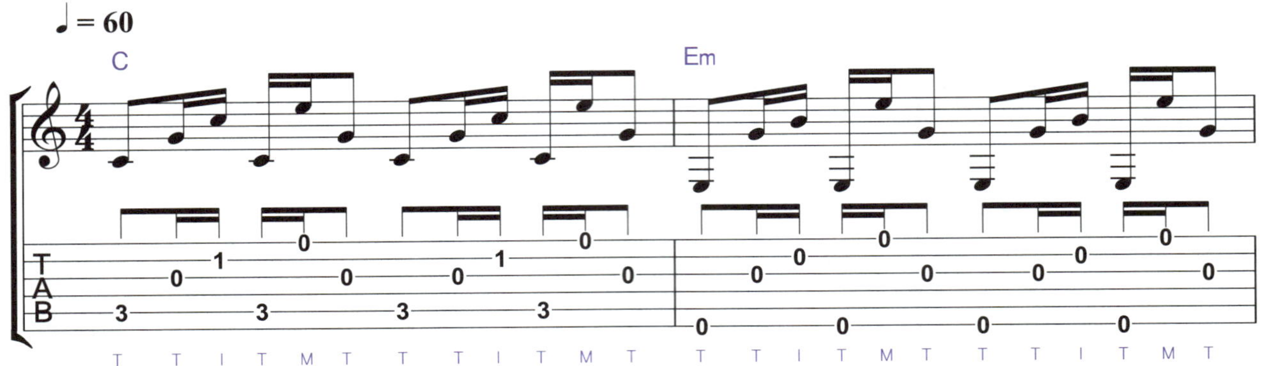

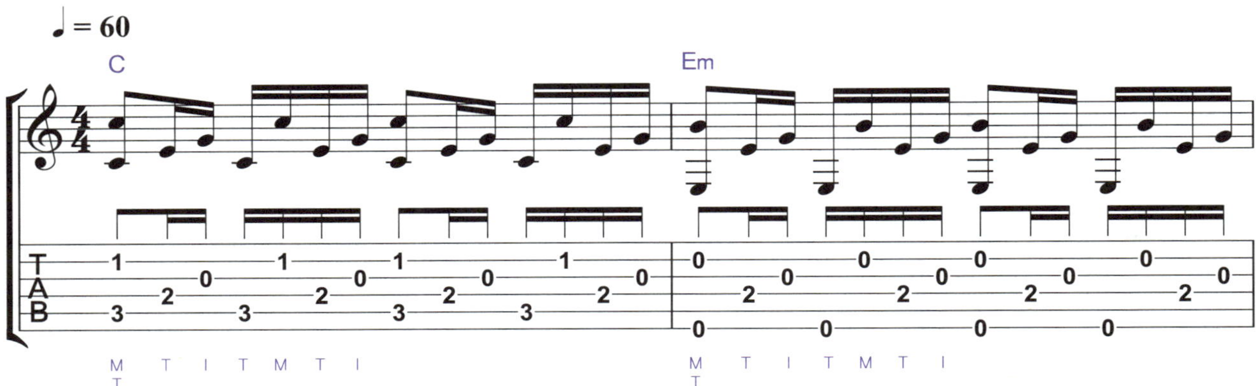
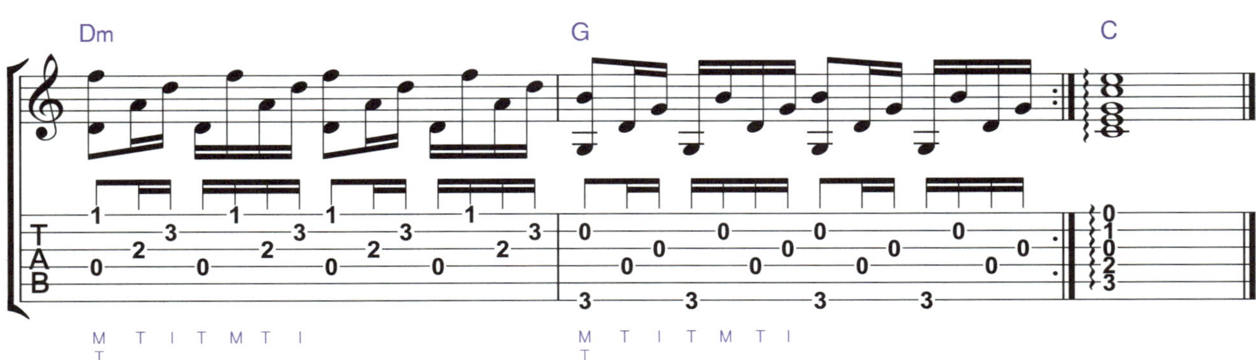

◇ 분수코드

코드 자리바꿈을 기초로 하여 코드톤의 음을 근음으로 배치하여 만들어진 코드입니다.

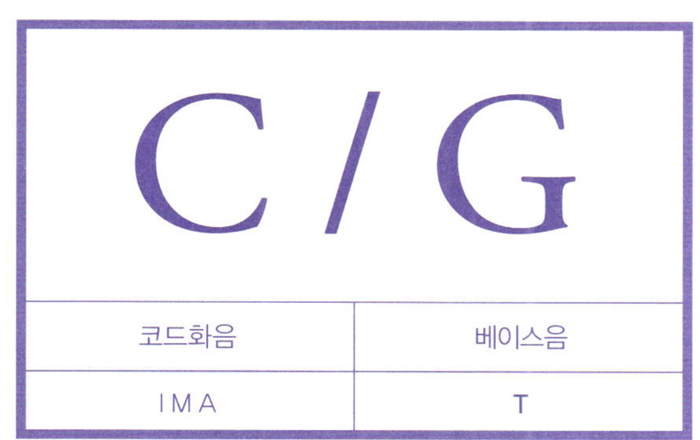

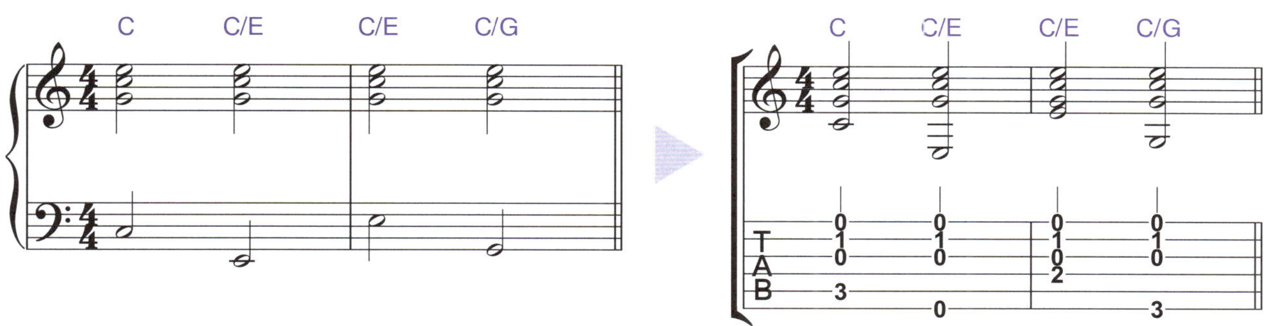

위의 악보처럼 " / " 슬래시 뒤에 붙은 베이스 음에 따라서 근음의 위치가 바뀌게 됩니다.

*분수코드 명칭은 "코드 / 베이스" 이렇게 분수 표기를 해서 "분수코드"라고 부르지만 그 외에도 ' / " 이러한 기호가 붙어 슬래시 코드라 부르기도 하고 "/ " 대신 "on" 이라는 기호가 붙을 때는 "온 코드"라고 부르기도 합니다.

● **팝에서 자주 사용되는 분수코드**

ex 1 C코드 분수코드 **Track 104**

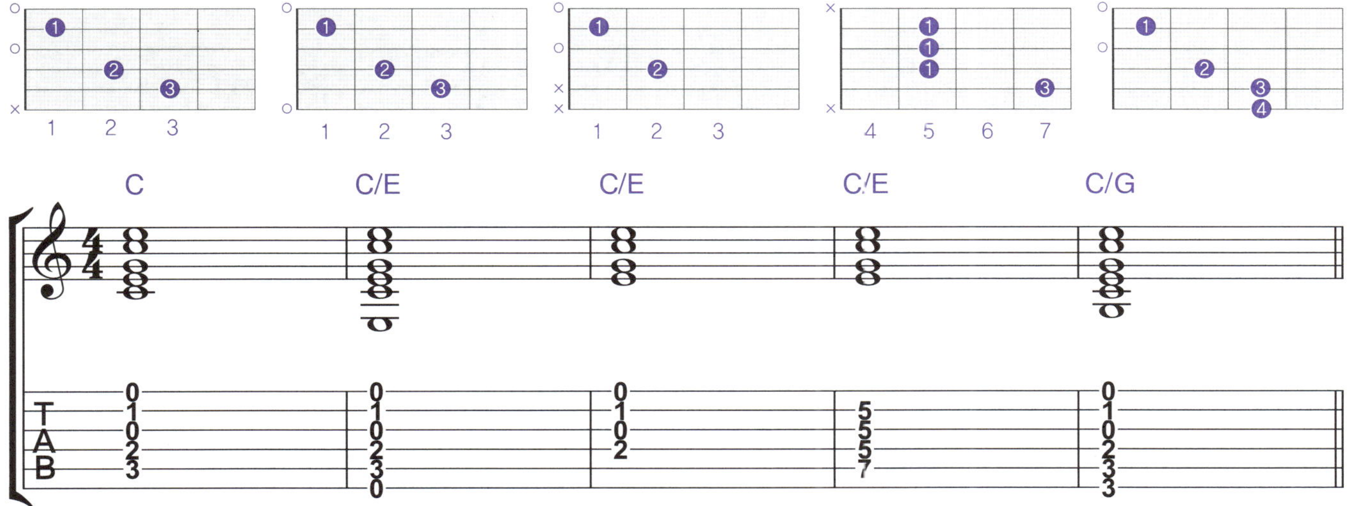

ex 2 D코드 분수코드 Track 105

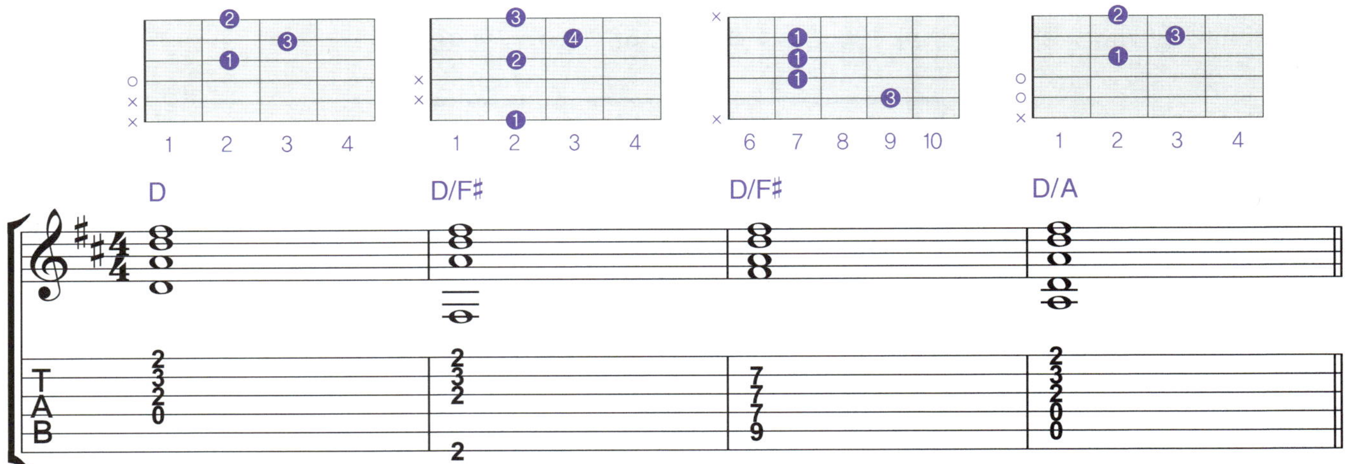
D   D/F#   D/F#   D/A

ex 3 E코드 분수코드 Track 106

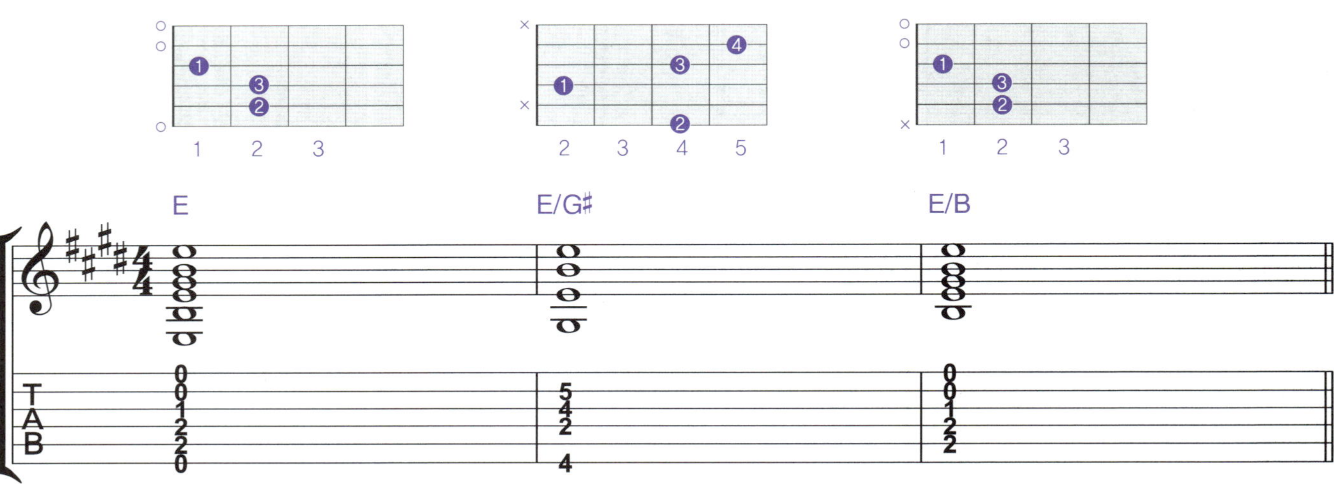
E   E/G#   E/B

ex 4 F코드 분수코드 Track 107

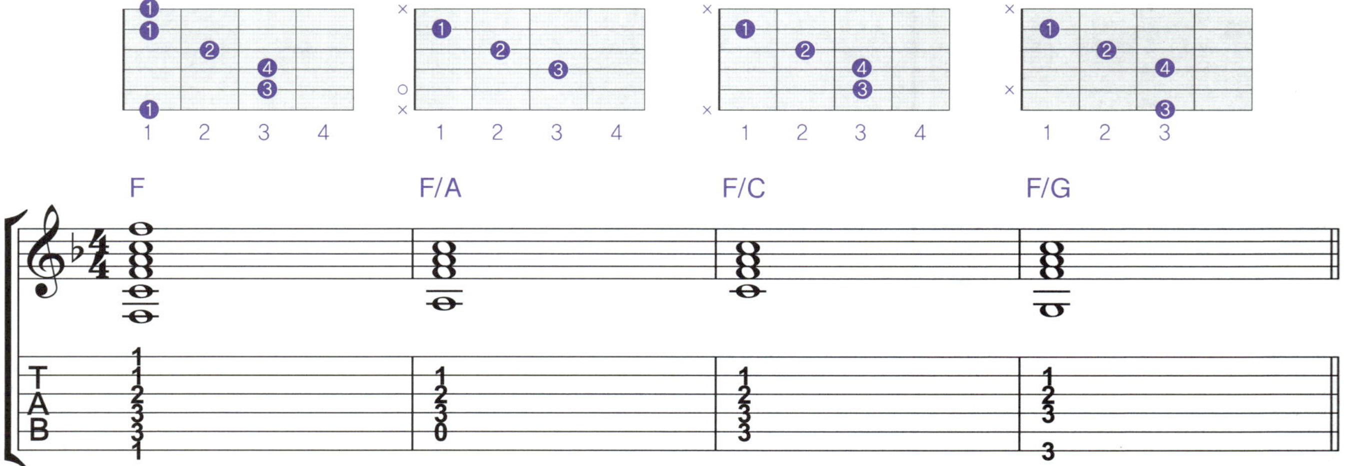
F   F/A   F/C   F/G

ex 5 G코드 분수코드 Track 108

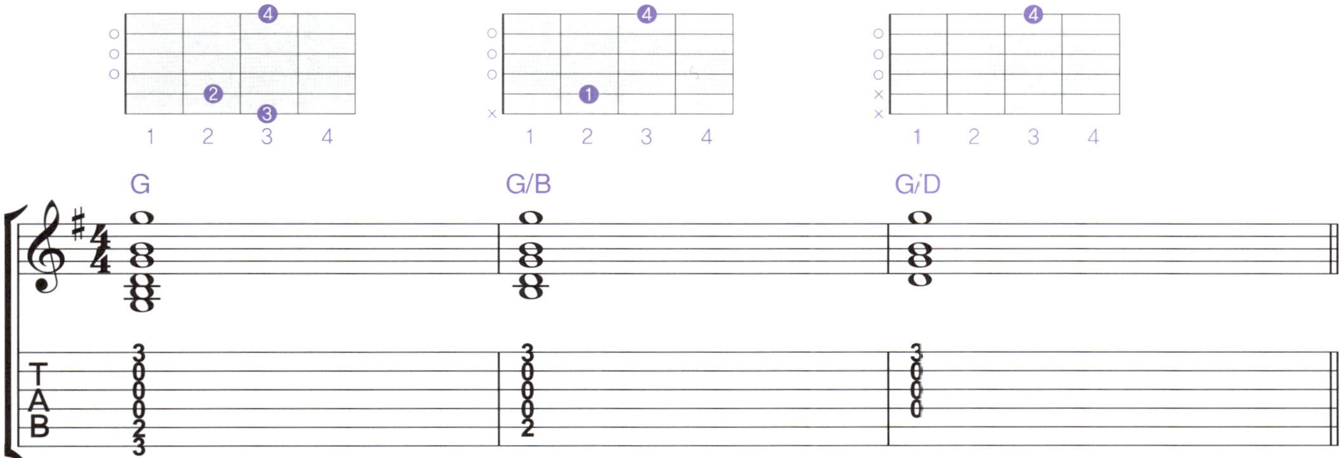
G
G/B
G/D

ex 6 A코드 분수코드 Track 109

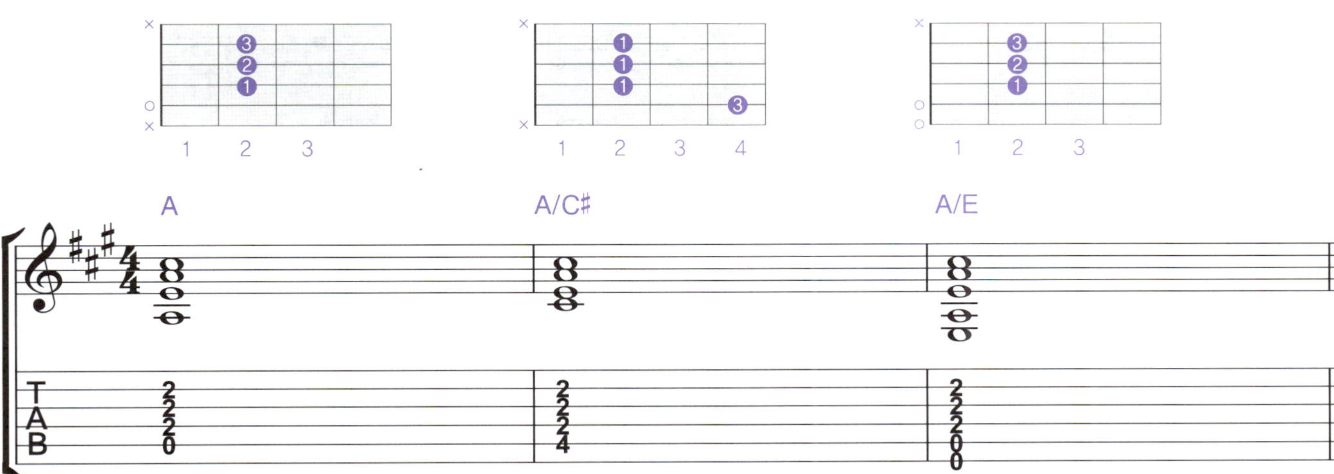
A
A/C#
A/E

ex 7 B코드 분수코드 Track 110

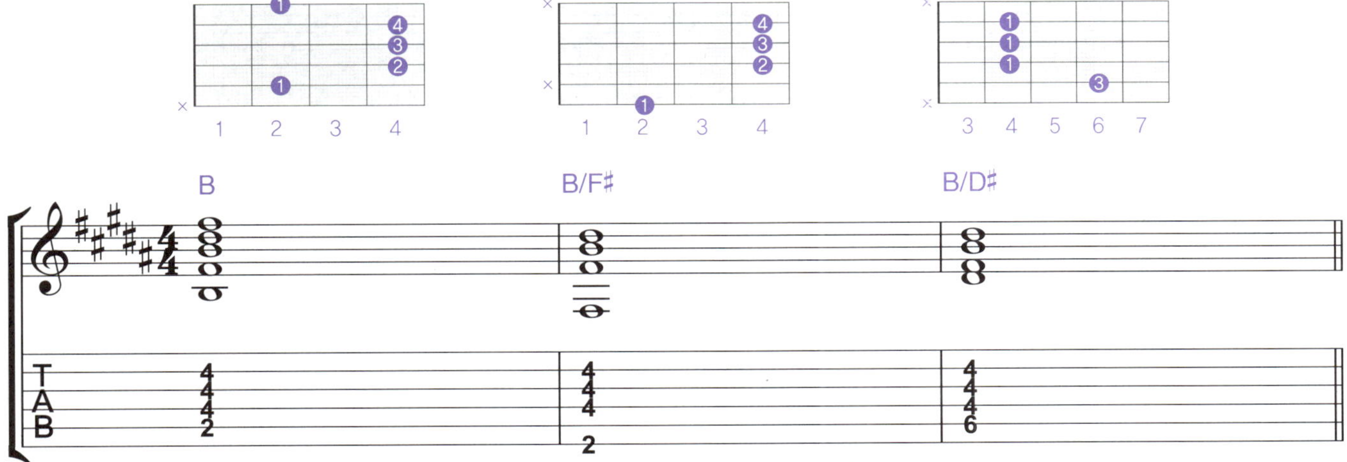
B
B/F#
B/D#

● 분수코드 연습

ex 1 Track 111

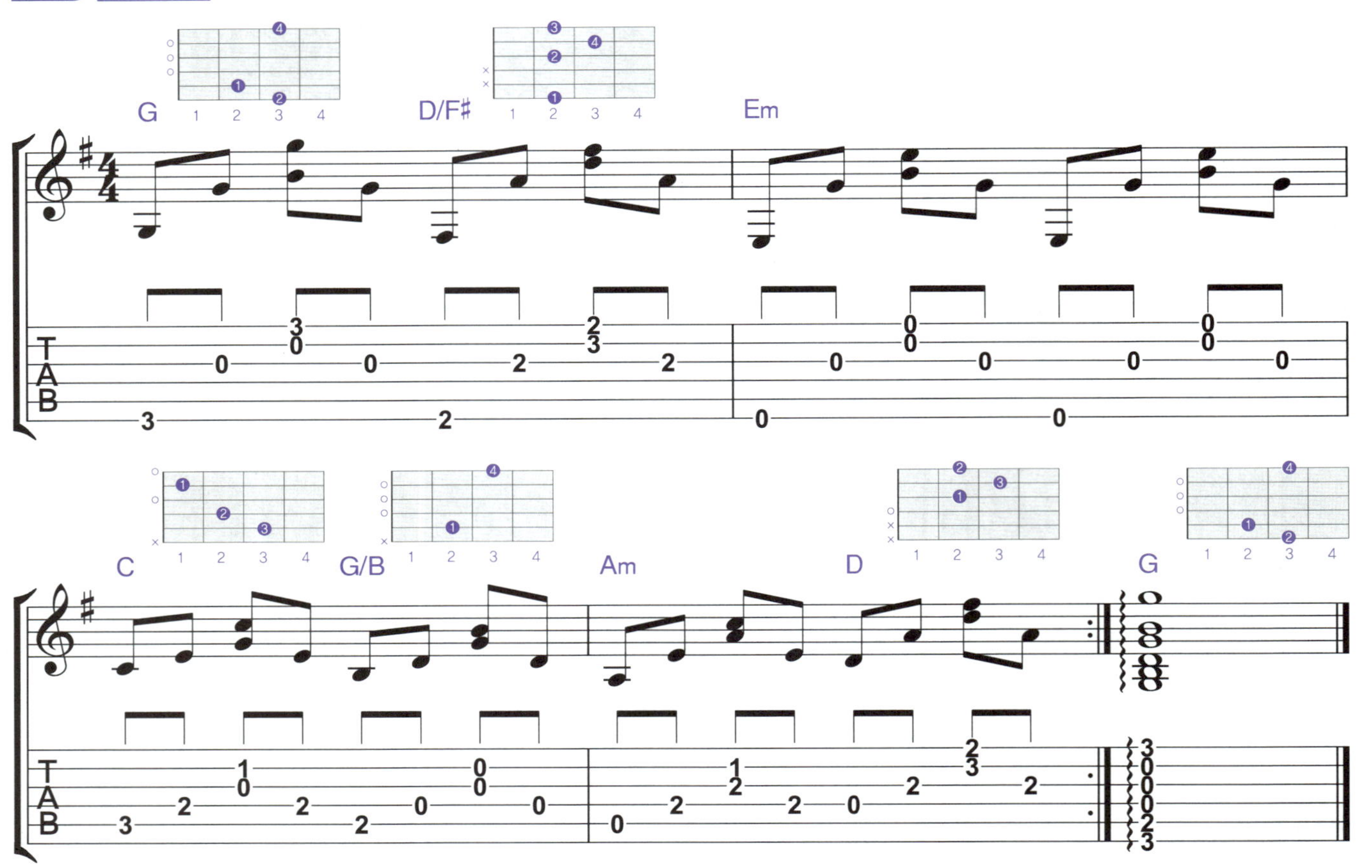
G
D/F#
Em
C
G/B
Am
D
G

ex 2 Track 112

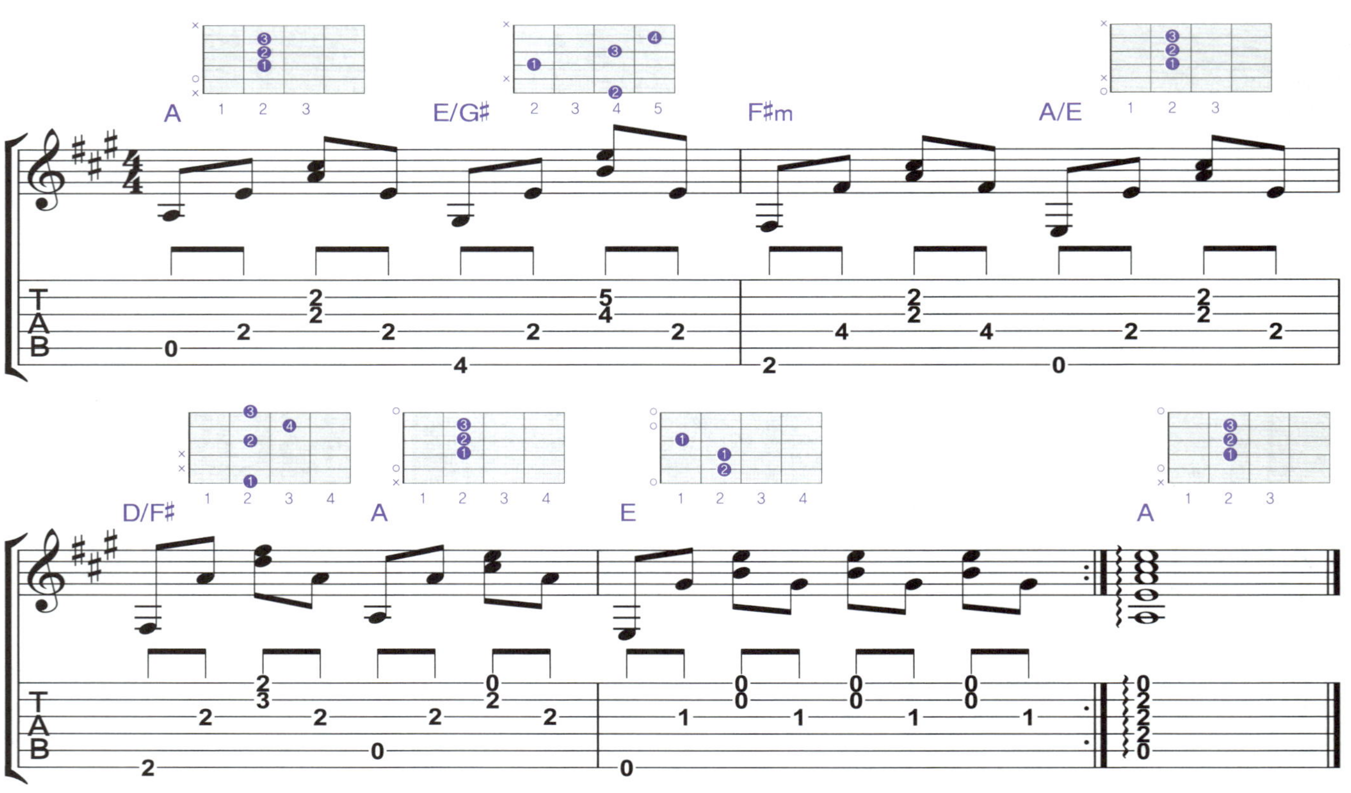
A
E/G#
F#m
A/E
D/F#
A
E
A

8비트 아르페지오 반주

사랑해도 될까요

심현보 작사. 작곡 / 유리상자 노래

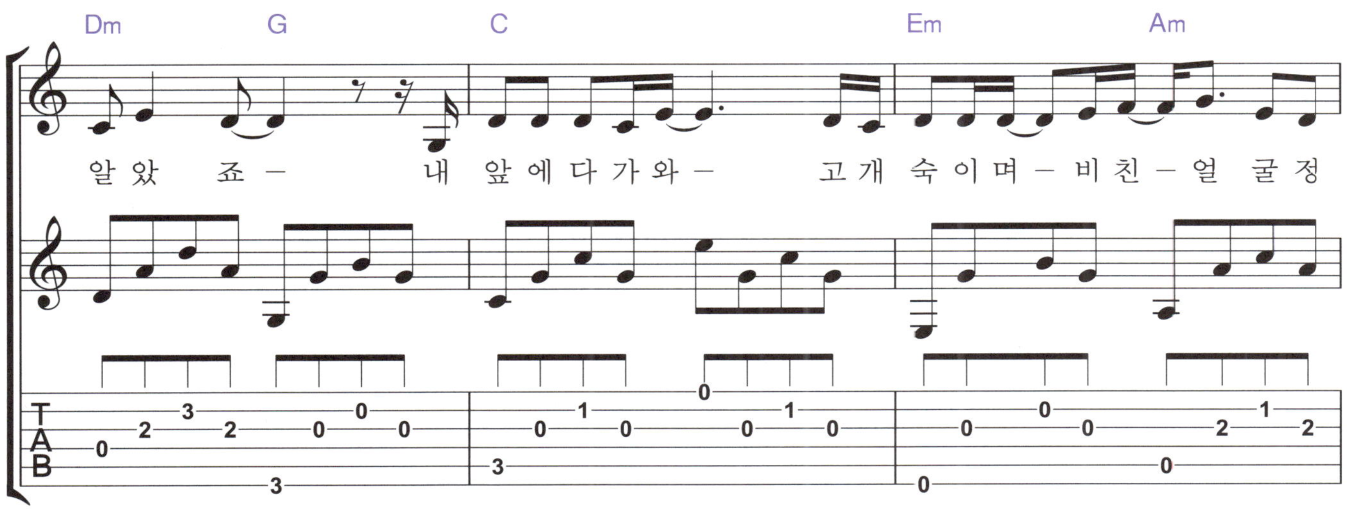

F
Dm
G7
F
E
말　　눈이부시－게아 －름답죠－웬일－인지－　　　낮설지가않－아요

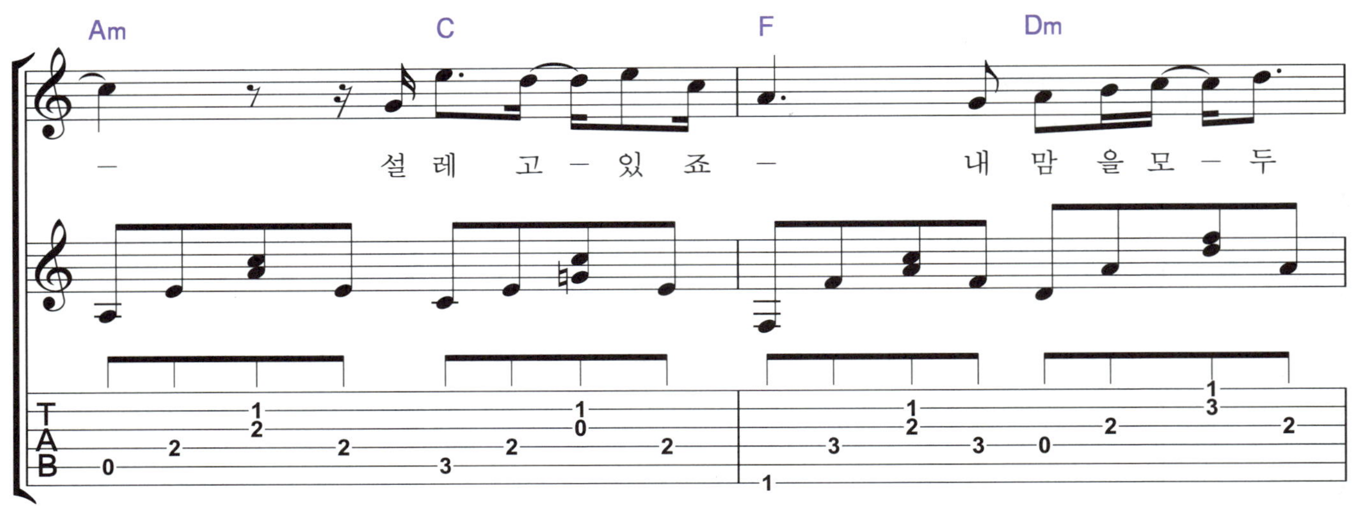
Am
C
F
Dm
－　　　설 레 고 －있 죠 －　　　내 맘 을 모 －두

G7
C
Dm
가 져 간 －그 대 －　　　조 심 스 럽 게 －　애 기 할 래 요 －　　용

F   C   F   C
기 내볼 — 래 요 —   나 오 늘부 — 터 그 — 대를 — 사 랑

Dm   G⁷   C   Dm   Em   Am
해도될 — 까요 — 처음인걸요 — 분명한느낌 — 놓치고 — 싶지 — 않 — 죠 사 랑이

F   Dm   G⁷   C
오 려나 — 봐요 —   그 대에게 늘   좋은것만줄 — 게요 —

16비트 아르페지오 반주

Nothing Better

정엽 작사. 이종명 작곡 / 브라운아이드 소울 노래

C   B7   Em   A7   C   D
꿈처럼내－맘은그－대 곁－에 가만히멈춰서요－ 한순간－도깨 지 않는－끝없는꿈을꿔요

G   F/G   C   B7   Em   A7
－ 이제 숨처럼내－곁에항－상쉬－며 그렇게있어주면－ nothing

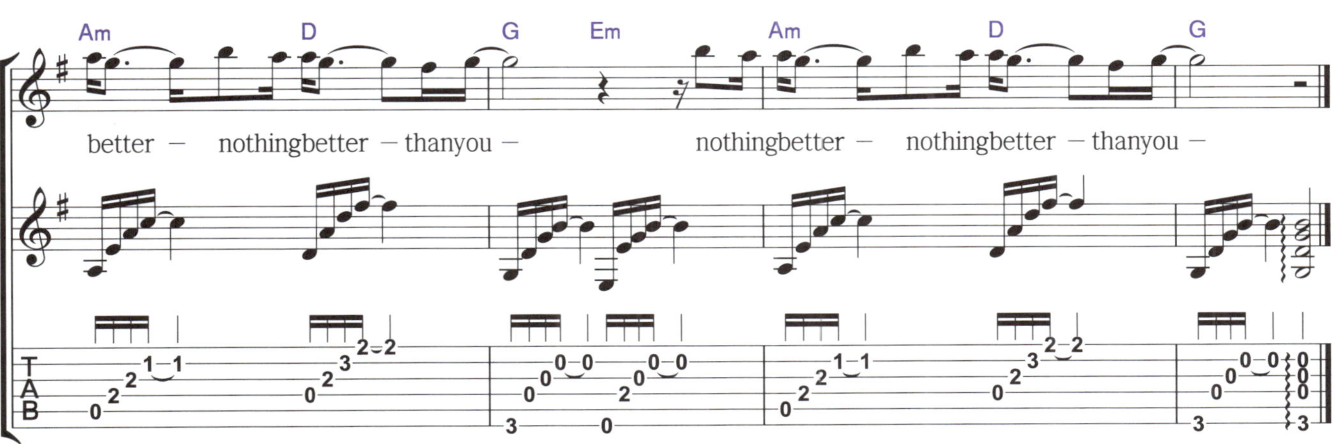

Am   D   G   Em   Am   D   G
better － nothingbetter －thanyou － nothingbetter － nothingbetter －thanyou －

3핑거 아르페지오 반주

Dust In The Wind

Livgren Kerry, Williams Richard John 작사. 작곡 / Kansas 노래

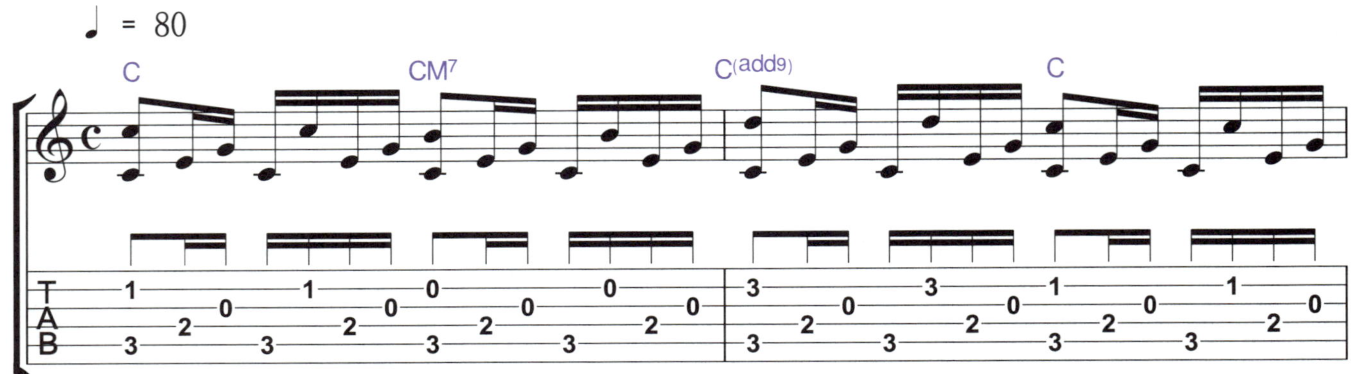

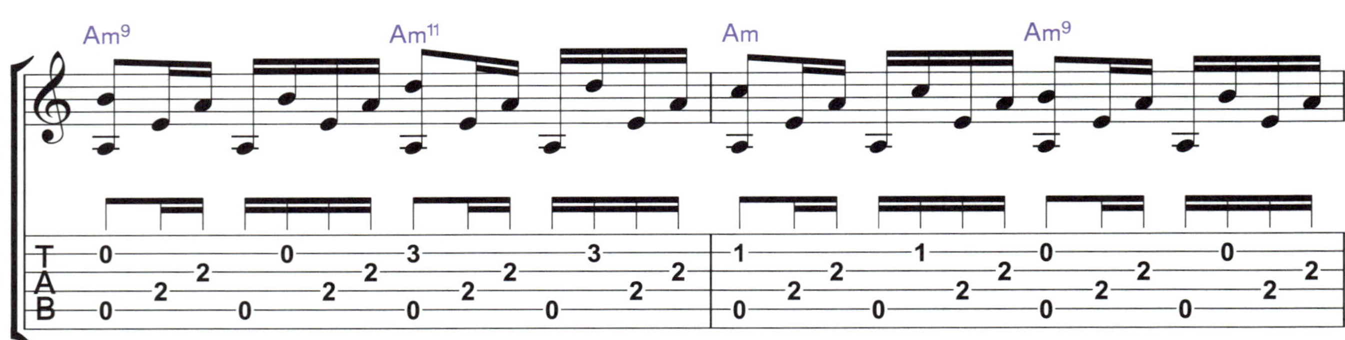

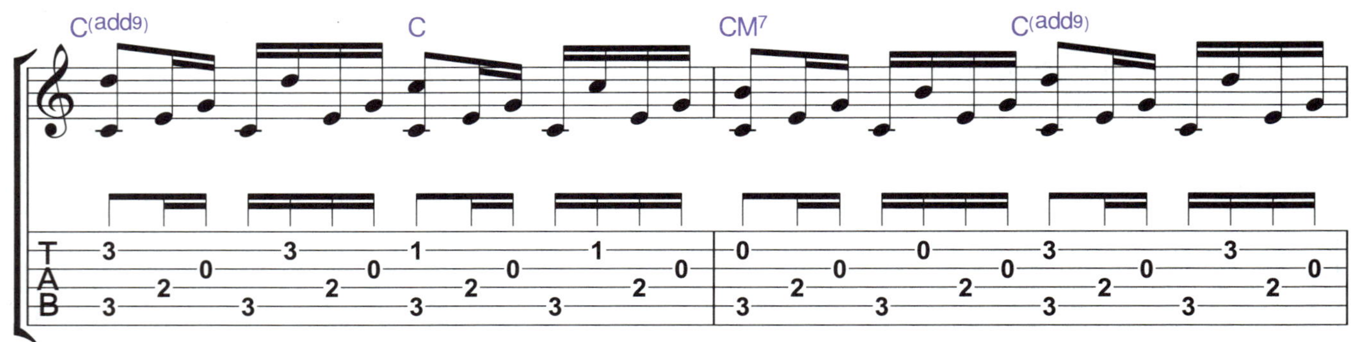

Am
Am9
Am11
Am
G/B
I

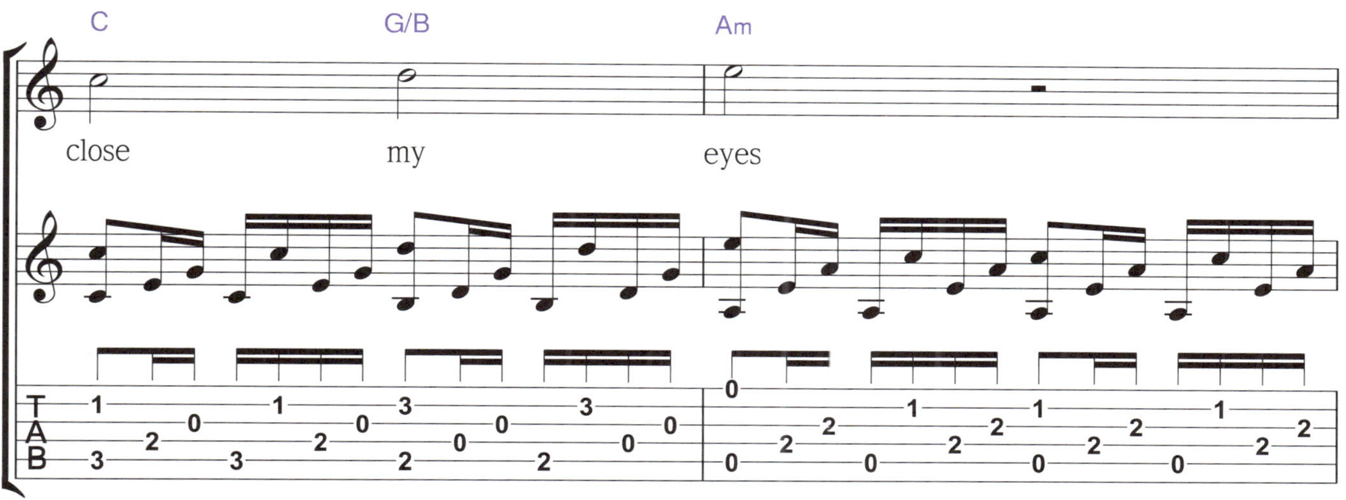

C
G/B
Am
close
my
eyes

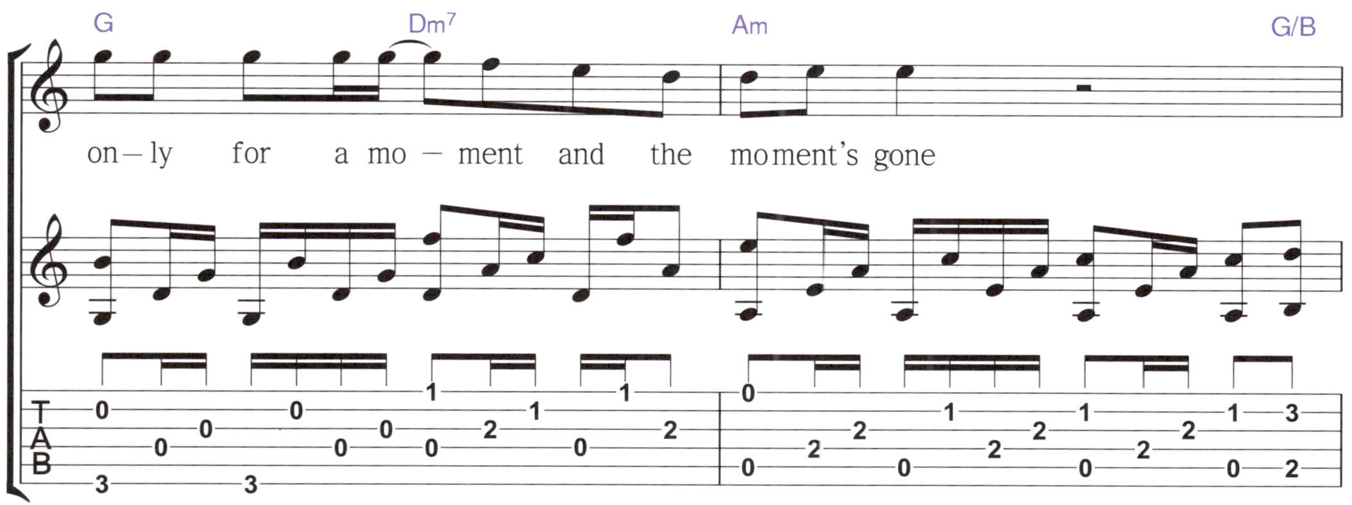

G
Dm7
Am
G/B
on—ly
for
a mo — ment
and
the
moment's gone

C   G/B   Am   G   Dm7
All   my   dreams   pass be—fore my eyes a cu—ri—

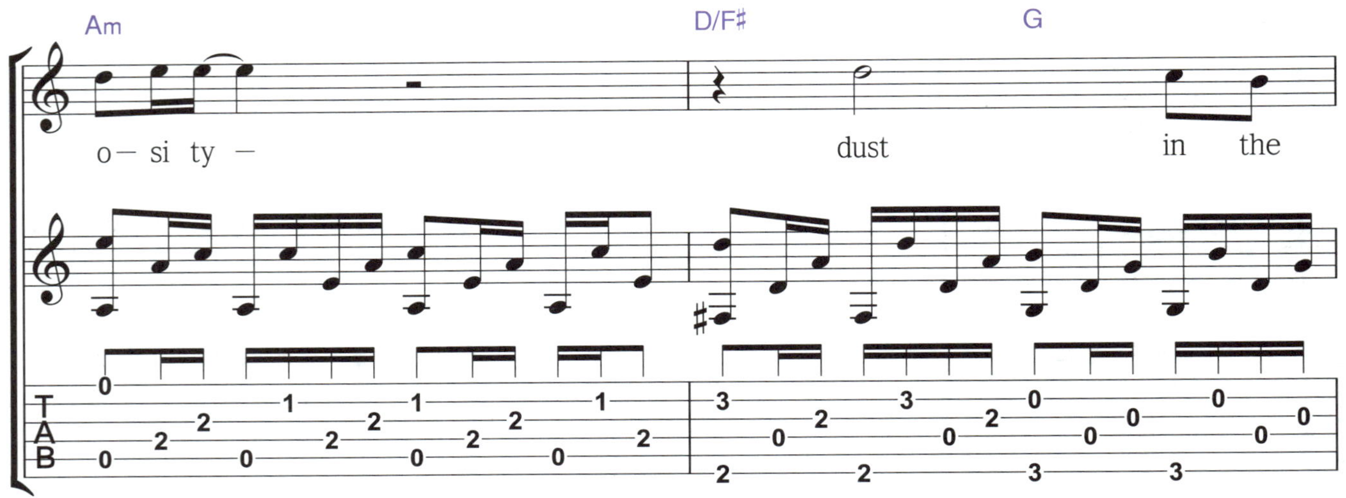

Am   D/F#   G
o—si ty —   dust   in the

Am   Am/G   D/F#   G   Am   Am G/B
wind   all they are — is dust in — the wind

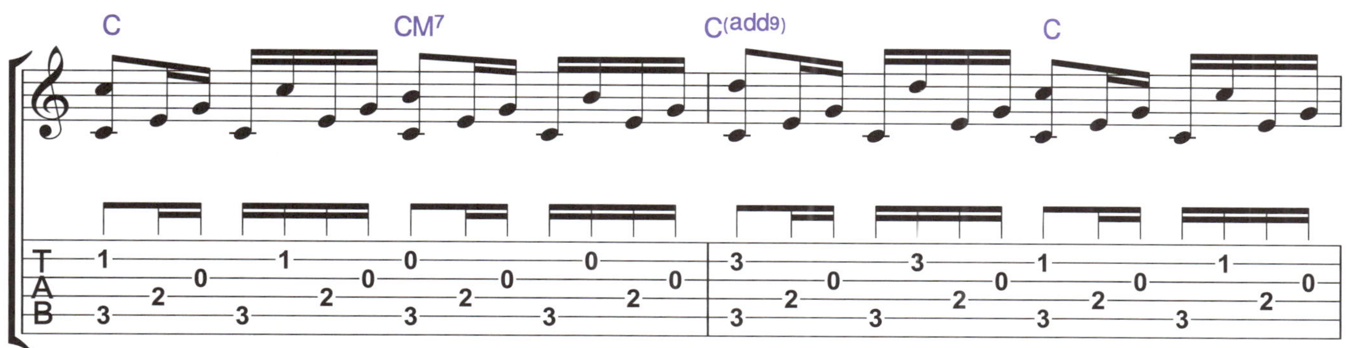

C
CM7
C(add9)
C

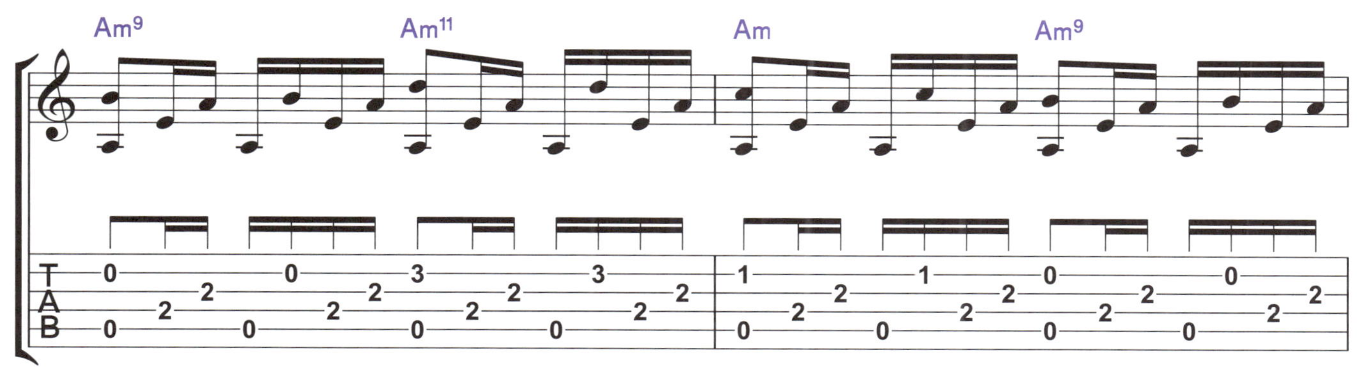

Am9
Am11
Am
Am9

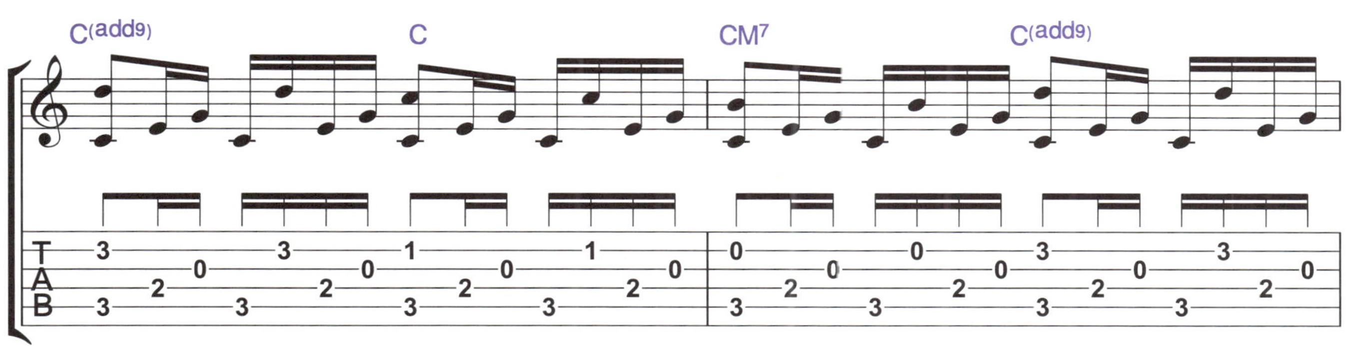

C(add9)
C
CM7
C(add9)

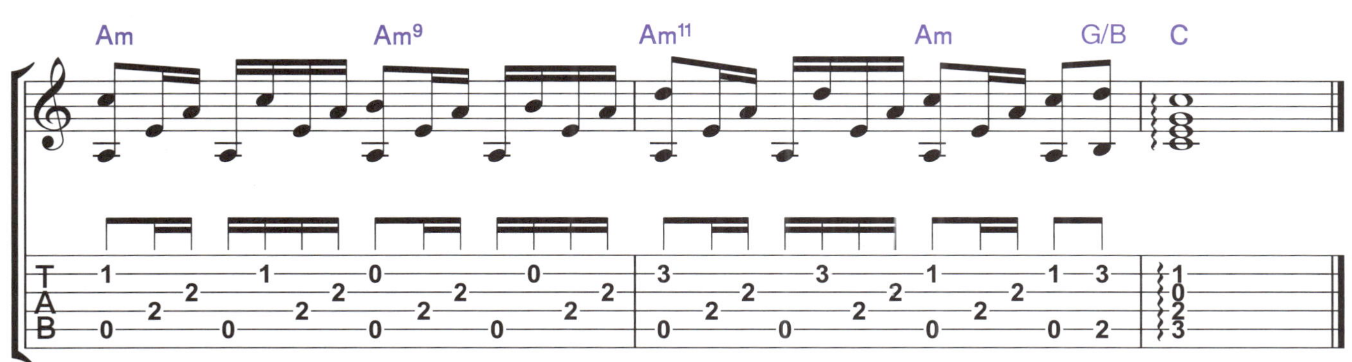

Am
Am9
Am11
Am
G/B
C

분수코드를 적용한 아르페지오 반주

애인있어요

최은하 작사. 윤일상 작곡/ 이은미 노래

Cm   Bm   E7   Am   A7   D7
모르죠 – 내게도멋진 애인이 – 있 다 는걸 너무소 – 중해 – 꼭 – 숨겨두 – 었죠그사
G   B7   Em   G7   C   G/B   A7   D
람   나만볼 – 수 있어요 – 내눈에 – 만 보여요 내입술에   영원히 담 아 – 둘거 야 – 가끔
G   B7   Em   A/C#   Am   D   G
씩   차오르는눈 – 물 만 알고있 – 죠 –   그사람그대 라 는걸

Lesson 8

장르가 바뀌면 연주 방법이 달라진다.
이번 과정을 통해서 새로운 주법의
기본을 익혀보자.

**이 주법들을 마스터하면
멋있는 연주를 뽐낼 수 있습니다.**

* 셋잇단음표와 셔플리듬
* 슬로우 록 (12비트) 주법
* 파워코드
* 팜 뮤트
* 퍼커시브

◇ 셋잇단음표와 셔플리듬

● 셋잇단음표란 한 박을 3등분한 음표를 말합니다.

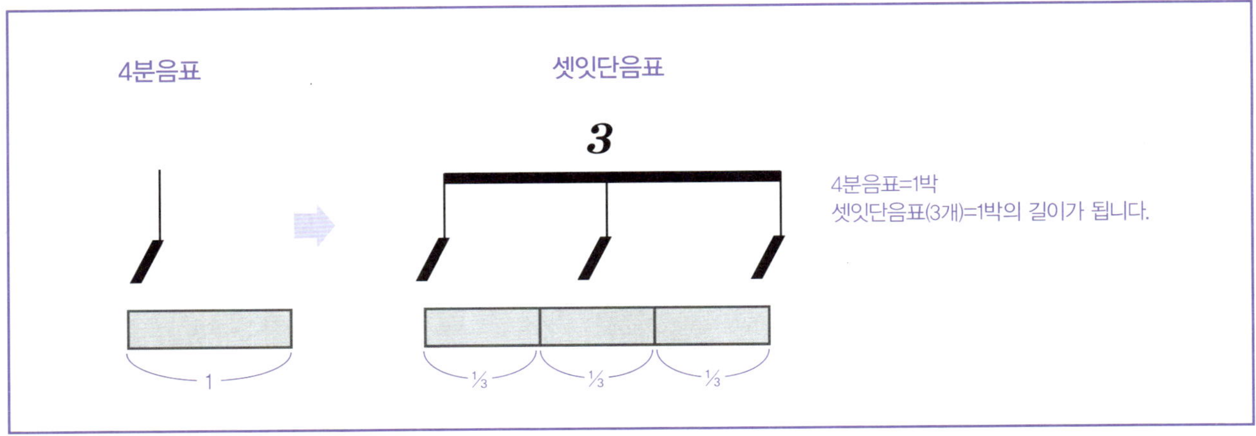

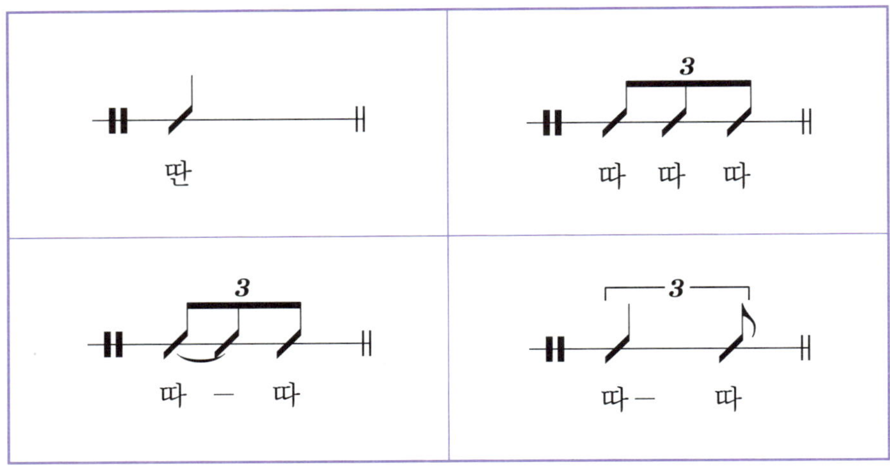

셔플리듬은 셋잇단음표의 첫 번째와 두 번째 음을 연결하여 통통 튀는 듯하게 연주합니다.

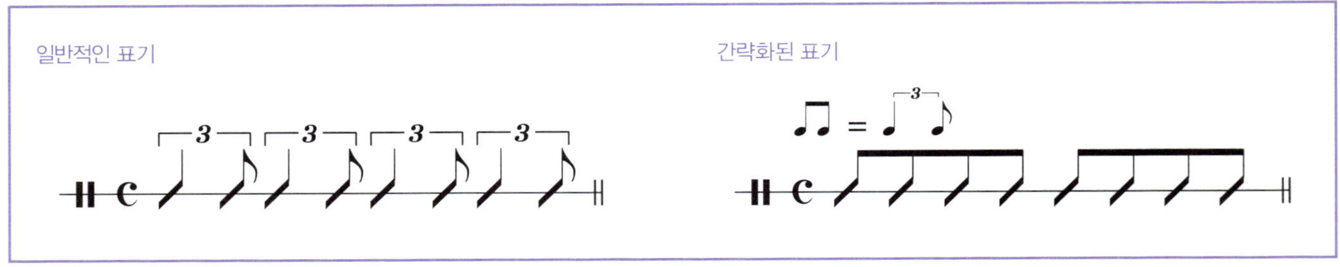

실제 악보에는 이렇게 연주표기가 되어 있습니다.

◇ 셋잇단음표 스트로크 연습

셋잇단음표 스트로크는 다운 스트로크로 연주하여 줍니다.

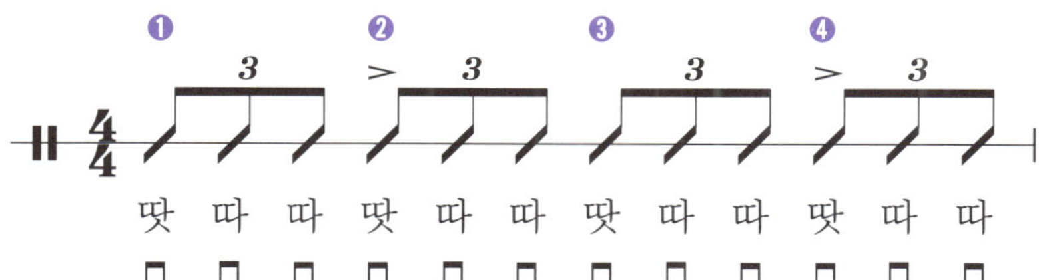

> **Tip** 연주하다 박자를 놓칠 수 있으니 두 번째와 네 번째 박자에 악센트를 주면 안정적인 연주를 할 수 있습니다.

ex 1 다운 스크로크로만 연주할 때 Am와 B7 같이 5, 6번줄이 코드 울림에 방해가 될 수 있으니, 왼손 엄지손가락으로 뮤트를 해서 연주하면 깔끔한 사운드를 낼 수 있습니다. **Track 121**

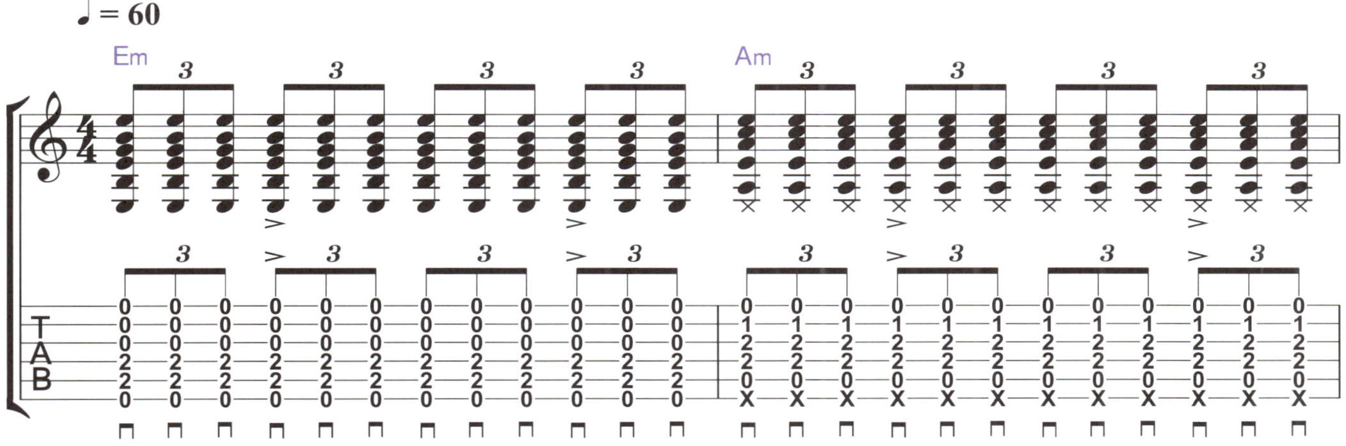

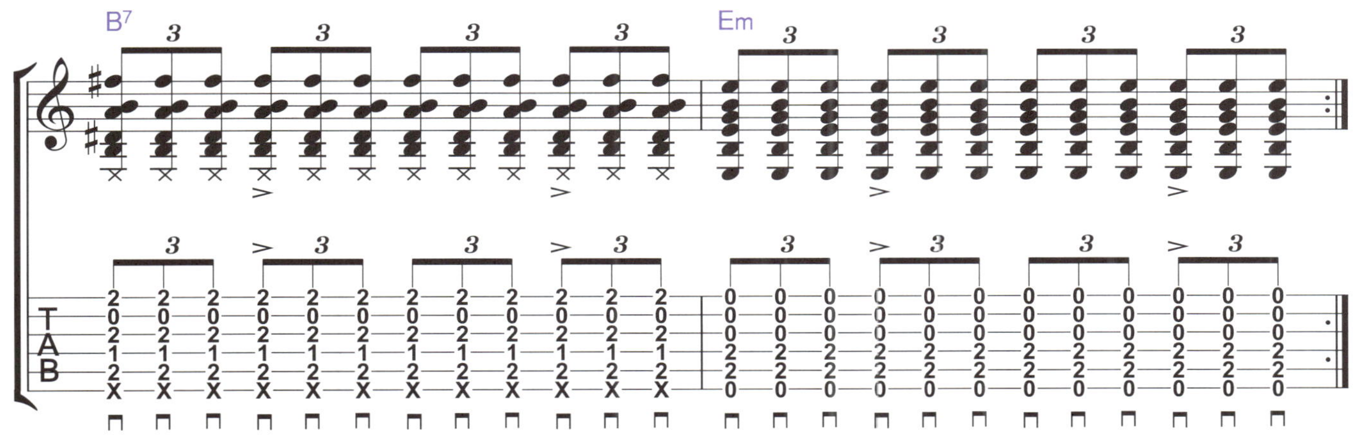

◈ 셋잇단음표 아르페지오

특별히 어려운 것은 없지만 입으로 박자를 세면서 셋잇단음표 리듬을 유지하여 연주하세요.

ex 1 기본 셋잇단음표 아르페지오 **Track 122**

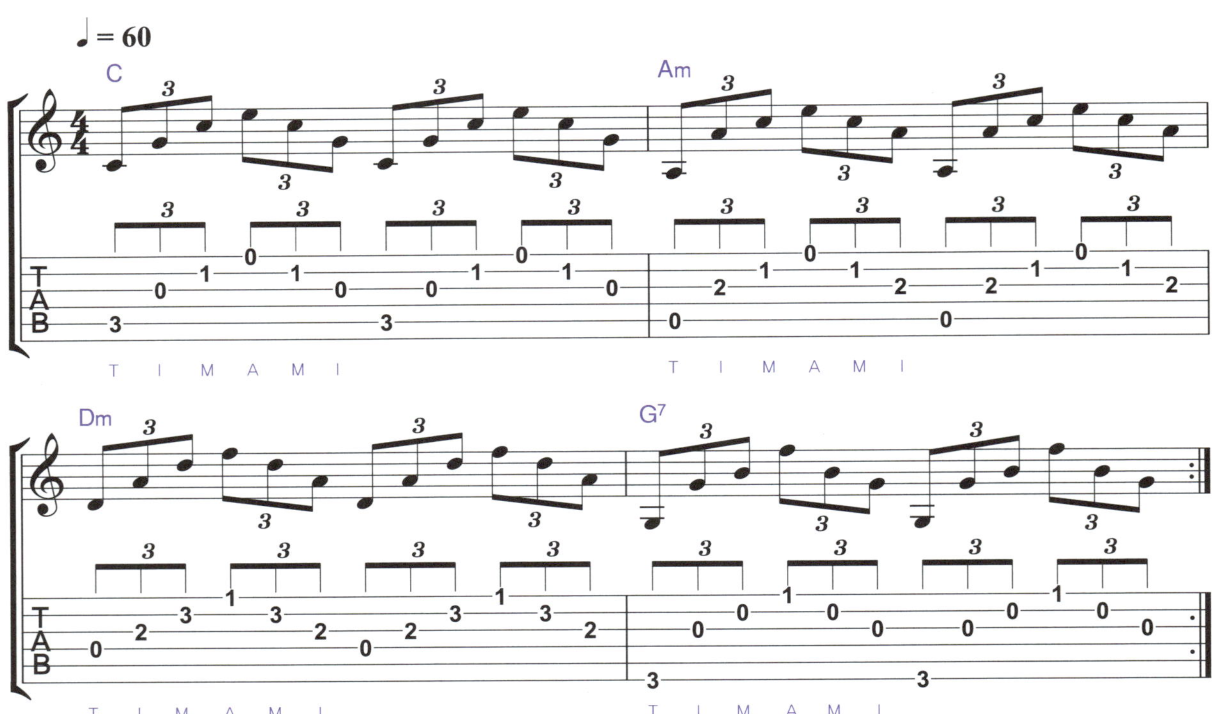

ex 2 분수코드를 적용한 셋잇단음표 아르페지오 **Track 123**

◈ 셔플리듬 스트로크

셔플리듬을 연주할 때는 입으로 "따 아 따"를 세어주면서 박자를 일정하게 유지하면서 연주하세요.

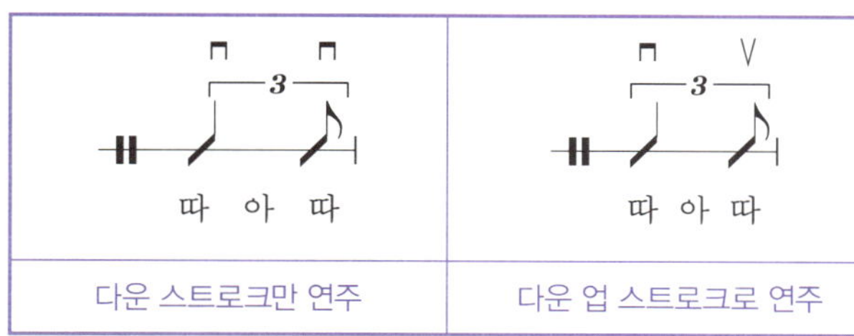

다운 스트로크만 연주하게 되면 저음이 강조된 힘있고 굵은 사운드를 연출할 수 있고, **다운 업 스트로크**로 연주하면 저음과 고음이 풍성하게 들리는 사운드를 연출할 수 있습니다. 각각 음악마다 용도가 다르고 좋고 나쁜 게 없으니 연주자가 선택해서 사용하면 됩니다.

ex 1 셋잇단음표와 셔플리듬 다운 스트로크 **Track 124**

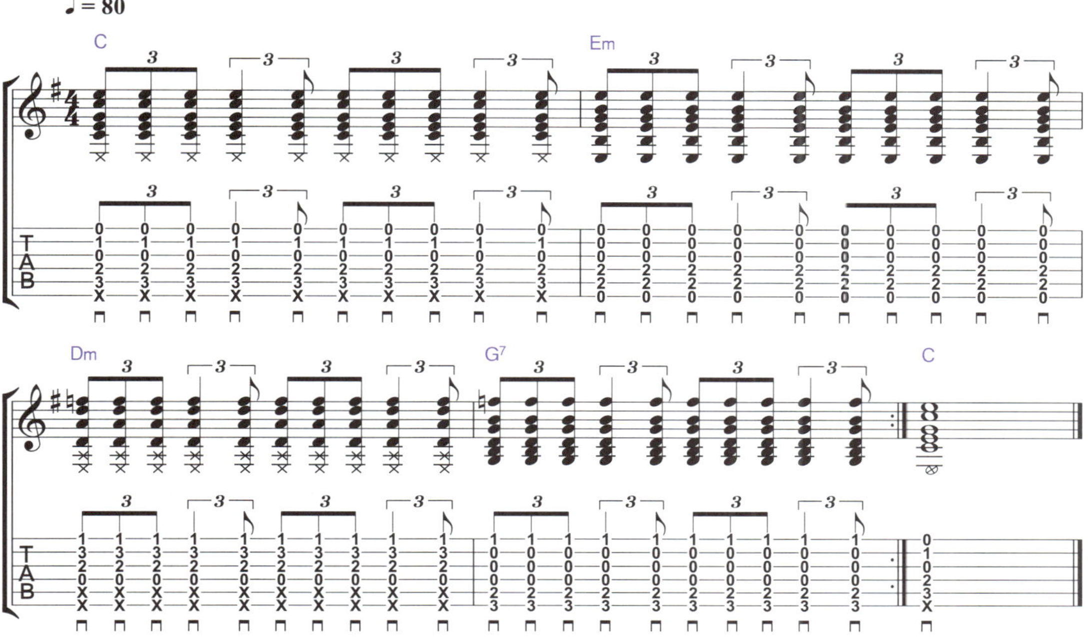

ex 2 셔플리듬 다운 & 업 스트로크 **Track 125**

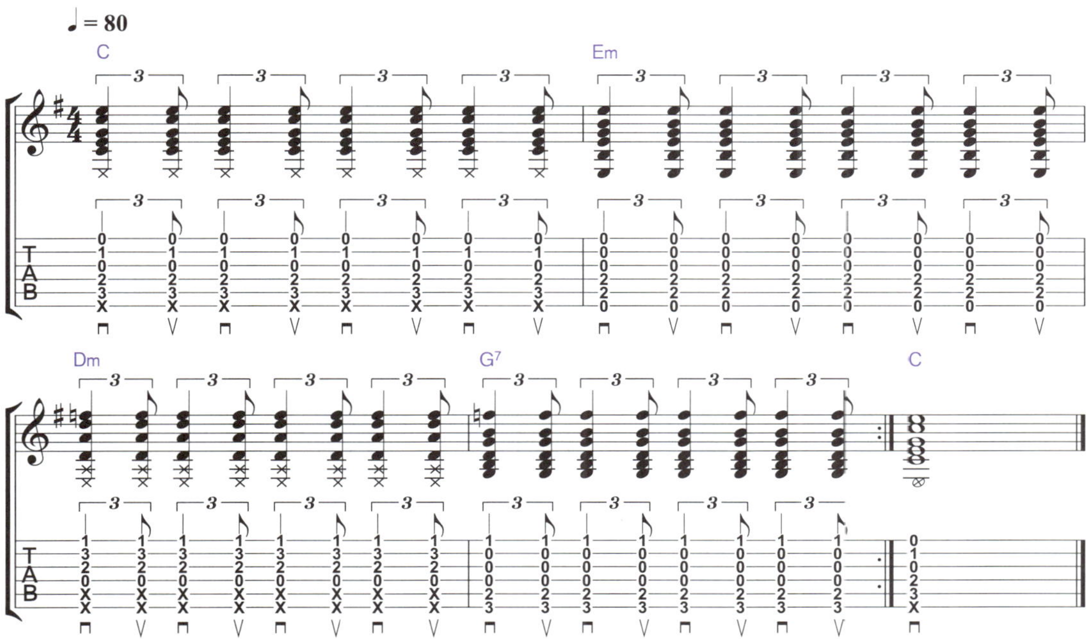

◇ 셔플리듬 아르페지오

리듬이 흔들리지 않도록 박자를 잘 세면서 연주하세요.

ex 1 기본 셔플리듬 아르페지오 **Track 126**

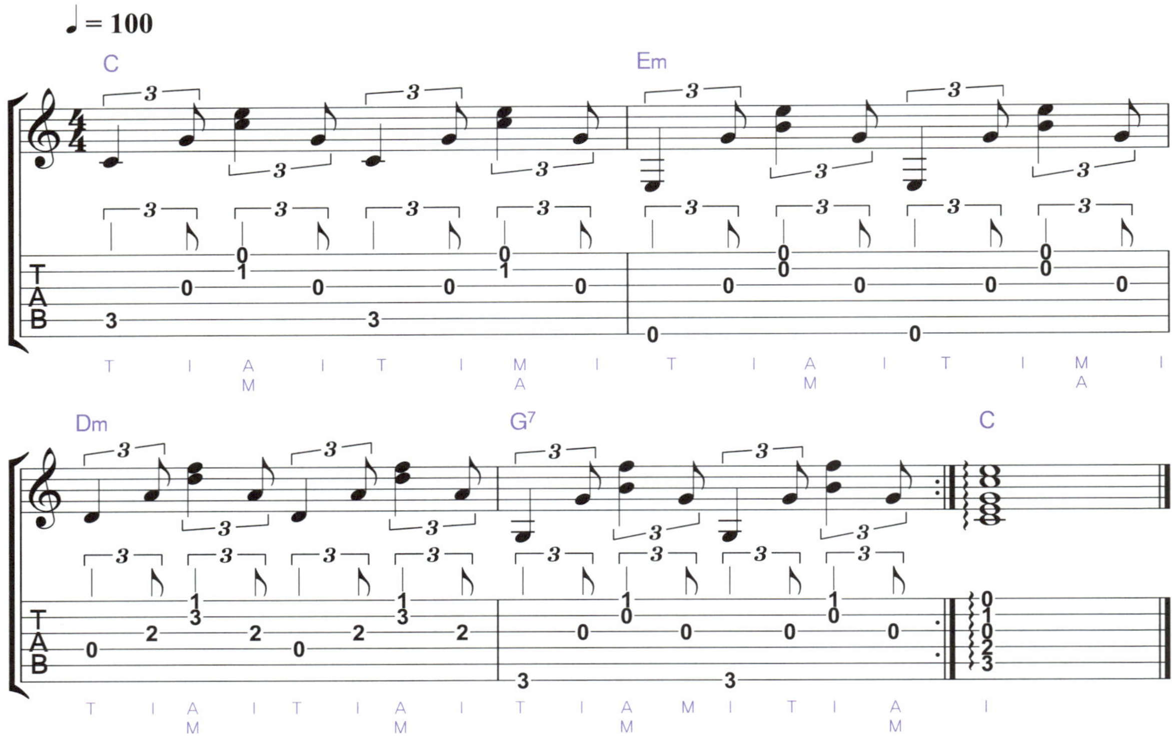

ex 2 분수코드를 적용한 셋잇단음표 아르페지오 **Track 127**

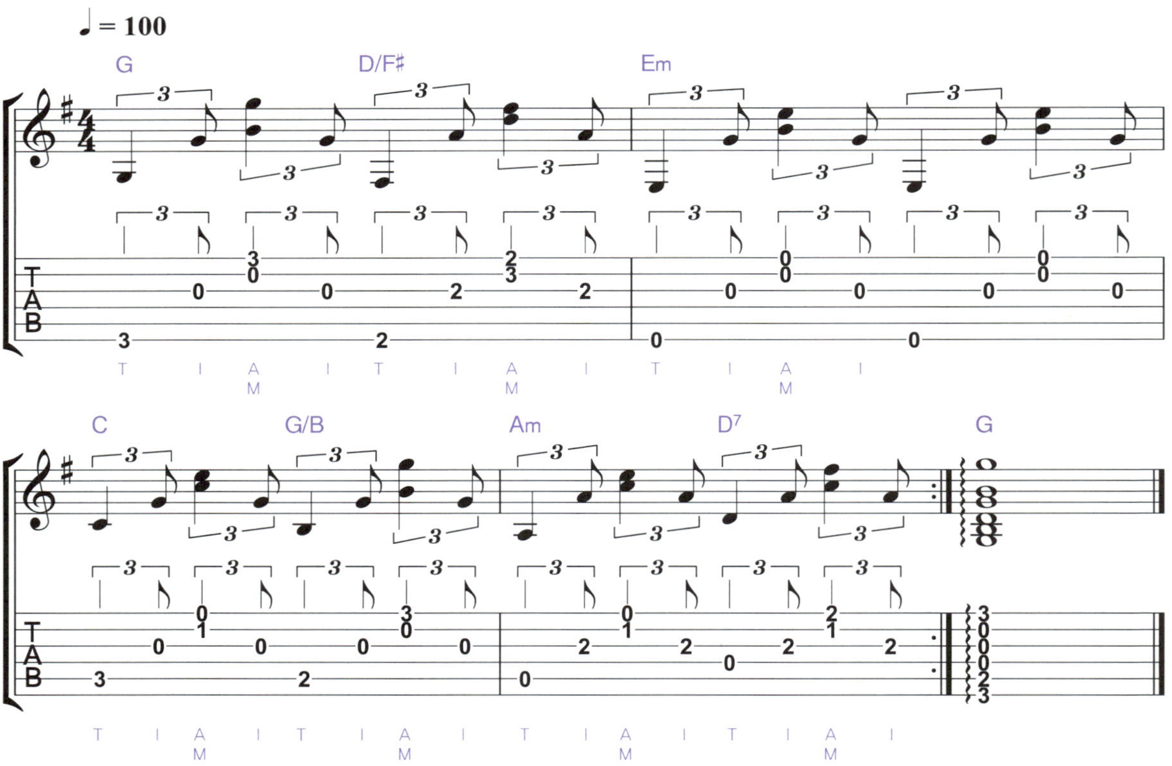

◈ 다양한 장르의 종합 연습

리듬이 흔들리지 않도록 박자를 잘 세면서 연주하세요.

ex 1 리듬&블루스 발라드 스타일 **Track 128**

ex 2 블루스 스타일 **Track 129**

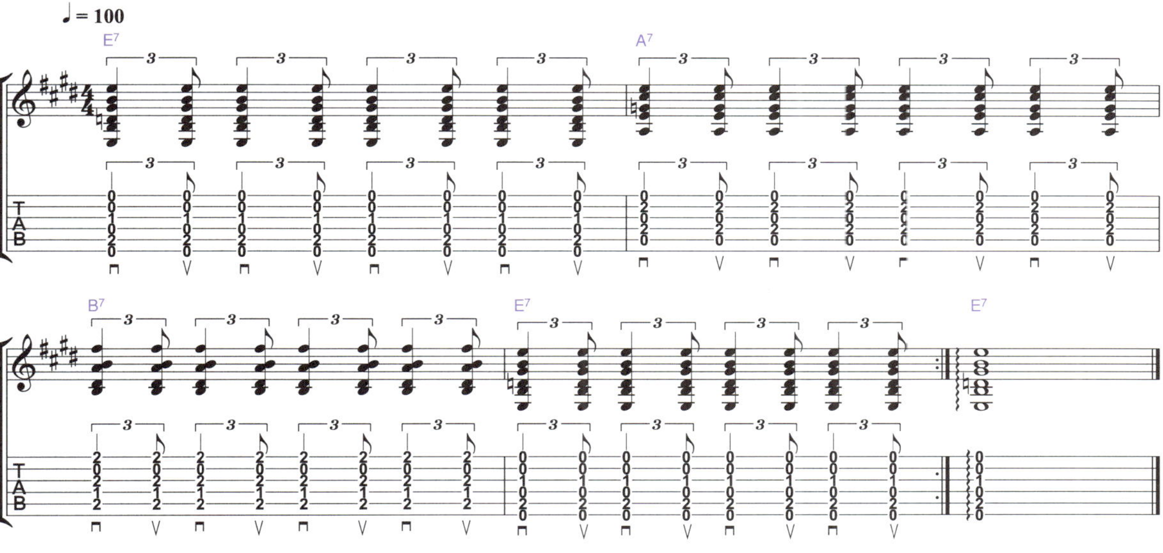

ex 3 가스펠 스타일 **Track 130**

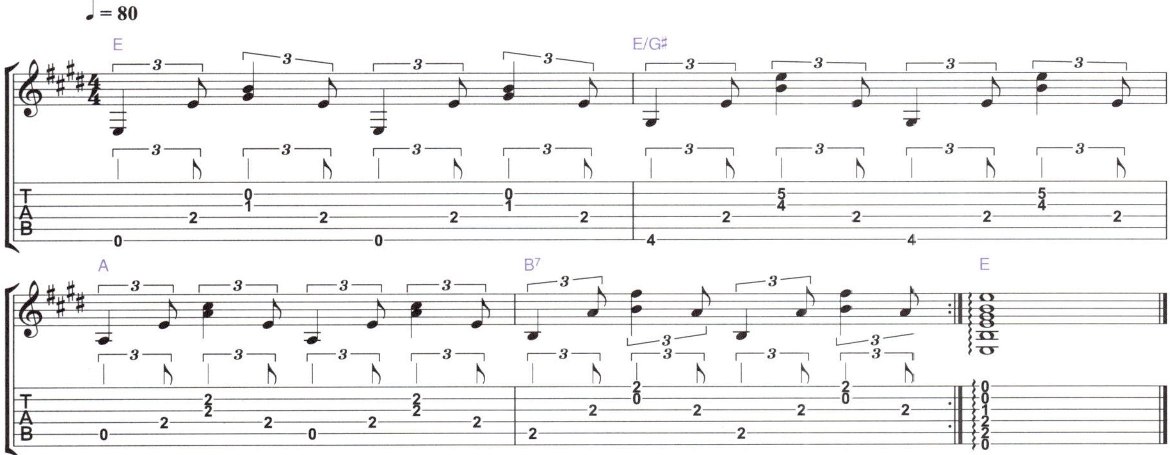

◇ 슬로우 록 (12비트)

12비트는 한 마디에 8분음표가 12개 들어가는 것을 말합니다.

연주 방법은 $\frac{4}{4}$ 박자에서는 한 박을 셋잇단음표로 나눠서 4세트 4박자를 연주하면 되고, $\frac{12}{8}$ 박자에서는 8분음표를 한 박으로 해서 12카운트를 세면서 연주하는 두 가지 방법이 있습니다.

박자 표기 방법과 카운트를 세는 방식만 다르고 연주를 들을 때는 똑같습니다.

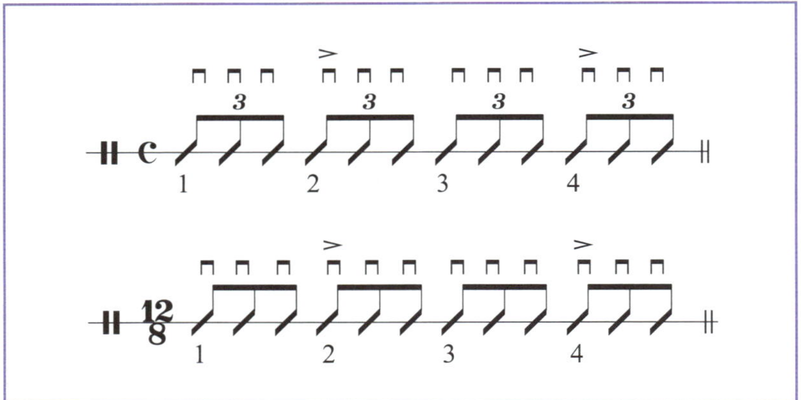

두 번째와 네 번째 박자에 악센트를 주면 리듬이 더 듣기 좋아집니다.

ex 1 $\frac{4}{4}$ 박자 슬로우 록 연습 **Track 131**

전체를 셋잇단음표로 연주하고 두 번째 박과 네 번째 박에 악센트를 주어서 연주하세요.

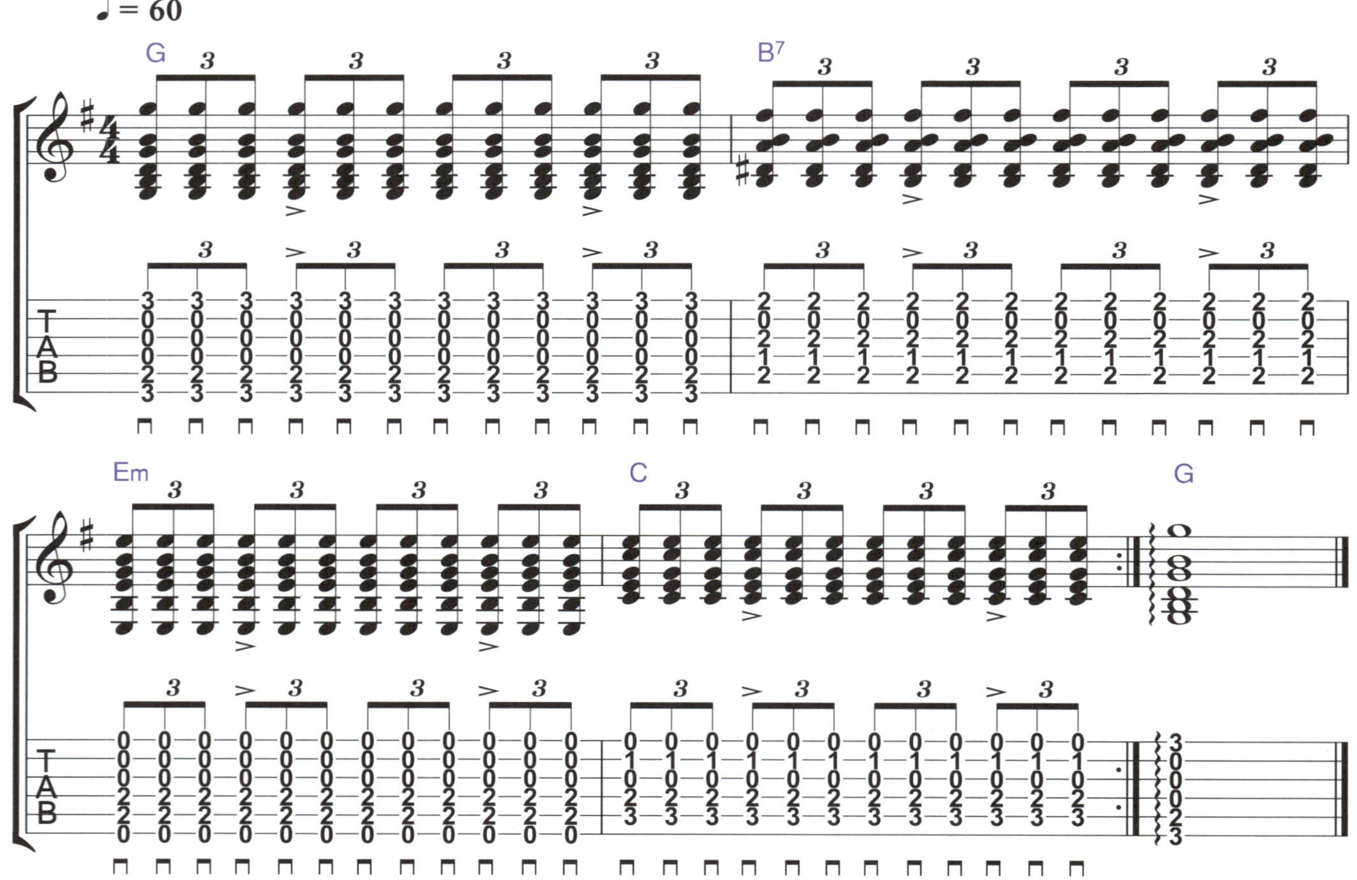

 $\frac{12}{8}$ 박자 슬로우 록 연습 **Track 132**

8분음표를 한 박으로 카운트를 세어주어서 12박자를 연주하세요. "원 에 나 / 투 게 나 / 쓰리 에 나 / 포 에 나" 이렇게 12카운트를 세면서 연주하세요. $\frac{4}{4}$ 박자와 연주는 똑같은데 악보 표기 방법과 리듬 읽는 방법만 다릅니다.

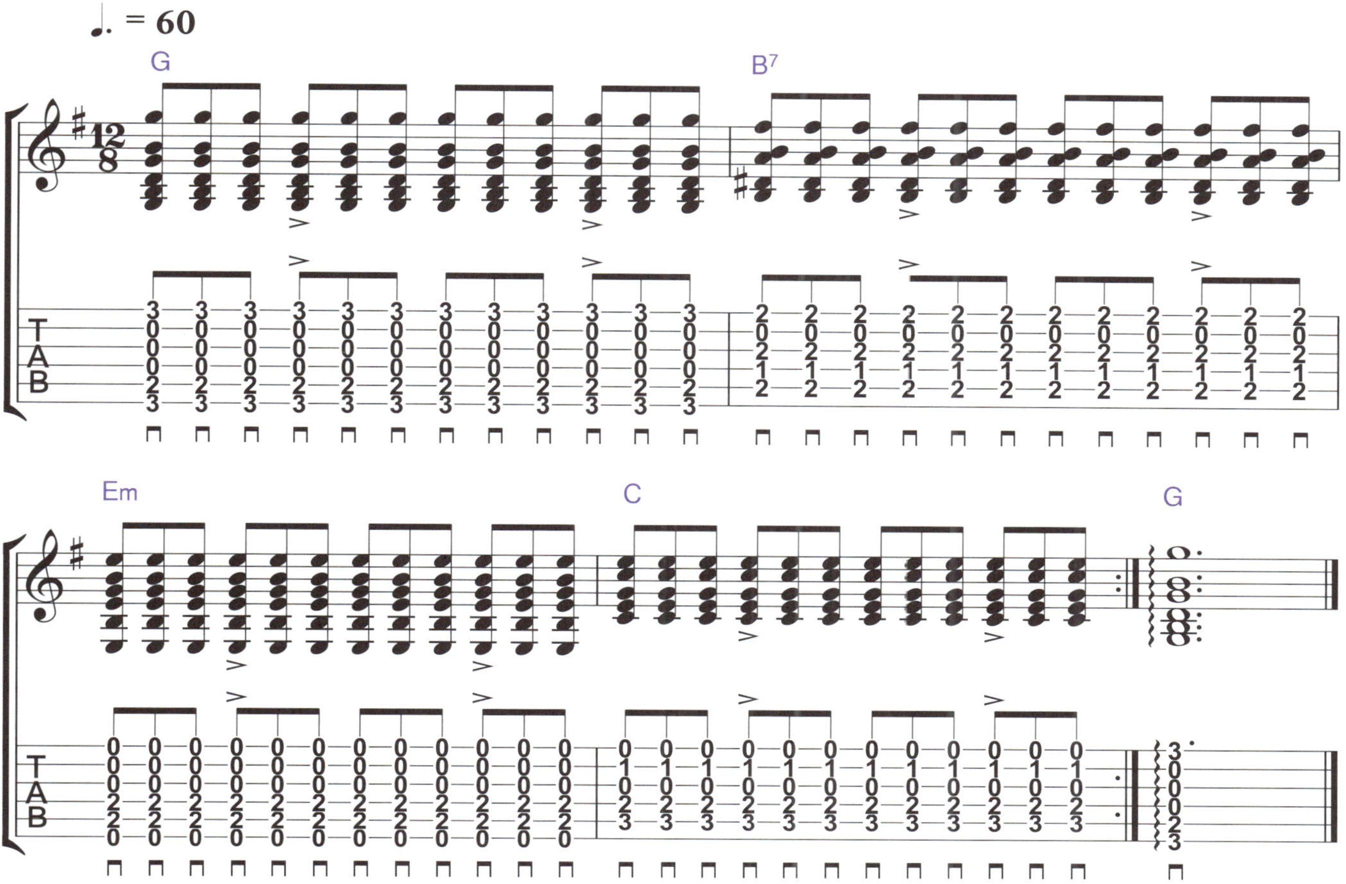

● **컨트리 스타일** **Track 133**

슬로우 록 바리에이션은 중간에 리듬을 살짝 변형시킨 것으로 뽕짝스러운 느낌을 표현할 수 있는 재미있는 변형된 리듬입니다.

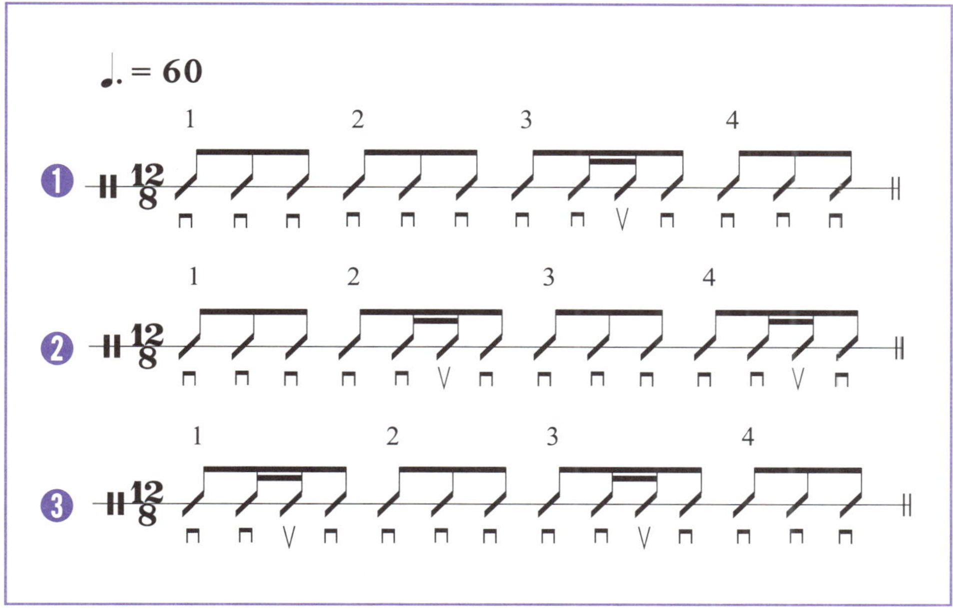

ex 1
4/4 박자 슬로우 록 바리에이션 연습 Track 134
♩ = 60
G   3   3   3   3   B7   3   3   3   3
Em   3   3   3   3   C   3   3   3   3   G

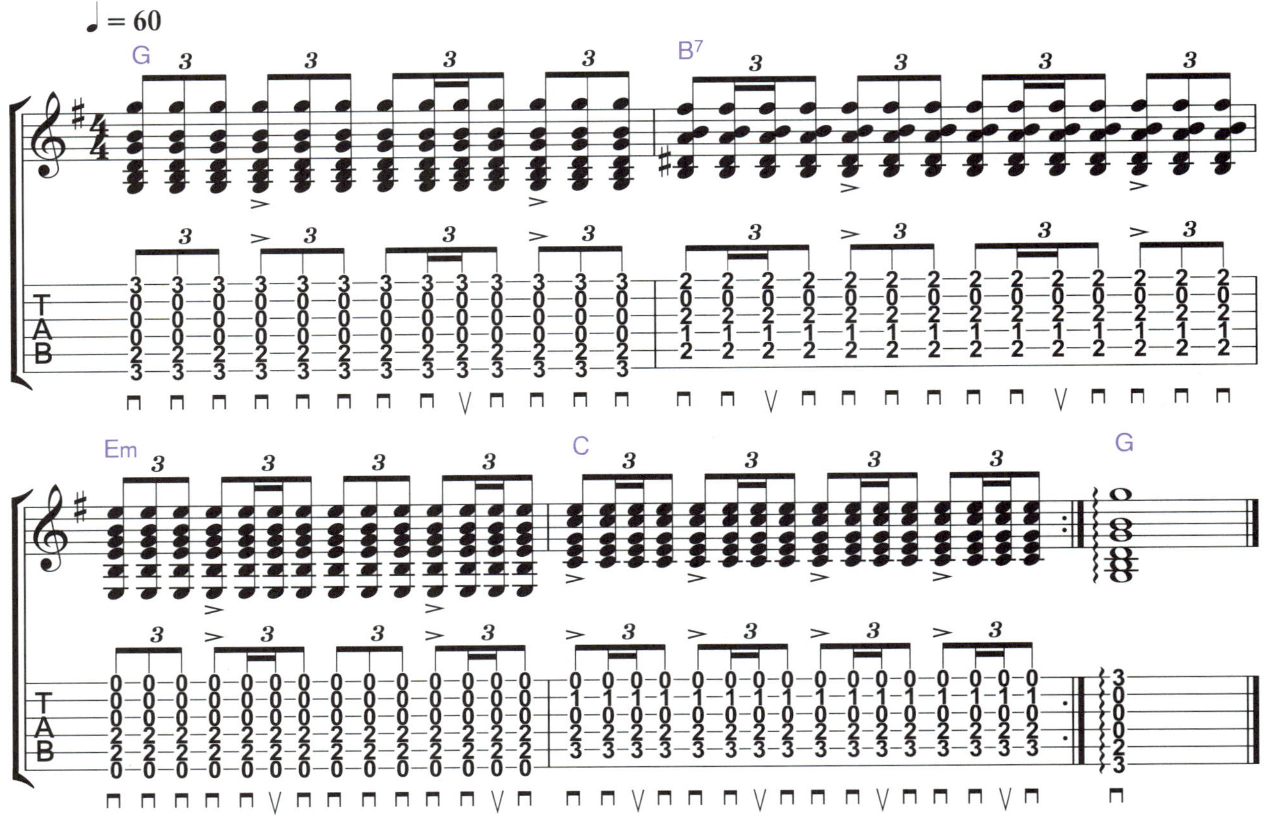

ex 2
12/8 박자 슬로우 록 바리에이션 연습 Track 135
4/4 박자와 연주는 똑같은데 악보 표기 방법과 리듬 읽는 방법만 다릅니다.
♩. = 60
G   B7
Em   C   G

◈ 슬로우 록 아르페지오

ex 1 $\frac{4}{4}$ 박자 슬로우 록 연습 **Track 136**

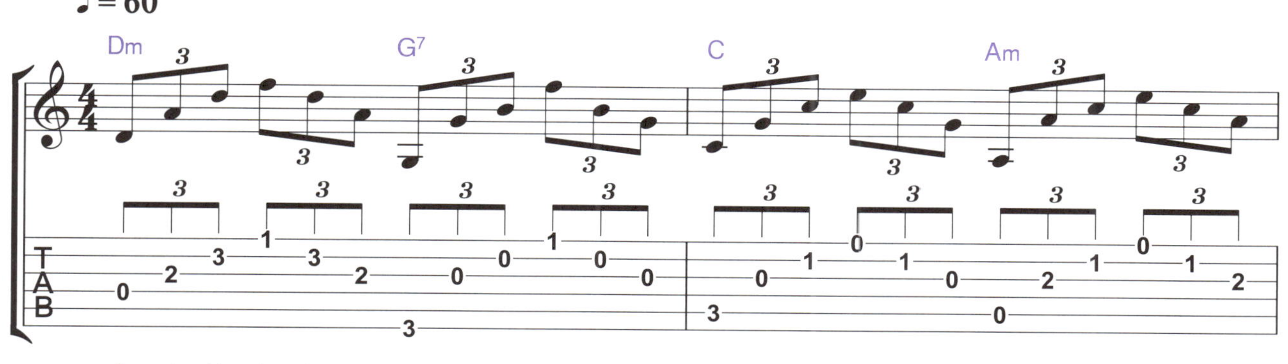

ex 2 $\frac{12}{8}$ 박자 슬로우 록 바리에이션 **Track 137**

◈ 파워코드

파워코드는 근음과 5도음만 사용한 코드로, 음을 두 개만 잡는 데도 강한 사운드를 낼 수 있어 락 음악에서 주로 사용합니다.

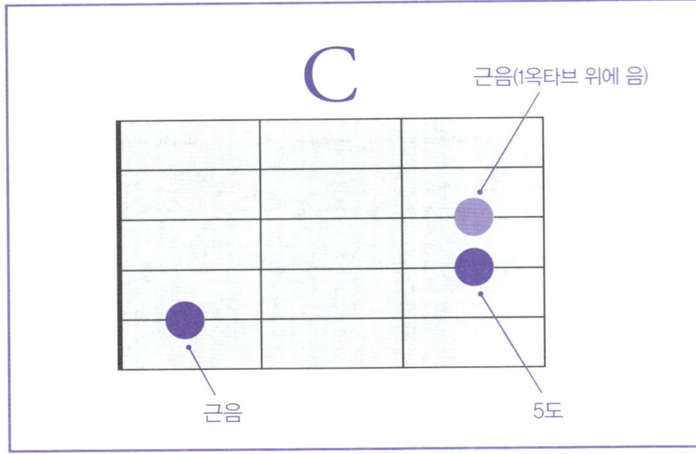

파워코드의 특징은 메이저코드나 마이너코드에 상관 없이 위의 다이어그램처럼 잡아주면 됩니다.
즉 근음과 5도음만 잡아주기 때문에 3도가 적용이 안되어 CM7, Cm7, C7코드가 나오더라도 위의 그림처럼 잡아주면 파워코드가 되는 것입니다.

● **파워코드를 잡는 왼손 자세**

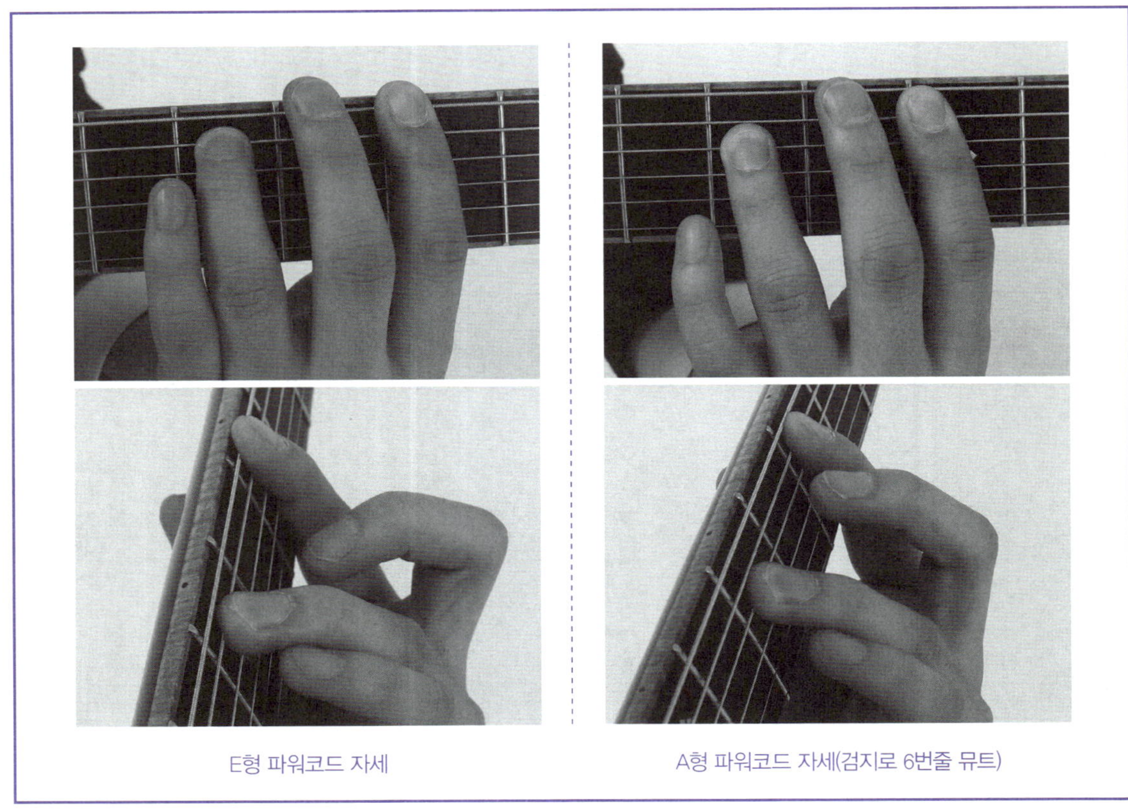

E형 파워코드 자세   A형 파워코드 자세(검지로 6번줄 뮤트)

◈ E형 코드폼

하이코드와 같은 방식으로, 근음의 위치를 먼저 외우고 두 가지 코드폼을 익혀봅시다.

● E형 코드 근음과 5도음 포지션 추가

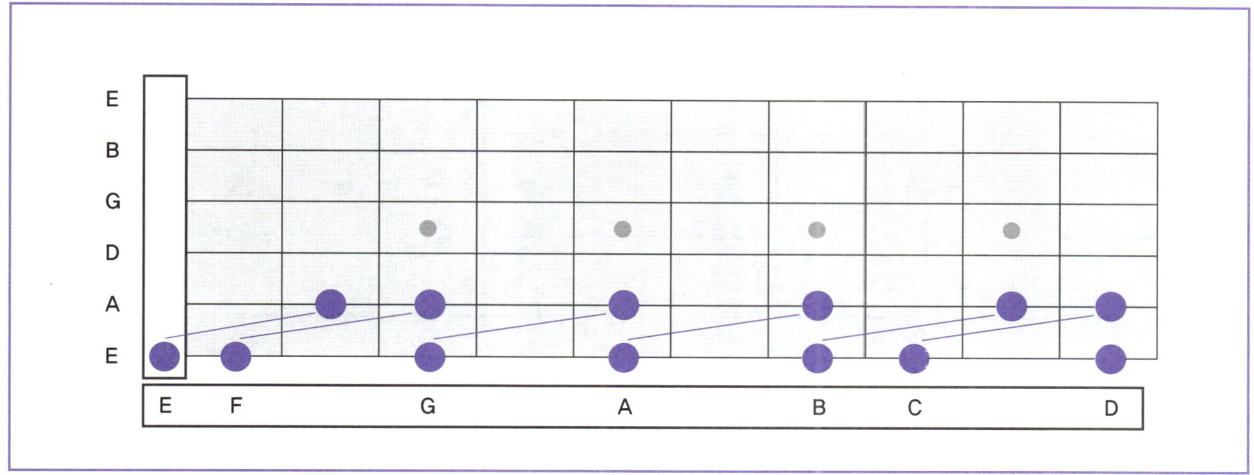

● E형 코드폼 운지법

보통은 음을 두 개만 잡는데, 강한 사운드를 원한다면 음을 세 개 잡아도 됩니다.

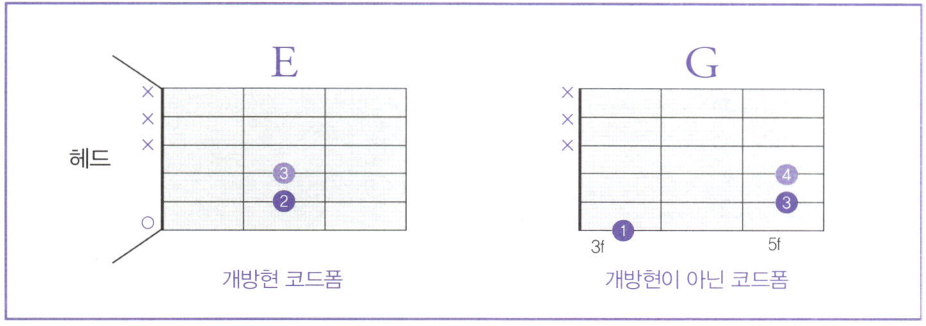

● E형 코드폼 연습

코드폼 자세와 뮤트에 신경 써서 다운스트로크로 연주하세요. **Track 138**

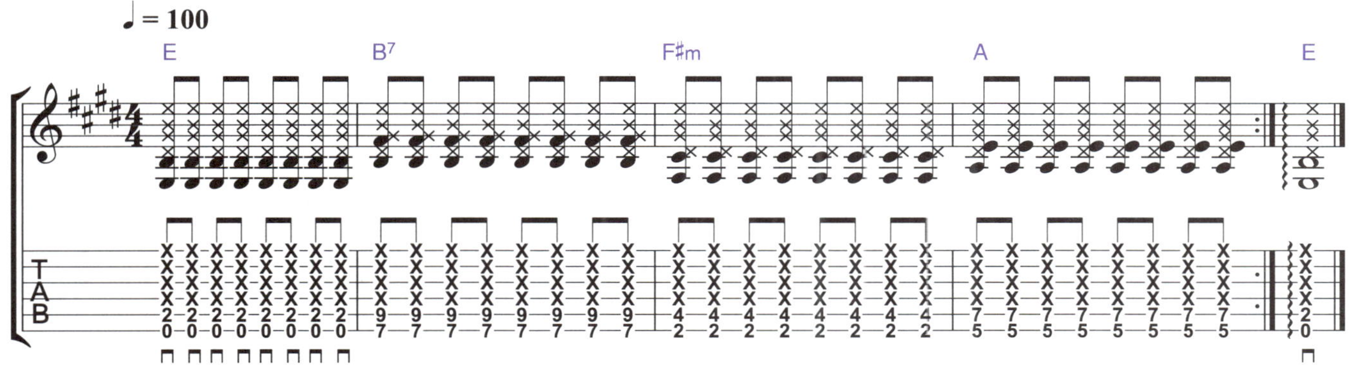

◈ A형 코드폼

● A형 코드 근음

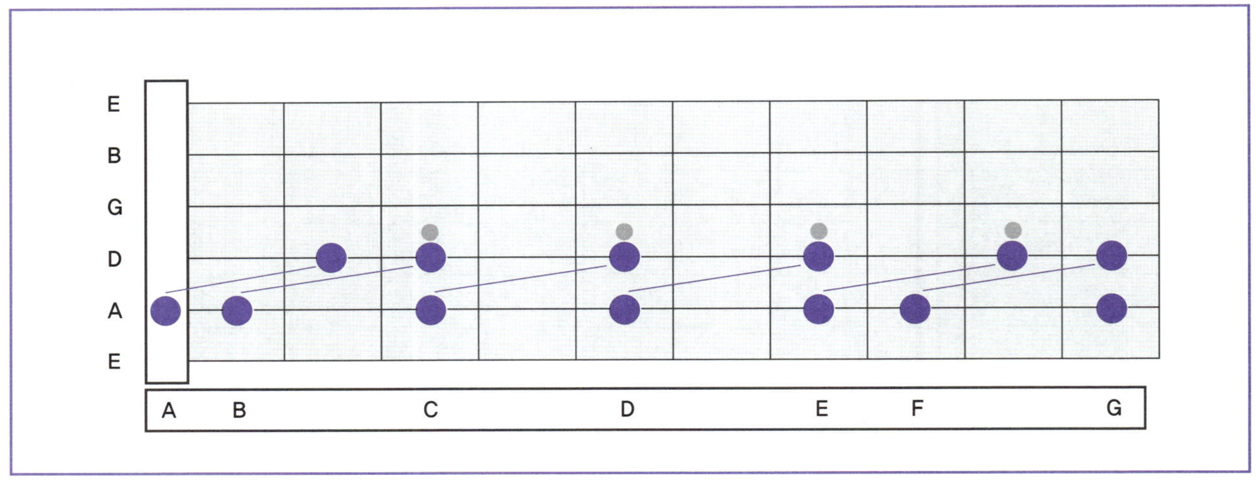

● A형 코드폼 운지법

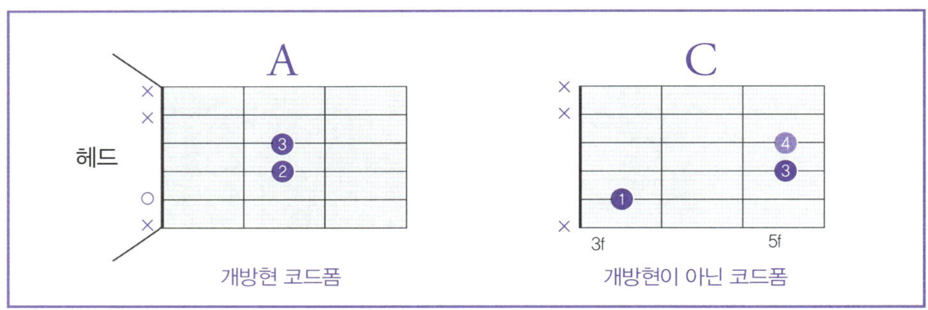

● A형 코드폼 운지법

검지손가락 끝으로 6번줄을 뮤트 해줘야 코드 사운드를 명확하게 연주할 수 있습니다. Track 139

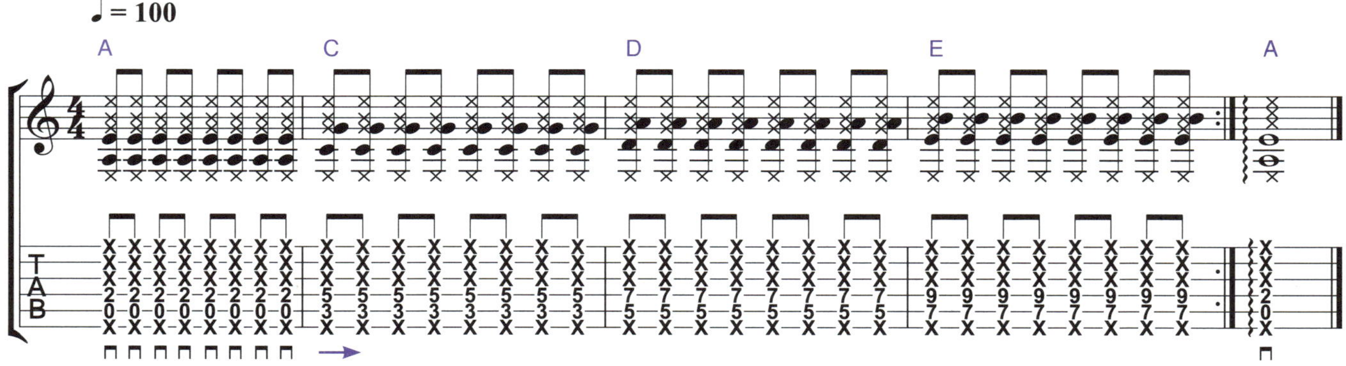

◈ 팜 뮤트

팜 뮤트는 "중중중중"하는 절제된 울림이 있는 뮤트 사운드를 표현하는 주법으로, 손바닥을 브릿지 부분의 줄 위에 대고
줄을 피킹하면 됩니다.

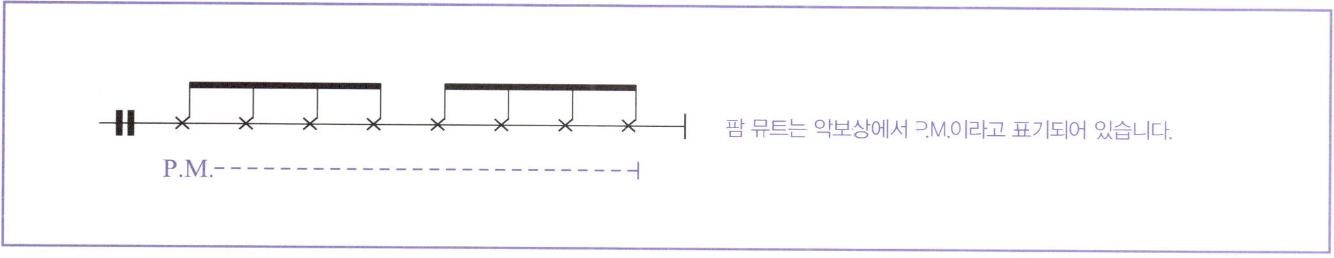

● 팜 뮤트 자세

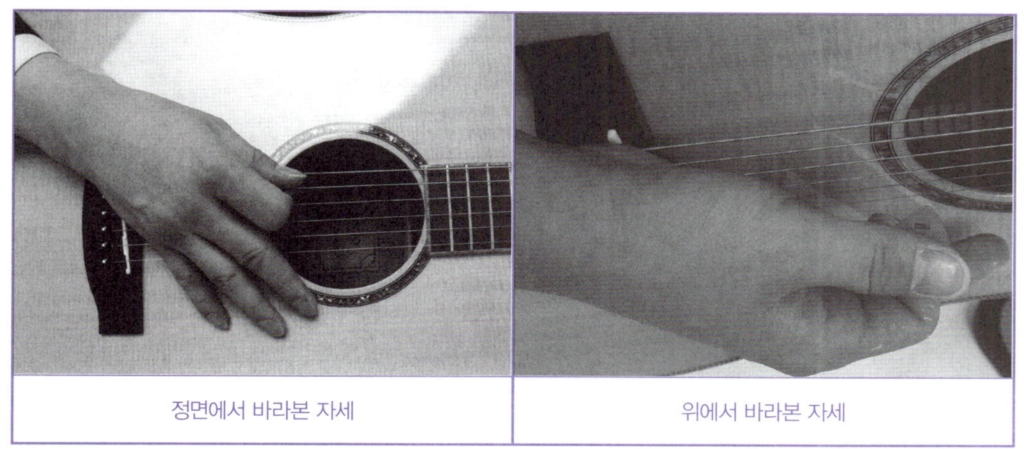

▶ 오른손의 뮤트 위치에 따라
서 사운드가 조금씩 바뀌게 되
는데, 브릿지에서 너무 멀어지
게 되면 울림이 없어지기 때문
에 적절한 위치를 찾아서 자신
만의 팜 뮤트 사운드를 만들어
연주하는 것이 중요합니다.

ex 1 팜 뮤트 연습 **Track 140**

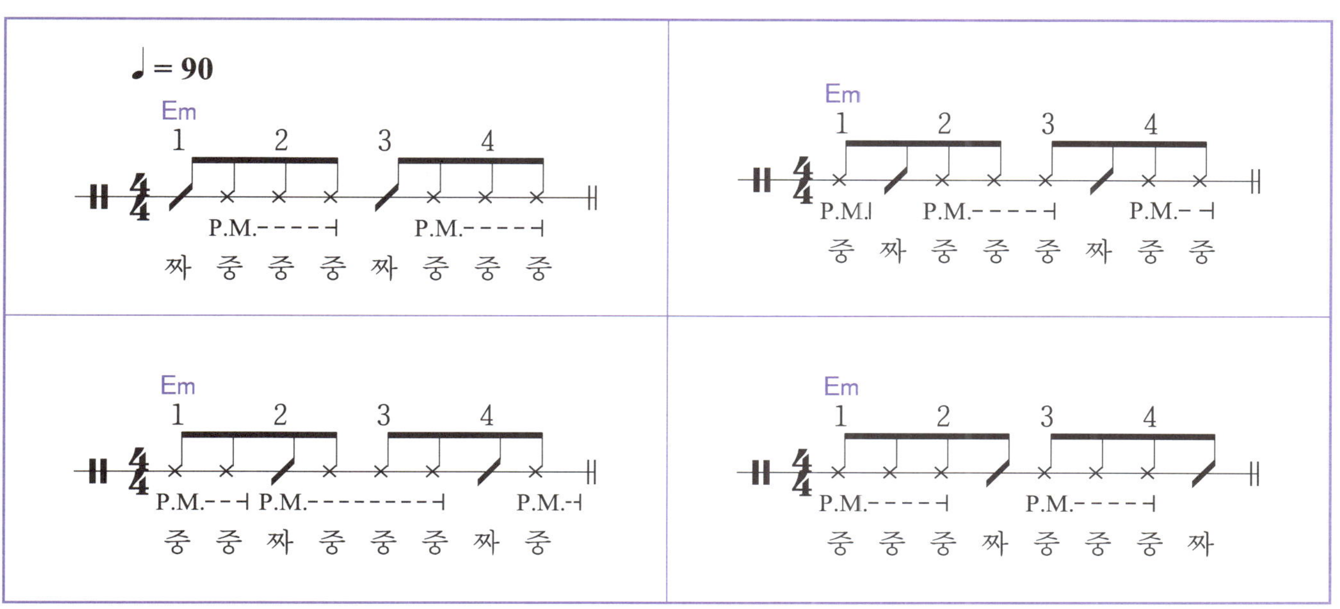

ex 2 잔잔하게 시작하는 락 발라드 스타일(전체 마디를 팜 뮤트로 연주하세요.) Track 141

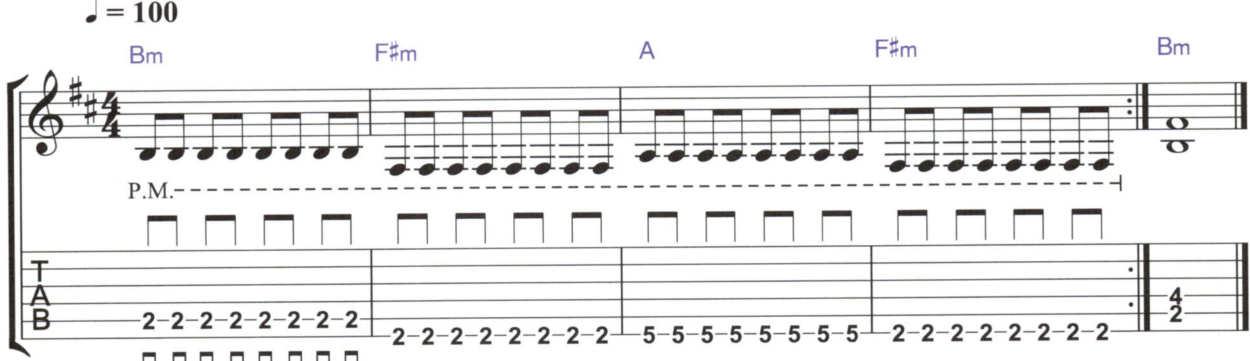

♩ = 100
Bm   F#m   A   F#m   Bm
P.M.- - - - - - - - -
TAB
2-2-2-2-2-2-2-2   2-2-2-2-2-2-2-2   5-5-5-5-5-5-5-5   2-2-2-2-2-2-2-2   4/2

ex 3 잔잔하고 경쾌한 분위기의 모던 락 스타일(팜 뮤트와 오픈을 잘 지켜서 연주하세요.) Track 142

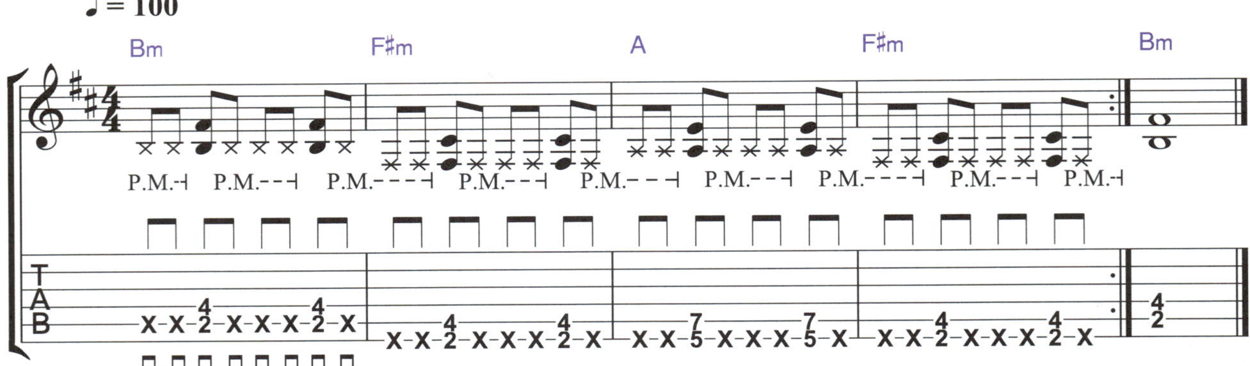

♩ = 100
Bm   F#m   A   F#m   Bm
P.M. P.M. P.M. P.M. P.M. P.M. P.M. P.M. P.M.
TAB
X-X-2-X-X-X-2-X   X-X-4-X-X-X-4-X   X-X-7-X-X-X-7-X   X-X-4-X-X-X-4-X   4/2

ex 4 신나게 달리는 락 스타일(박자가 흔들리지 않도록 하고 팜 뮤트와 오픈을 섬세하게 연주하세요.) Track 143

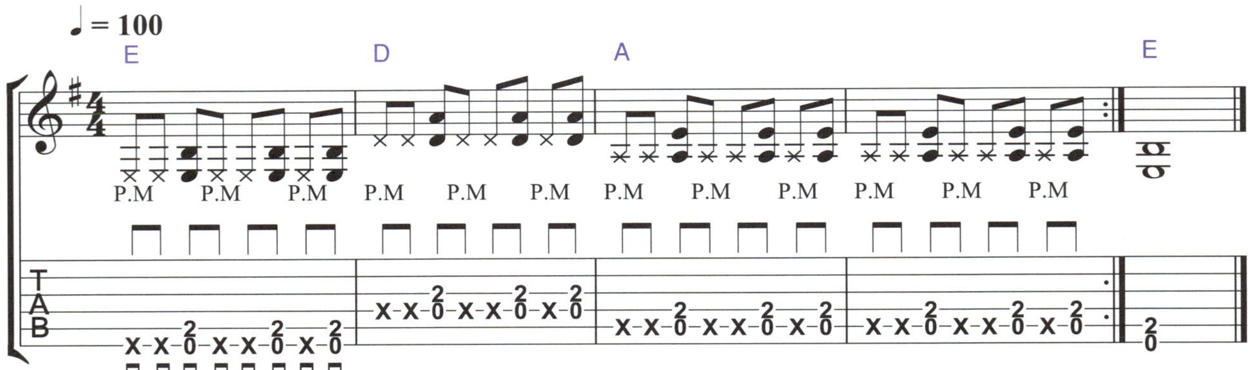

♩ = 100
E   D   A   E
P.M P.M P.M P.M P.M P.M P.M P.M P.M P.M P.M P.M
TAB
X-X-2-X-X-2-X-2   X-X-2/0-X-X-2/0-X-2/0   X-X-2/0-X-X-2/0-X-2/0   2/0
X-X-0-X-X-0-X-0

ex 5 웅장한 느낌의 헤비메탈 스타일(박자가 점점 빨라질 수 있으니 템포를 잘 지켜 연주하세요.) Track 144

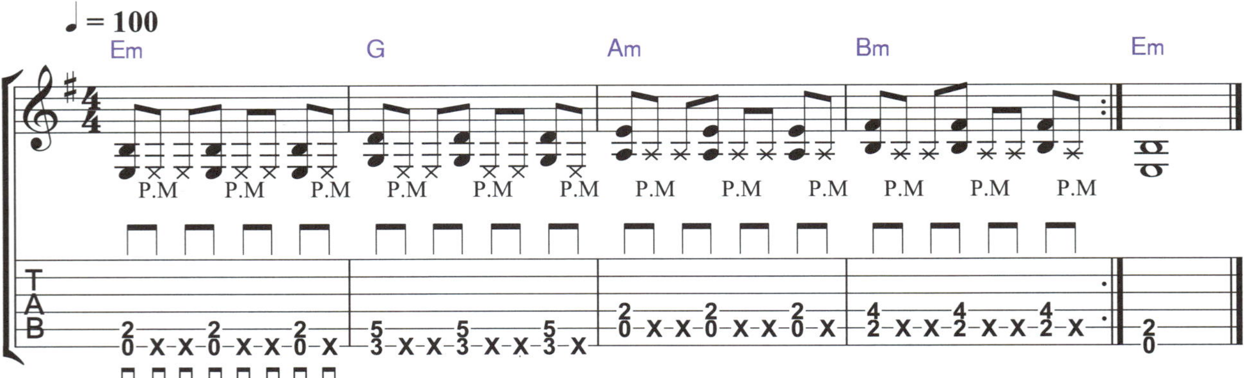

♩ = 100
Em   G   Am   Bm   Em
P.M P.M P.M P.M P.M P.M P.M P.M P.M P.M P.M P.M
TAB
2/0-X-2-X-2-X   5/3-X-5-X-5-X   2/0-X-2-X-0-X-2/0-X   4/2-X-4-X-2-X-4/2-X   2/0

◇ 퍼커시브

퍼커시브(percussive)란 사전적인 의미로 '(특히 타악기를)쳐서 소리를 내는'이란 뜻입니다.
퍼커시브 주법은 컷팅주법과 같은 효과를 주는 것인데 연주하는 방법이 다르다고 보면 됩니다.

● **퍼커시브 오른손 자세**

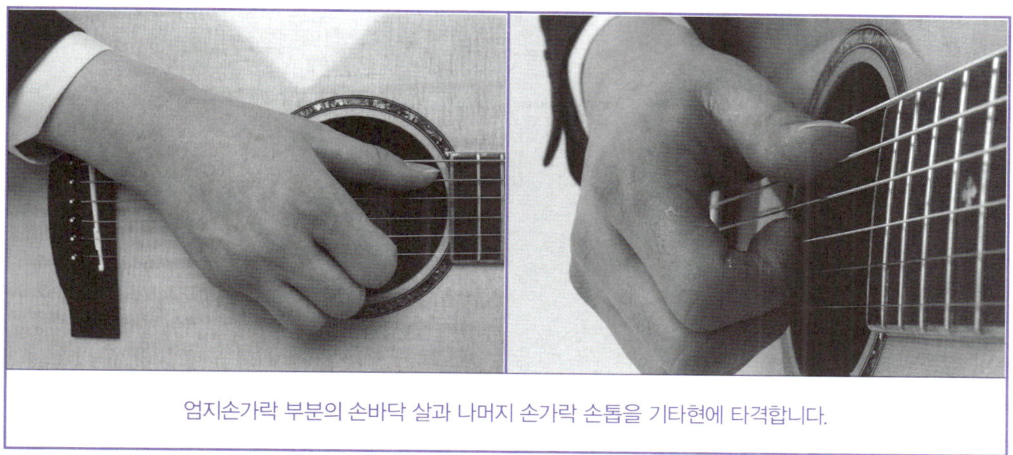

엄지손가락 부분의 손바닥 살과 나머지 손가락 손톱을 기타현에 타격합니다.

● **퍼커시브 연주 방법**

두 번째와 네 번째 박자에 줄 위를 때려서 "촥" 하는 뮤트 음을 넣어서 리듬감을 더 살려줍니다.

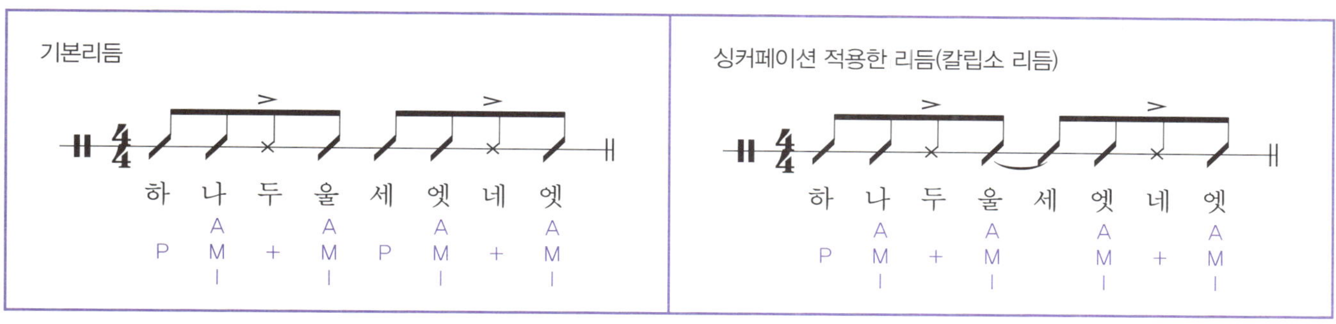

* 퍼커시브 기호는 "+"로 악보상에 표시가 되어 있습니다.

ex 1 퍼커시브 기본 연습 **Track 145**

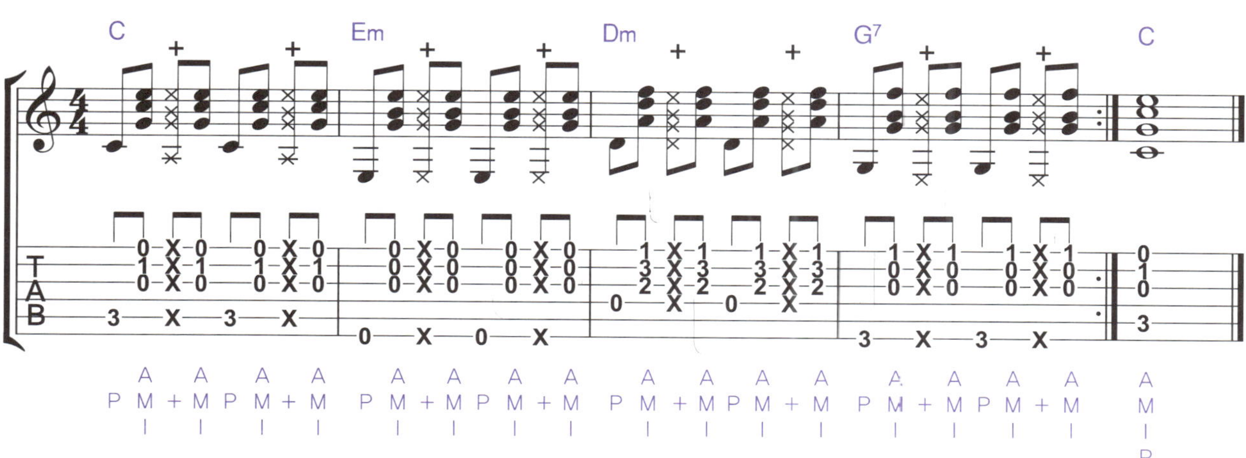

◈ 퍼커시브 응용 연습

ex 1 포크송이나 찬송가에 잘 어울리는 칼립소 리듬 스타일 Track 146

♩ = 80
C   Dm   G⁷   C   C

ex 2 싱커페이션과 분수코드를 이용한 모던 락 스타일 Track 147

♩ = 80
G   G/B   C   D   G   G/B   C   D   G

ex 3 힙합 , R&B 스타일 Track 148

♩ = 70
Am   Bm   Em   Am   Bm   Em

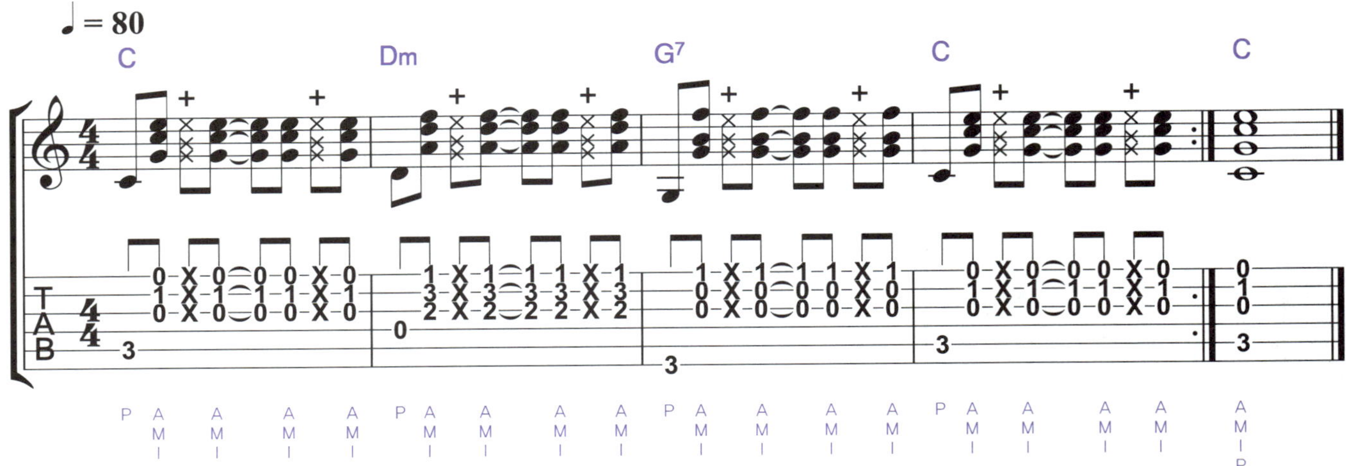

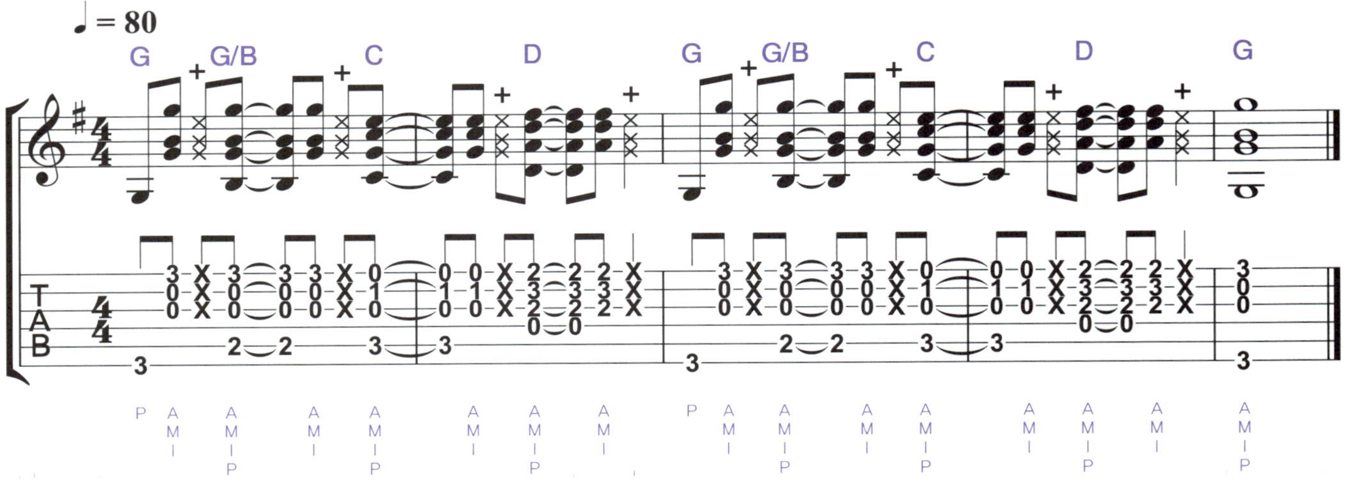

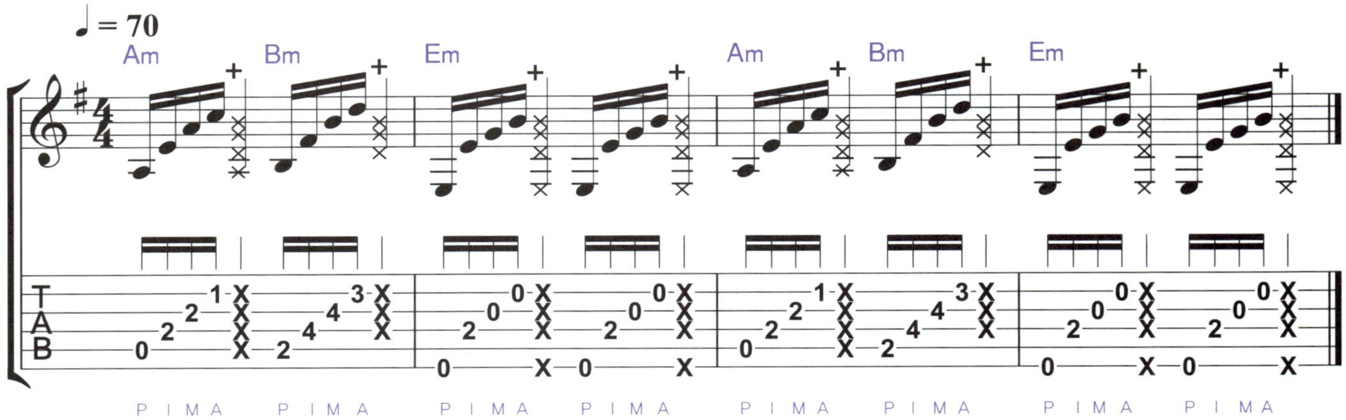

$\frac{12}{8}$박자 슬로우 록 반주

여수 밤 바다

장범준 작사.작곡 / 버스커버스커 노래

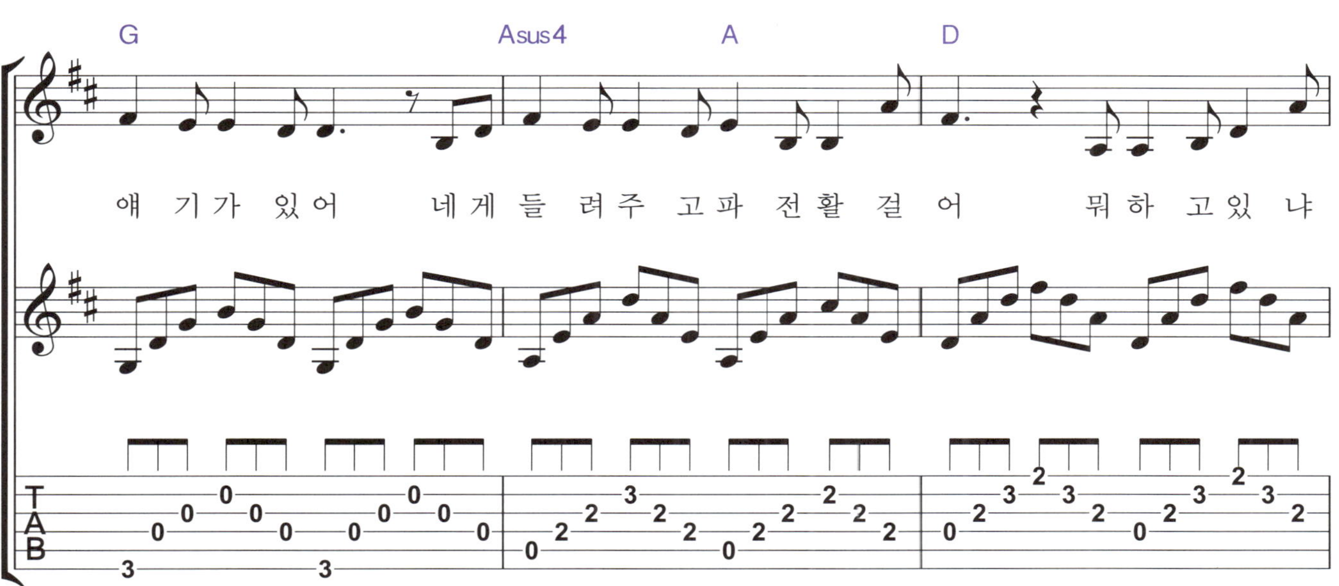

D/F#
G
Asus4
A
고   나 는지 금여 수밤 바다   여 수밤 바다
G
D/F#
Em
G
F#m
아 — — — — — — —   아 — — —
B7(sus4)
B7
Em
D/F#
G
아 — — —   너 —와함께 걷고싶 다   이바다를

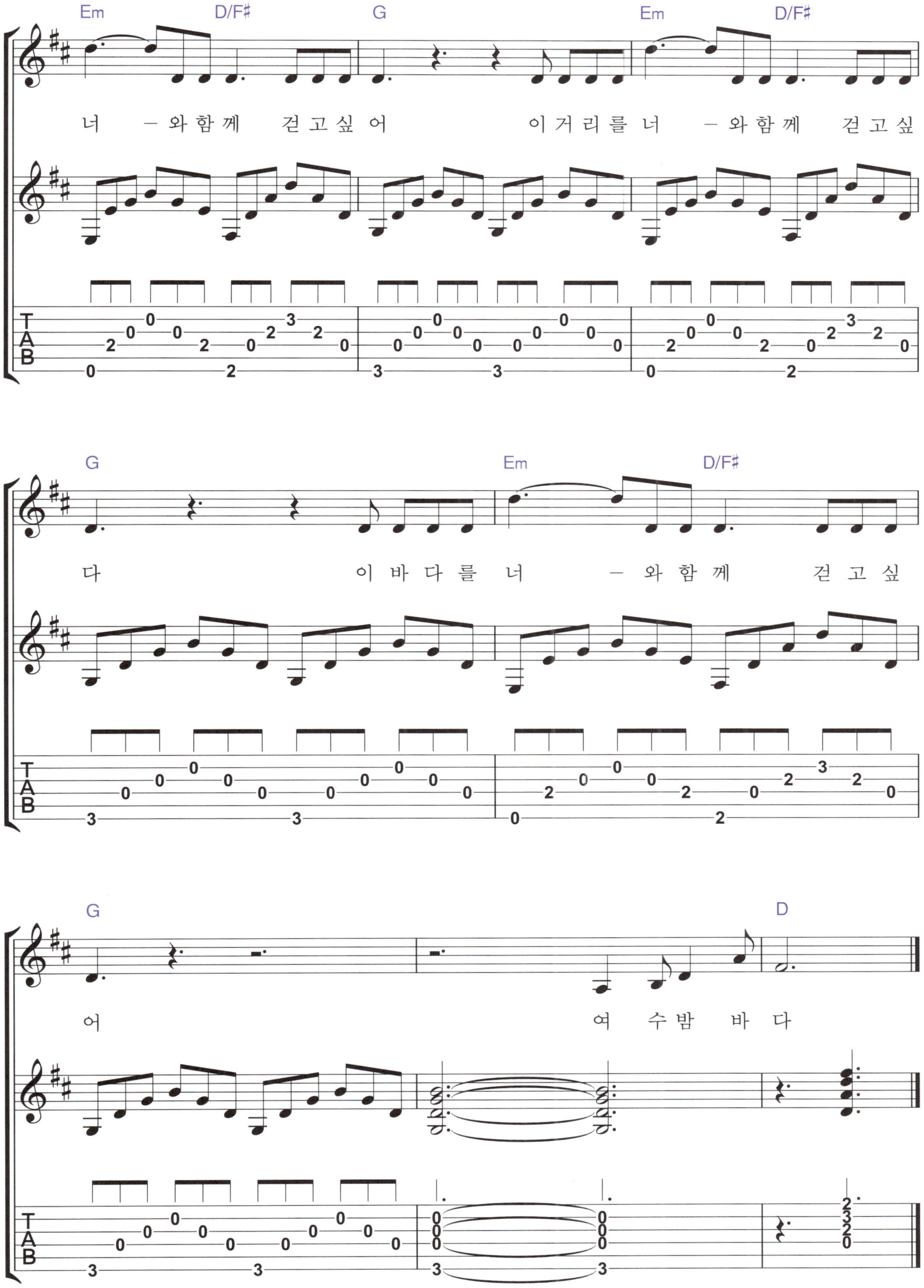

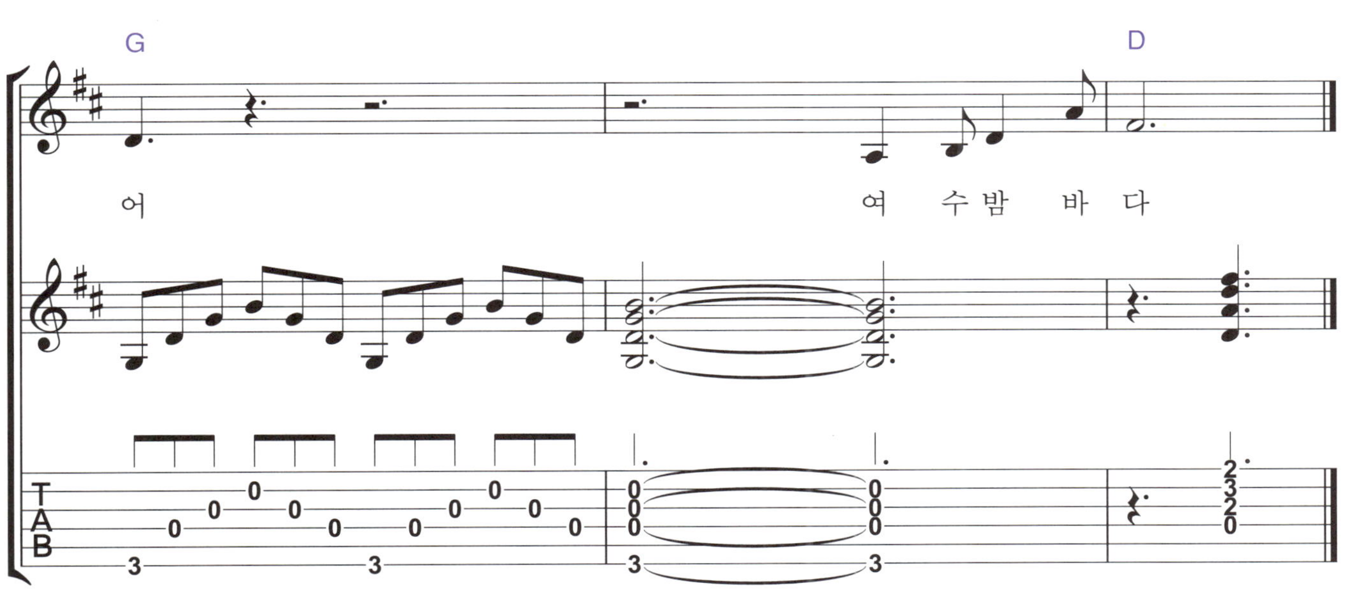

Em   D/F#   G   Em   D/F#
너 － 와 함께 걷고 싶어   이 거 리 를 너 － 와 함께 걷 고 싶
G   Em   D/F#
다   이 바 다 를 너 － 와 함께 걷 고 싶
G   D
어   여 수 밤 바 다

셔플리듬 스트로크 반주

벚꽃 엔딩

장범준 작사. 작곡 / 버스커버스커 노래

Am   D   G   Em
ㅡ ㅡ흘ㅡ날 리 는 벚 꽃 잎 이 ㅡ ㅡ울ㅡ려 퍼 질 이 거 리 를

Am   D   1.G   Em   2.G
ㅡ ㅡㅡㅡ둘ㅡ이ㅡ걸 어 요 봄 바 람 휘 날 리 며 걸 어 요 오

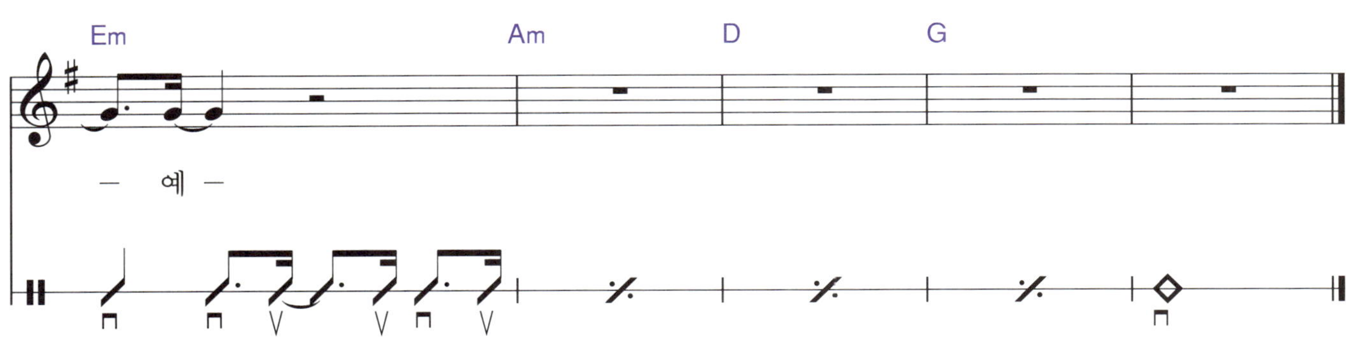
Em   Am   D   G
ㅡ 예 ㅡ

셔플리듬 아르페지오 반주

나 항상 그대를

김민정 작사. 송시현 작곡 / 이선희 노래

G   Bm   C   E♭   G
다 정 한 그 모 습 —   눈 물 로 여 울 져 —   그 대 여 내 게 돌 아 와 요 —
B7   Em   C   D7
돌 아 와 그 대 —   내 게 돌 아 와 —   난 온 통 그 대 생 각 뿐 이 야 —
B7   Em   C   D7   G
불 같 은 나 의 사 랑   피 할 수 없 어 —   그 대 여 내 게 — — 우 — — 돌 아 와 요 —

파워코드와 팜 뮤트을 적용한 반주

넌 내게 반했어

정민준 작사. 작곡 / 노브레인 노래

난 그 런 속 임 수에 속 — 지않아 예 예 oh stand — — b y
me stand — — b y me stand — b y me 원한다면
내 볼에
—
밤하늘의별 도 — 따줄텐데 —
다 — 입맞 — 춰줘 위우예 —

팜 뮤트와 스트로크를 적용한 반주

좋다

이원석, 김장원, 김선일, 정유종 작사. 작곡 / 데이브레이크 노래

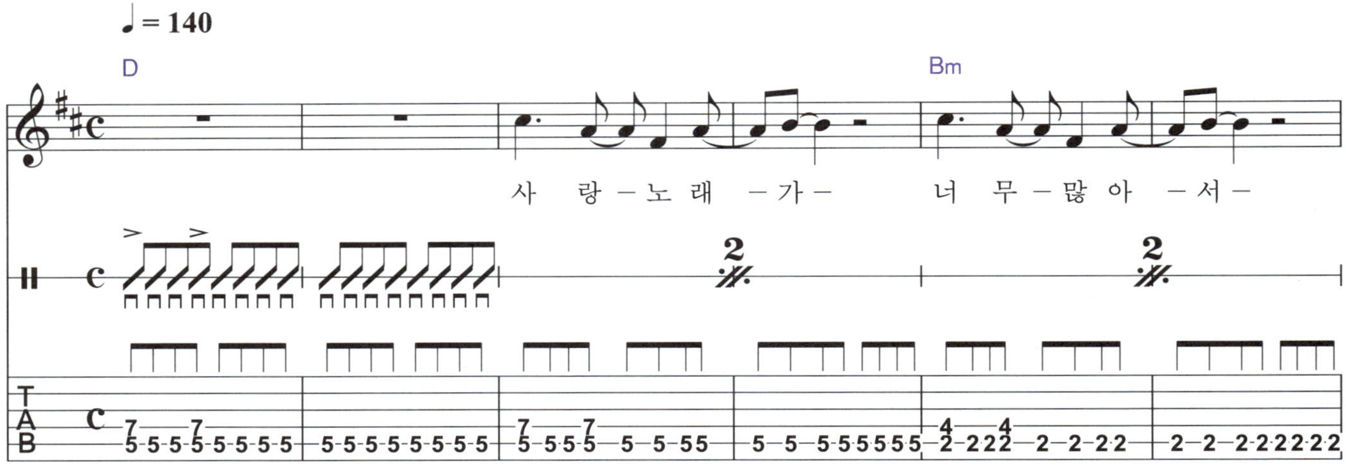

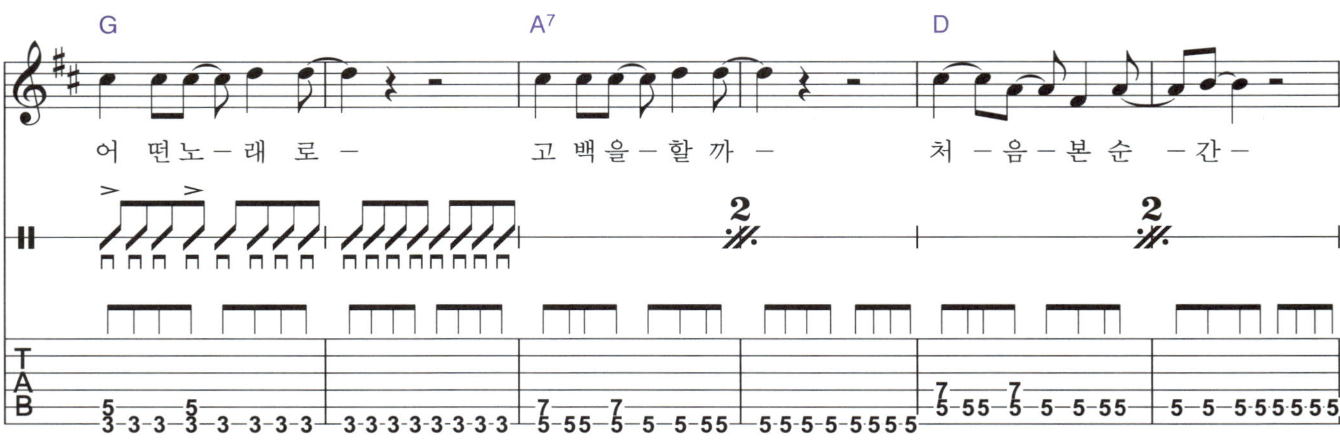

Bm
G
A7
(I'm)fall in love with you —
미 칠것—같 은 —데 — 널 사 랑하—는 데 — 니가있어
Em
A7
F#m
Bm
Em
A7
좋 다 — 사 랑해서 좋 다 — 다 른말로 설명할—수없 —는이—기 분
D
B7
Em
A7
F#m
B7
— — — — 너 무 나도 좋 다 — 너 와함께 하 는이—순 간 —
Em
A7
D
영 원히—간 직 —할 이—기 분 —

퍼커시브를 적용한 반주

매일 그대와

최성원 작사.작곡/ 들국화 노래

Cm
Bm
E7
Am
D7
우 릴 둘 ─ 러싼 모 든걸 ─   같이 ─ 나누고 파   ─
G
Bm
Am
D7
매 일 그 대 와 ─ ─ ─   밤 의 품 에 안 겨 서 ─
G
Bm
Am
D7
G
매 일 그 대 와 ─ ─ ─   잠 이 들 고 파

퍼커시브를 적용한 반주

미쳤나봐

고영배, 권정열 작사. 작곡 / 소란, 권정열(10cm) 노래

♩ = 80

Am D7 G Em Am D7 G E7(sus4) E7
너 한 테 만 그 래 나 를 예 뻐 해 줘 ba by 오 직 너 에 게 만 나 는 진 짜 정 말 미 쳤 나 봐

Am D7 G Em Am D7 G Em
— 미 쳤 나 봐 — 난 너 에 게 잡 — 혀 묶 였 나 봐 — 너 에 게 만

Am D7 G Em Am D7 G
— 너 에 게 만 — 나 너 에 게 꽂 — 혀 서 박 혔 나 봐 —

Lesson 9

테크닉을 익히기 위해서는
고통의 인내는 필수

기억해 두어라!
기타 연습의 멘탈 3요소
인내, 끈기, 노력

– 해머링 온(hammering on) –
망치로 바닥을 내려찍듯이 손가락으로
지판을 향해 기타줄을 내려찍어 소리내는 기술입니다.

– 풀링오프(pulling off) –
왼쪽 손가락으로 잡은 기타줄을
아래로 당기면서 소리내는 기술이다
아래로 튕기거나 뜯는다는 표현이 더 좋을 것 같습니다.

– 슬라이드(slide) –
왼손의 손가락을 누르고 있는 상태에서 어떤 특정한 포지션에서
다른 포지션까지 손가락을 미끄러뜨려서 음정을 변화시키는 기술입니다.

– 글리산도(glissando) –
슬라이드와 비슷한 기술을 사용한 것으로
처음 시작음과 끝나는 음정이 불확실한 기슬입니다.

◈ 해머링 온 (hammering on)

오른손으로 줄을 튕긴 후에 왼쪽 손가락 끝으로 기타줄을 때리듯이 눌러서 음을 소리내어 음정을 변화시키는 주법입니다. 약칭으로 "해머링"이라고 부릅니다. (＊ 악보에서는 "H" 나 "h"로 표기합니다.)

● 해머링 온 자세

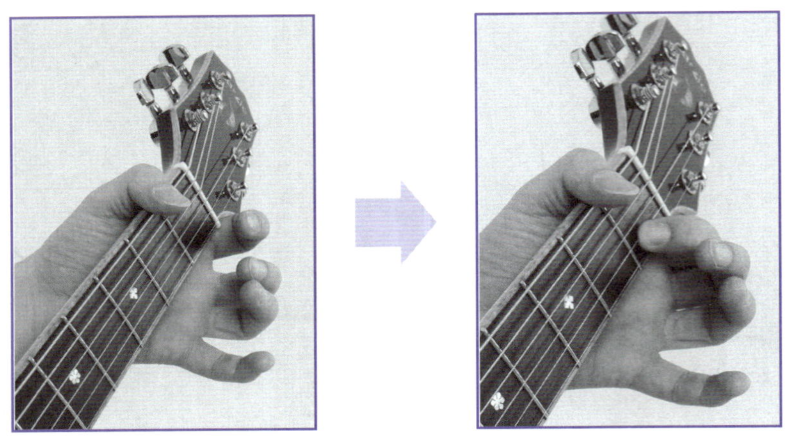

● 해머링 온 연습

ex 1 개방현 단음 해머링 온 연습 **Track 163**

밑에 적혀 있는 왼손가락 번호를 지켜서 해머링으로 연주하세요.

ex 2 코드 근음과 탑(TOP)노트 해머링 온 연습 **Track 164**

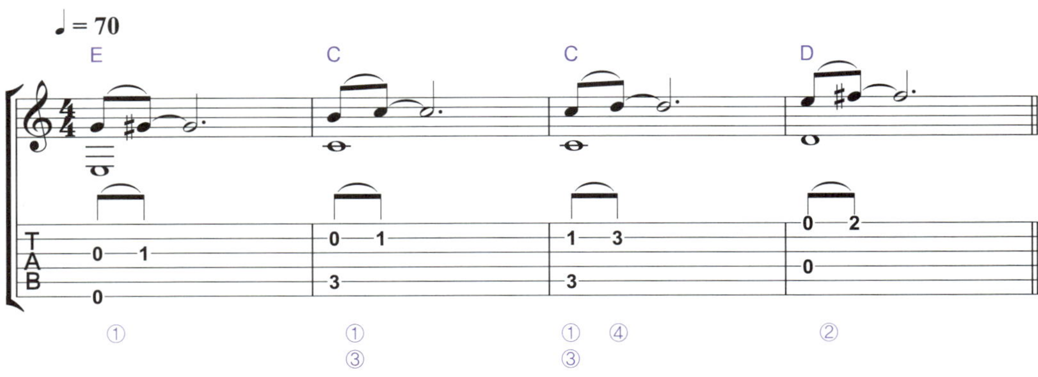

ex 3 코드에 꾸밈음을 넣는 해머링 연습 **Track 165**

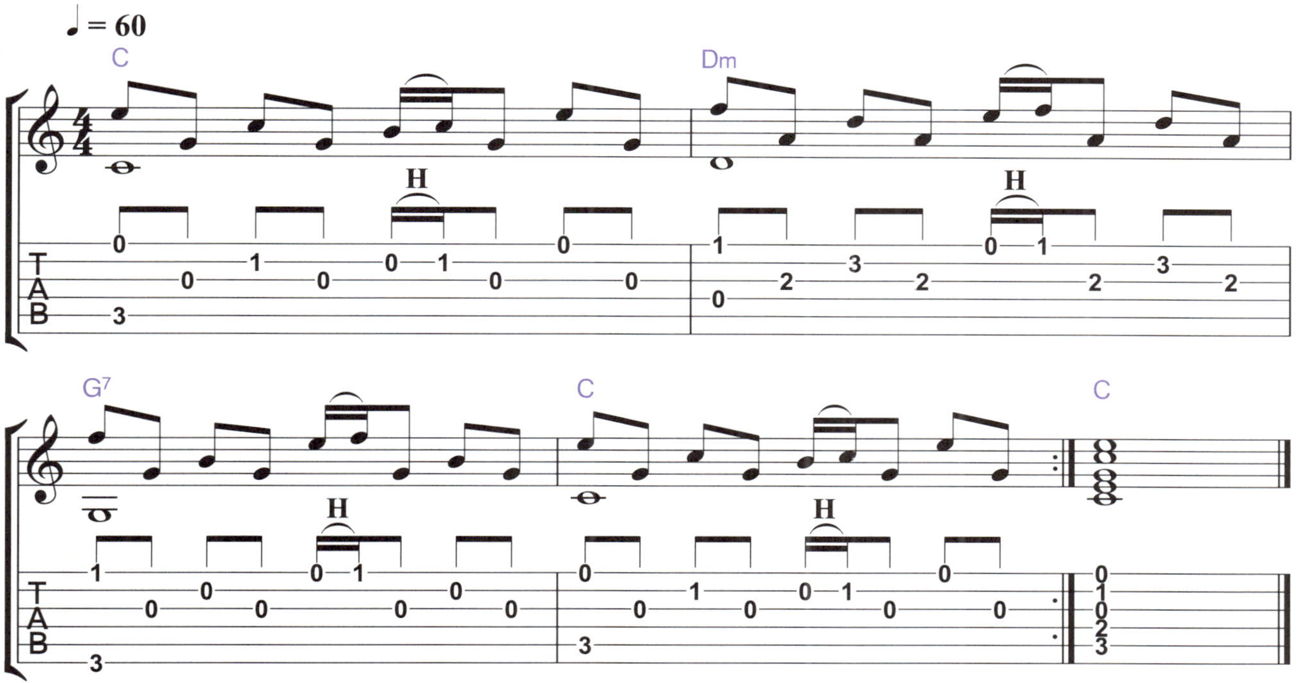

ex 4 베이스 라인과 코드 꾸밈음을 넣어준 해머링 연습 **Track 166**

◈ 풀링오프(pulling off)

오른손으로 줄을 튕긴 후에 왼쪽 손가락 끝으로 잡은 기타줄을 아래로 튕기면서 음을 소리내어 음정을 바꾸는 주법입니다. 약칭으로 "풀링"이라 부릅니다.(＊악보에서는 "P" 나 "p"로 표기합니다.)

● 풀링오프 온 자세

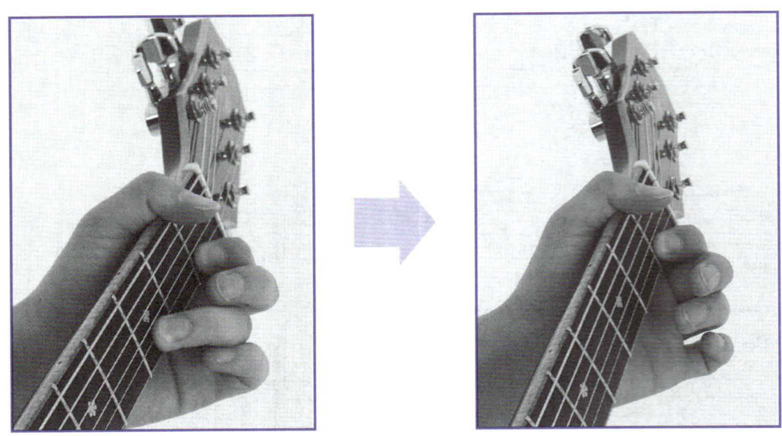

● 풀링오프 연습

ex 1 개방현 단음 풀링 연습 **Track 167**

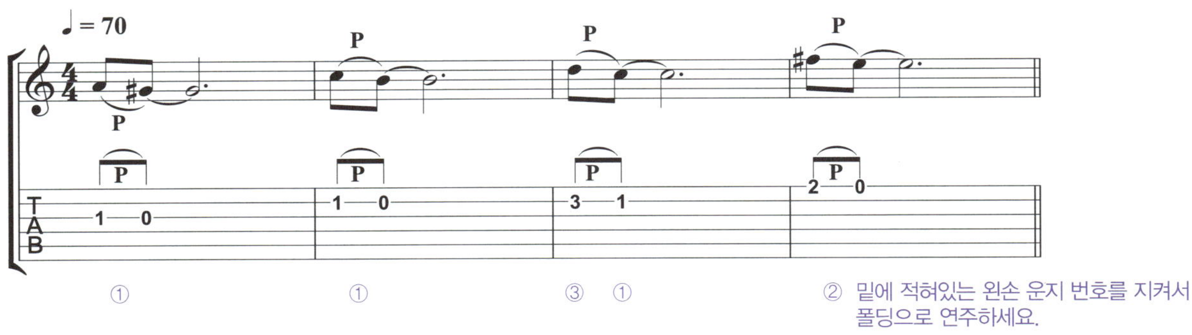

ex 2 코드 근음과 탑(TOP)노트 풀링 연습 **Track 168**

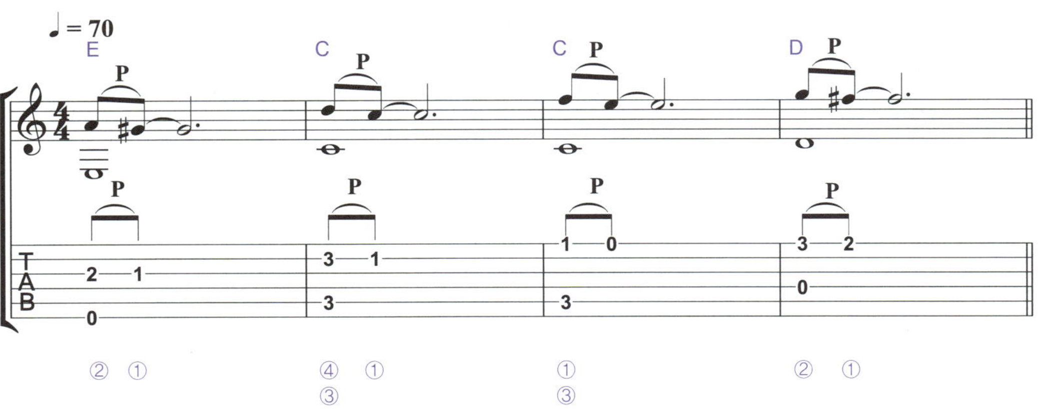

ex 3   코드에 꾸밈음을 넣는 풀링 연습   Track 169

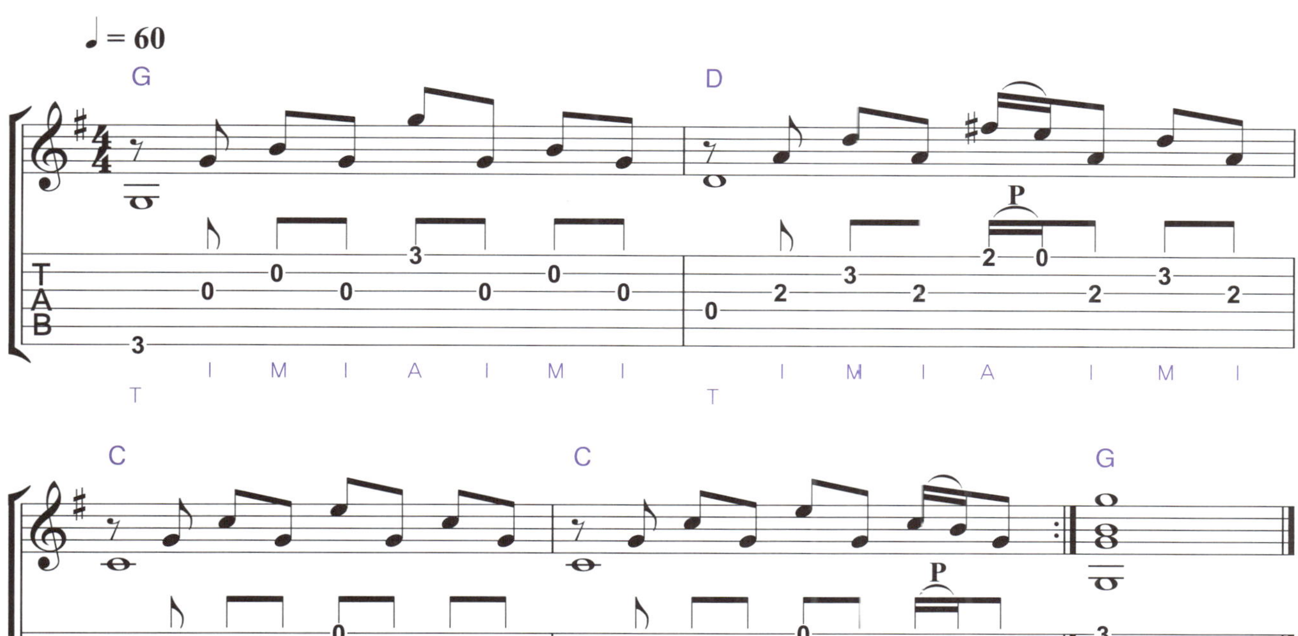

ex 4   해머링과 풀링을 함께 사용하는 연습   Track 170
해머링을 걸고 빠르게 풀링을 걸어주어서 연주하세요.
A코드를 바레로 잡아야
음을 꾸며줄 수 있습니다.

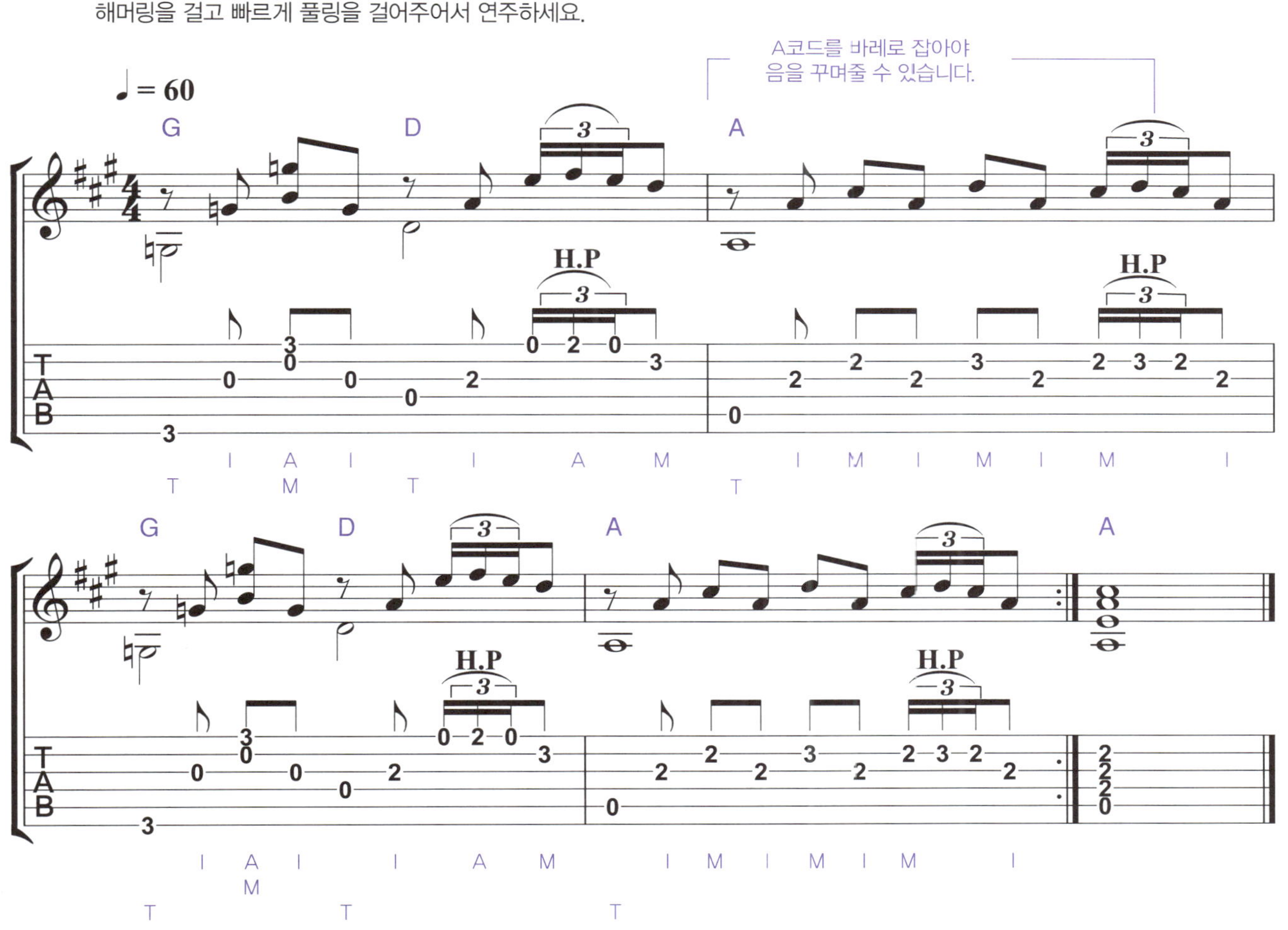

◈ 슬라이드 / 글리산도 (Slide / glissando)

오른손으로 피킹한 후에 줄을 누른 왼손의 손가락 끝을 시작 음부터 끊기지 않게 줄을 타고 미끄러지면서 다음 음까지
이동시켜서 음정을 바꾸는 주법입니다.
슬라이드는 시작하는 음에서 끝나는 음까지 짧게 이동할 때 쓰는 기술이고, 글리산도는 시작하는 음이나 끝나는 음이
정확하지 않으며 길게 이동할 때 쓰는 기술입니다.

슬라이드 / 글리산도 자세

◈ 슬라이드 **Track 171**

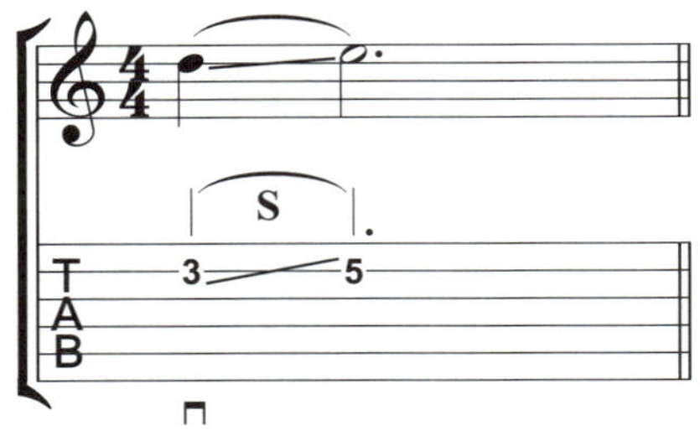
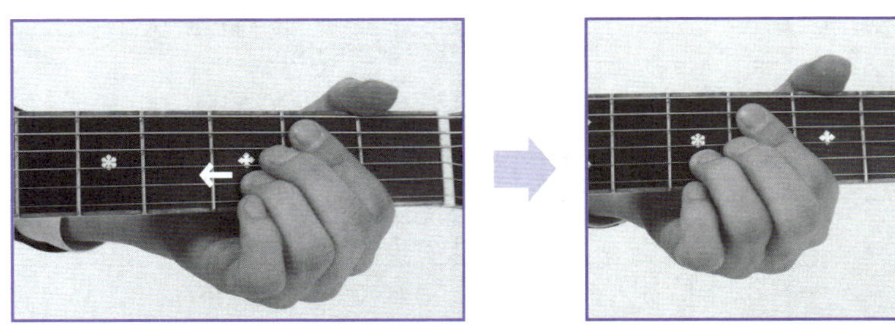

손가락이 줄을 타고 시작하는 음에서 끝나는 음까지 미끄러지면서 연주합니다.

◈ 글리산도 다운 **Track 172**

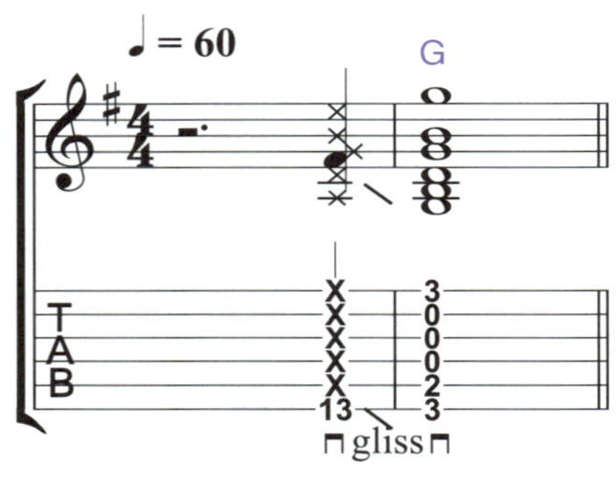
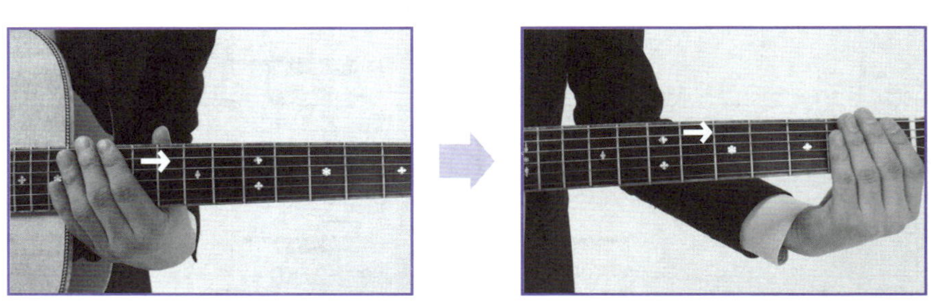

4번째 박자에 한 박 동안 빠르게 끝까지 아래로 미끄러집니다.
6번 줄을 제외하고 나머지 줄은 첫 번째 손가락으로 뮤트를 해줍니다.

◈ 글리산도 업/다운 **Track 173**

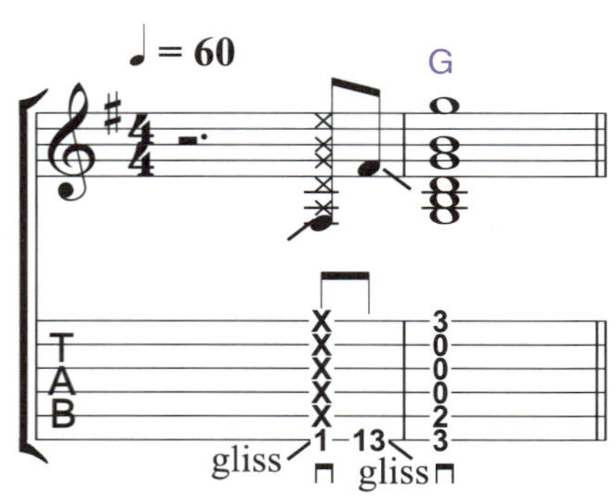

불특정 프렛 아래에서부터 위에까지 아주 빠르게 슬라이드를 왕복해줍니다.
6번 줄을 제외하고 나머지 줄은 첫 번째 손가락으로 뮤트를 해줍니다.

● 슬라이드 / 글리산도 연습

 발라드 전주에서 사용하는 슬라이드 주법 반주 **Track 174**

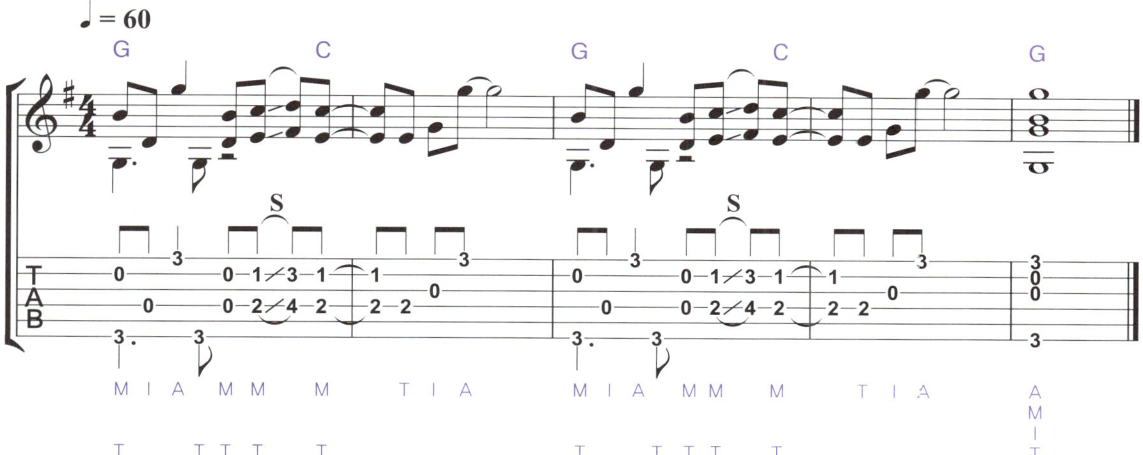

 발라드 엔딩에서 사용하는 슬라이드 주법 반주 **Track 175**

 전주에서 사용하는 글리산도 주법 반주 **Track 176**

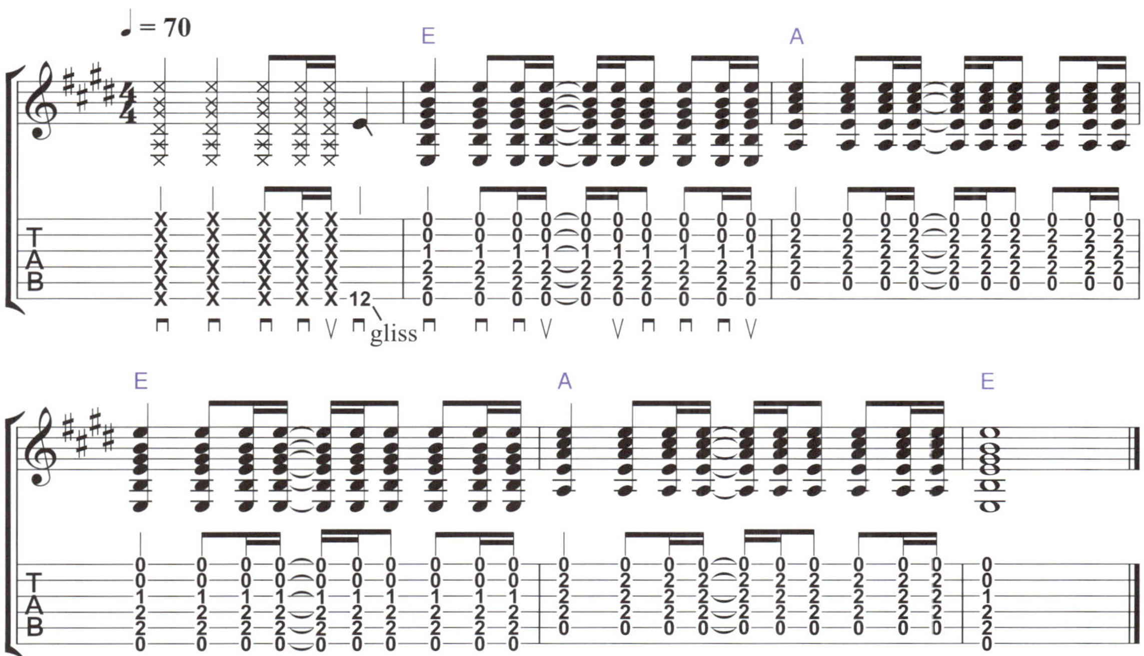

테크닉을 적용한 반주

Now And Forever

Richard Marx 작사. 작곡

C   B7   Em   D   C#m7(b5)
I lose my way — but still you seem — to un — der stand — — now and for ev
C   D   G   C
— er   I will be — your man —
G   C   G

Lesson 10

마지막으로
코드를 끝장내자

어디에서도 볼 수 없는 이 책에서만
얻을 수 있는 효과적인 코드 트레이닝 비법이다.
이 과정만 통과하면 당신은 모던 통기타 연주자.
인내를 가지고 연습하자!!!

세련된 모던 사운드 add9 코드

3화음에 9번째 음을 더한 코드입니다.
즉 9 - 7(음계) = 2
add9 = add2 이렇게도 표기합니다.

※부드럽고 감미로운 고급 사운드 7코드set

4화음 코드들을 말합니다.
위의 코드들은 모든 장르에서
많이 사용되기 때문에 반드시 숙지해야 합니다.

add9코드는 3화음에 9번째 음을 더하는 코드입니다. 즉 "3화음 + 9도"가 됩니다.

● add9 코드폼 **Track 179**

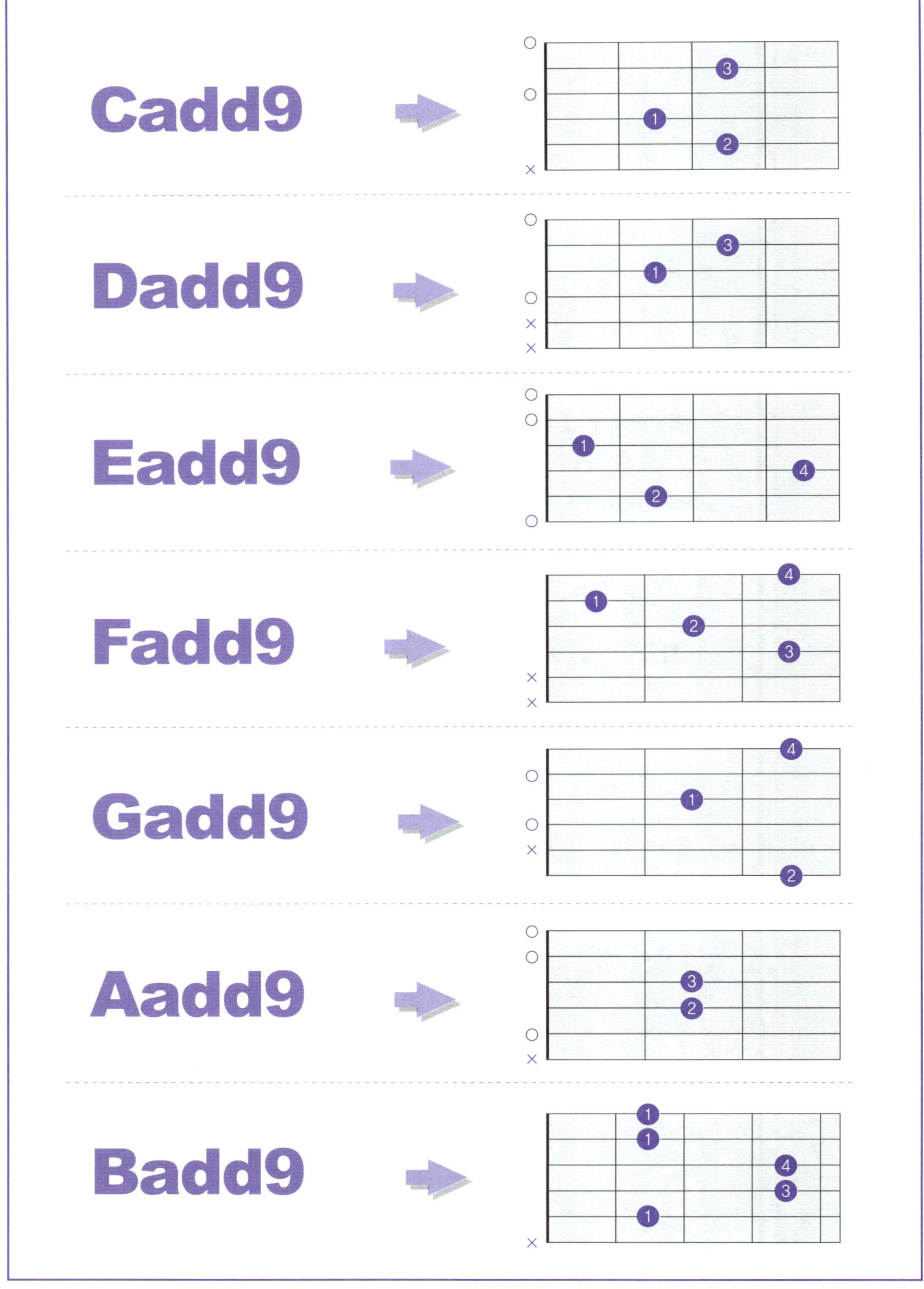

◈ add9코드 연습

ex 1 발라드에서 사용하는 add9코드 연습 Track 180

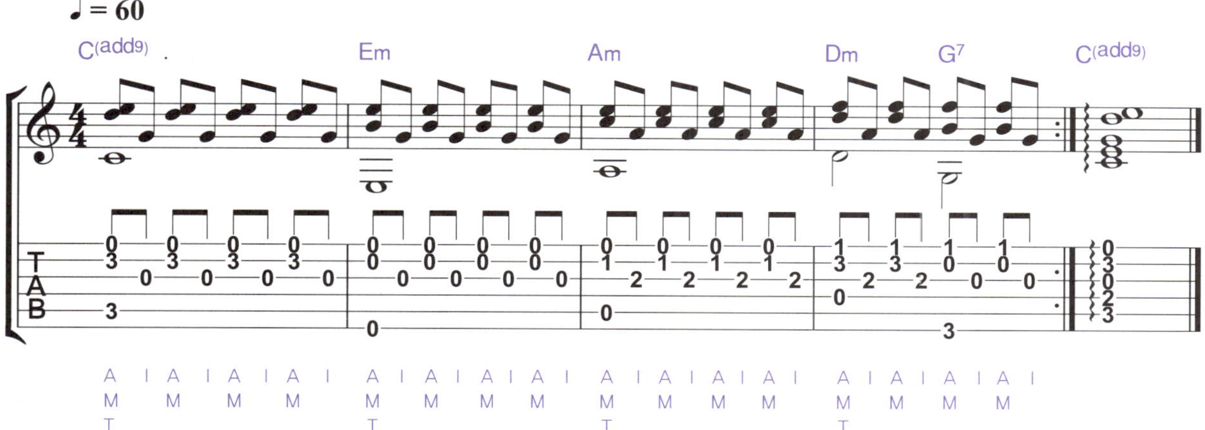
♩ = 60
C(add9)   Em   Am   Dm   G7   C(add9)

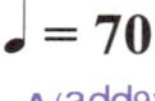

ex 2 팝이나 락에서 사용하는 add9코드 연습 Track 181

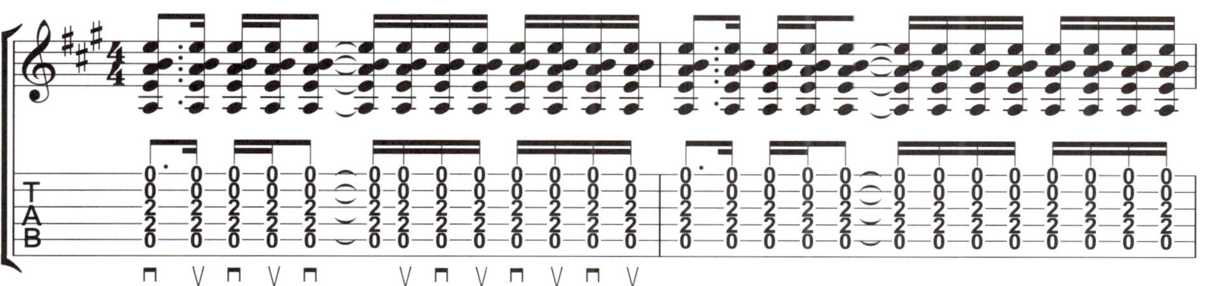
♩ = 70
A(add9)

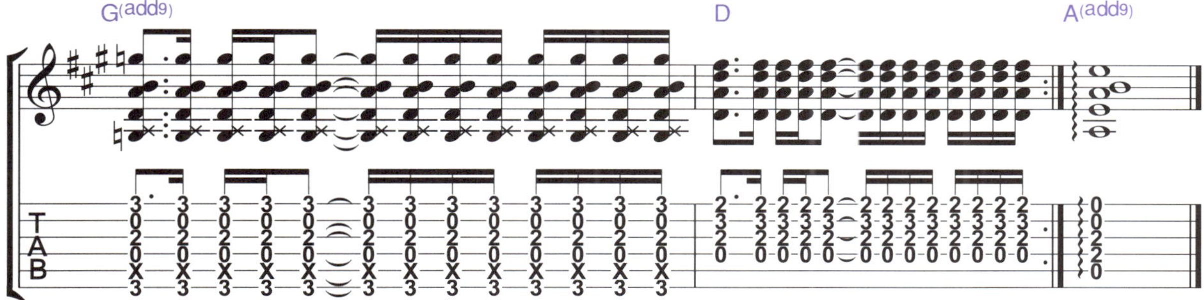
G(add9)   D   A(add9)

ex 3 가스펠에서 사용하는 add9코드 연습 Track 182

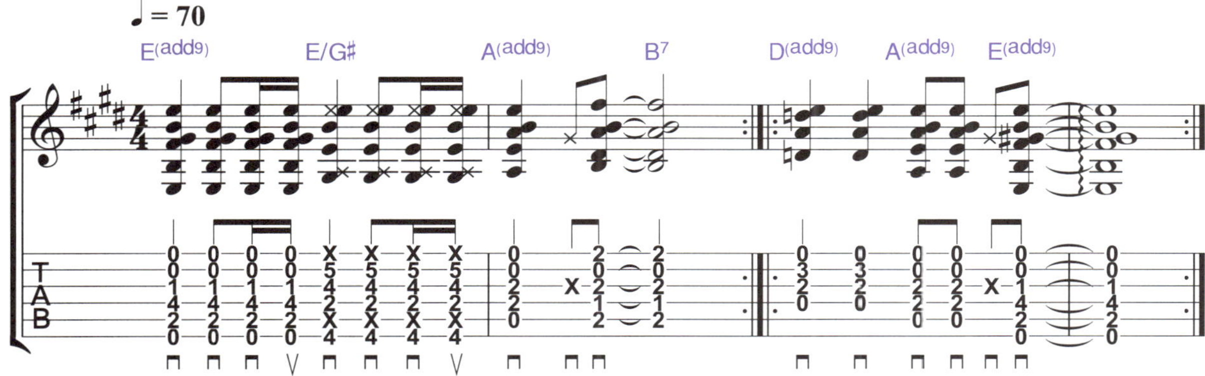
♩ = 70
E(add9)   E/G#   A(add9)   B7   D(add9)   A(add9)   E(add9)

◈ 잔잔한 긴장감을 주는 SUS4 코드

sus4는 "suspense"의 약식으로 3화음의 3도 대신 4도를 사용하여 잔잔한 긴장감을 주는 코드입니다.

● sus4 코드폼 `Track 183`

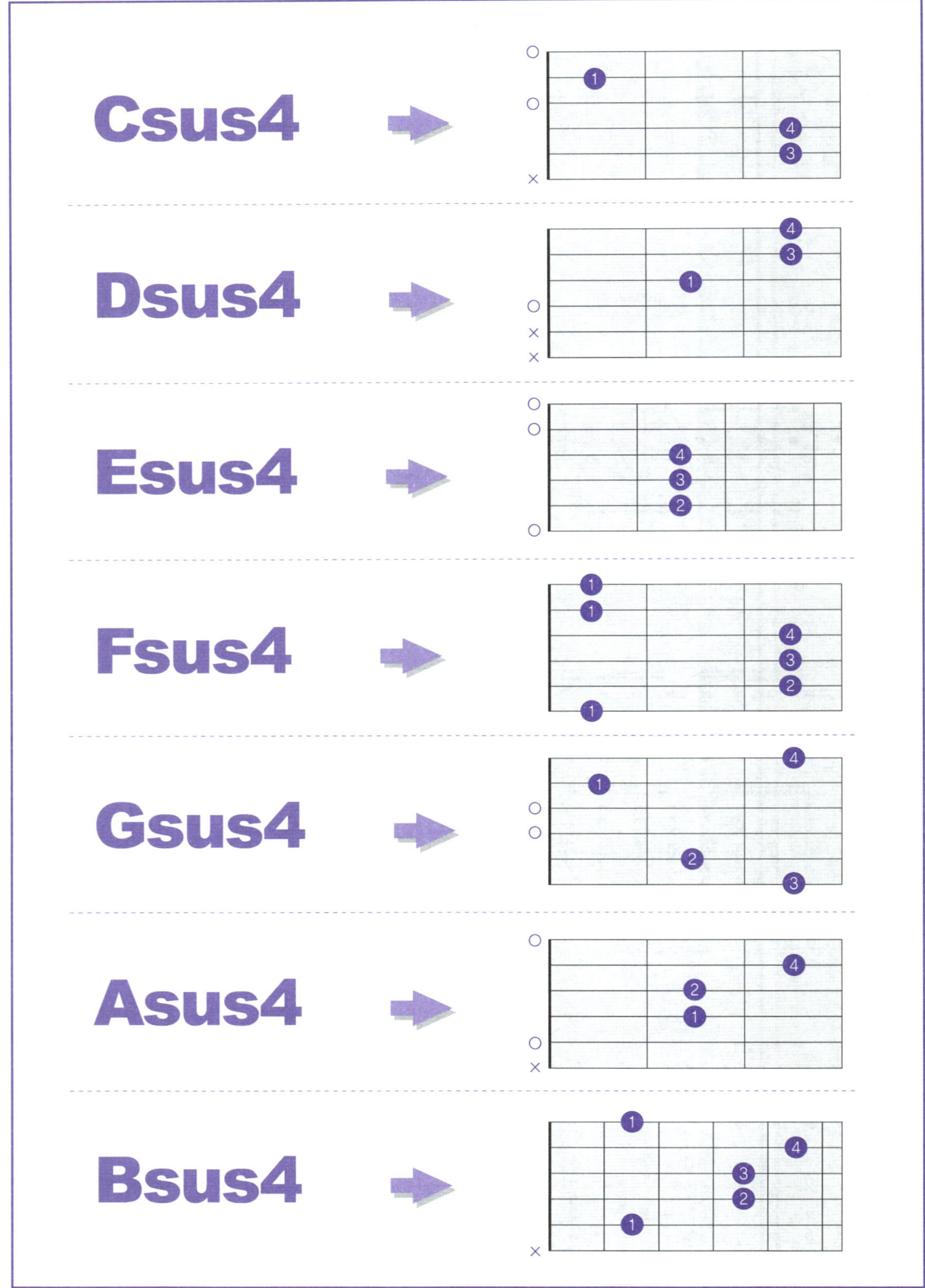

◇ sus4코드 연습

ex 1 인트로나 엔딩에 사용하는 sus4코드 연습 **Track 184**

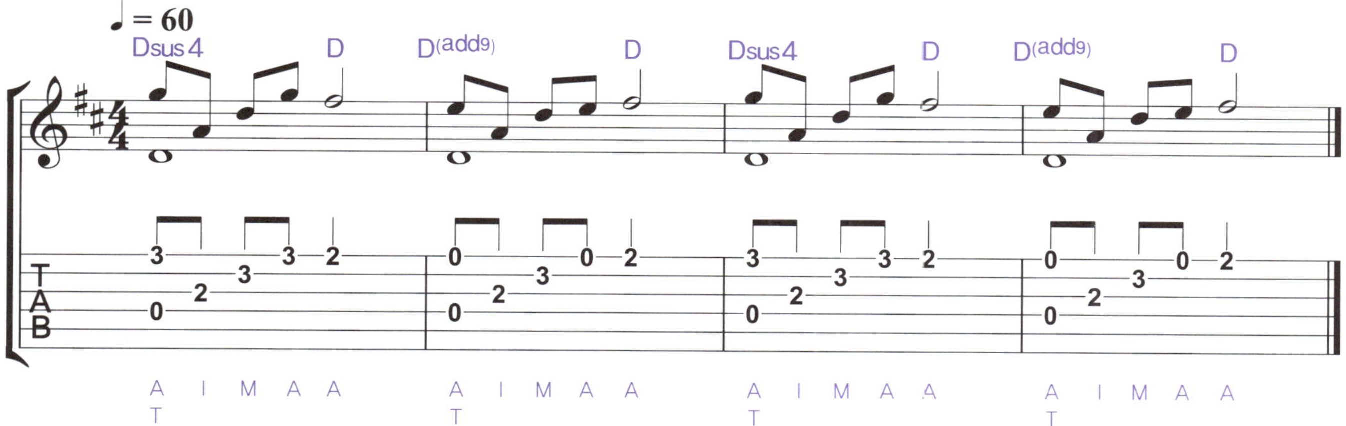

ex 2 발라드에서 사용하는 sus4코드 연습 **Track 185**

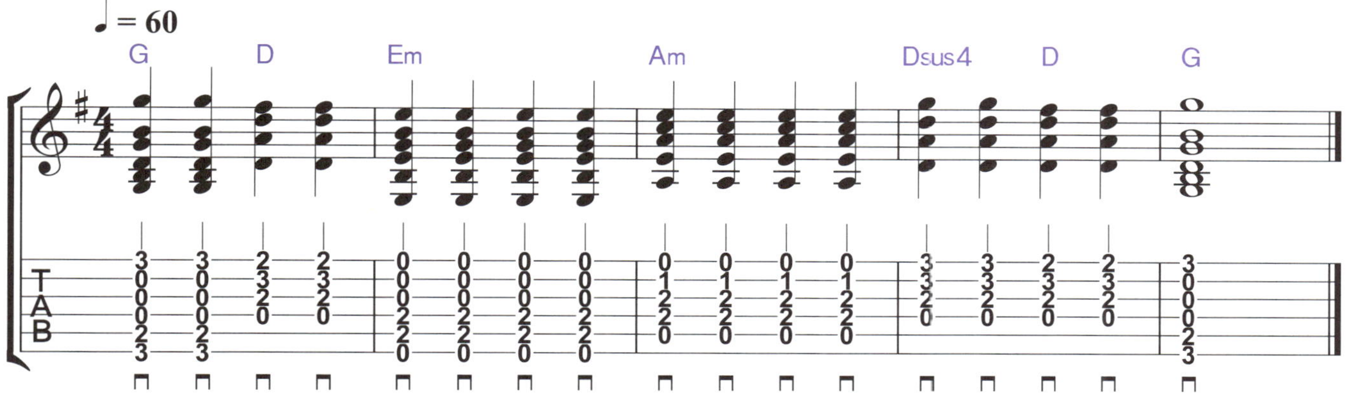

ex 3 락에서 엔딩에 사용하는 sus4코드 연습 **Track 186**

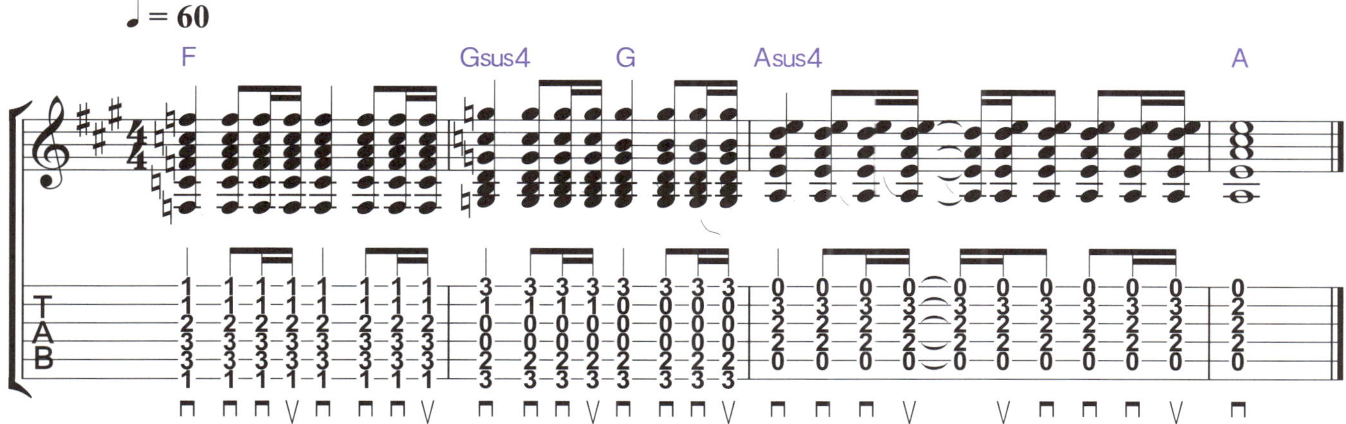

4화음에 3도 대신 4도를 사용한 코드로써 sus4코드보다 더 많은 긴장감을 줍니다.

● 7sus4 코드폼 **Track 187**

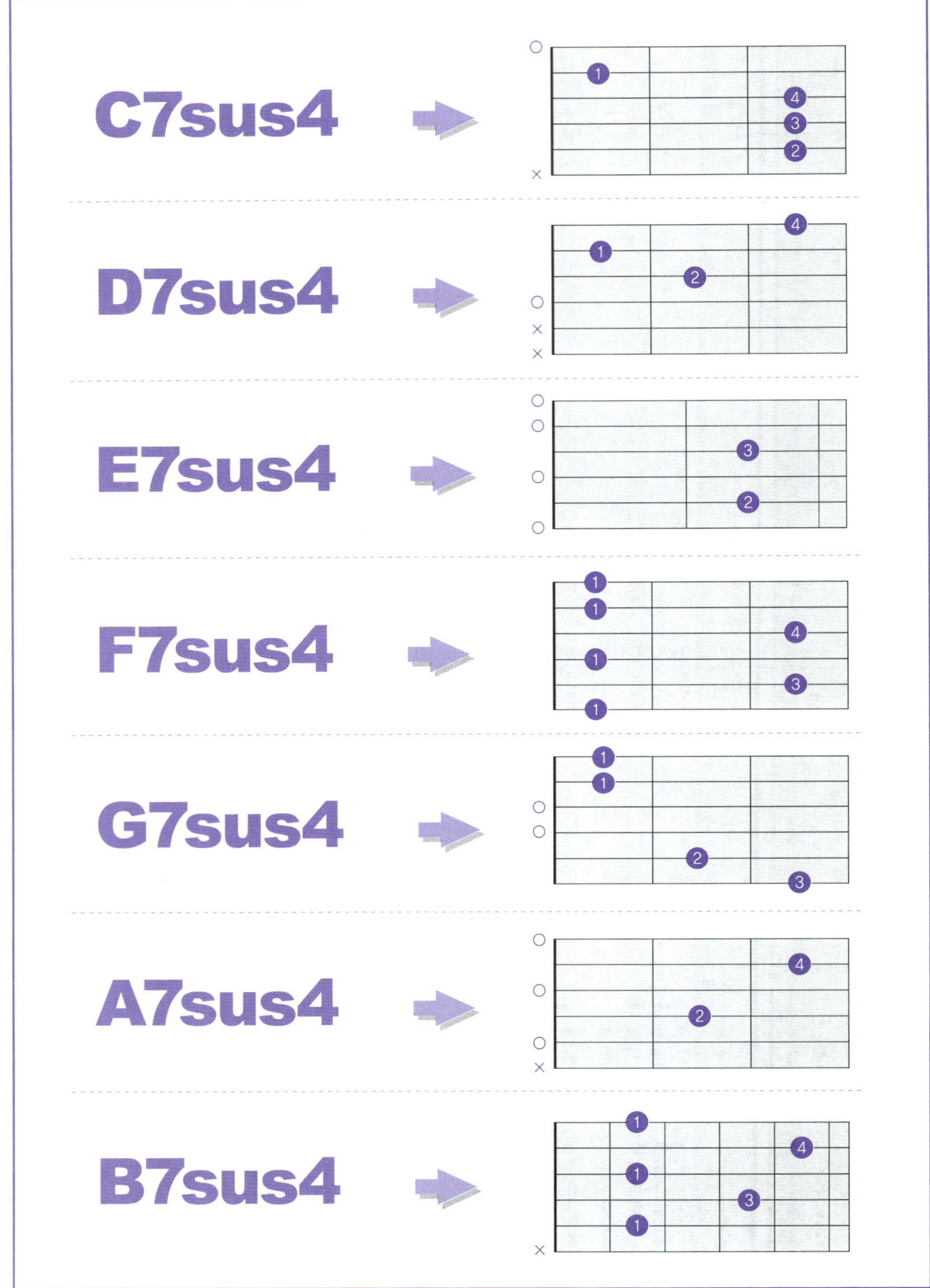

◈ 7sus4코드 연습

발라드에서 사용하는 7sus4코드 연습 **Track 188**

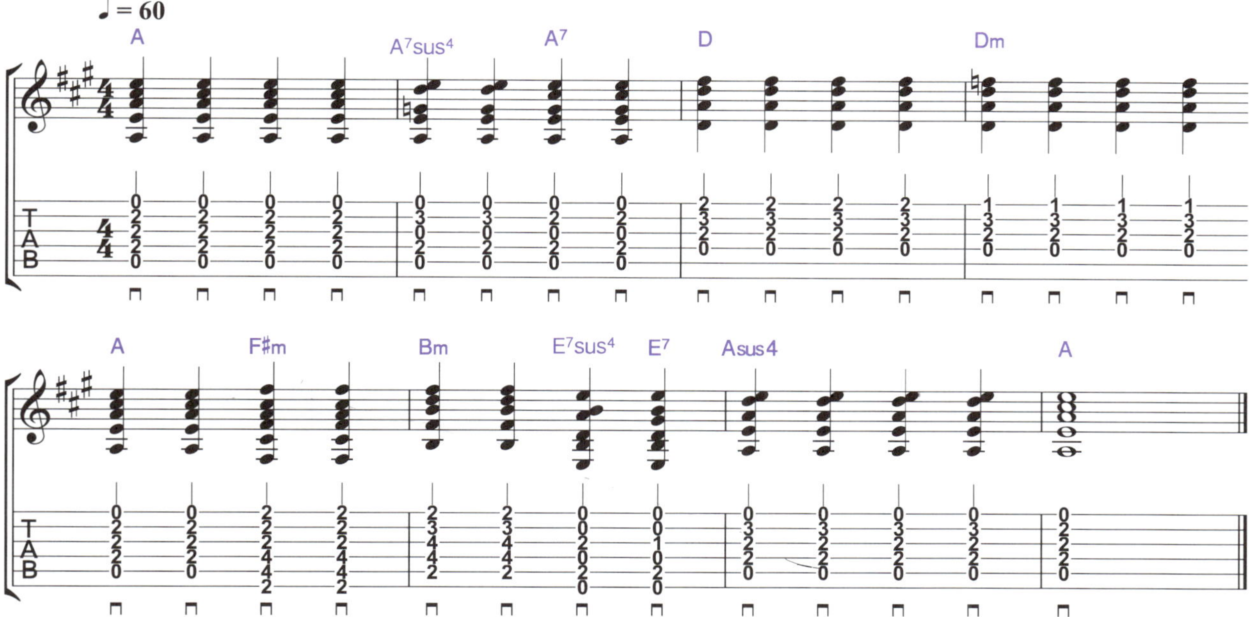

하이코드에서 사용하는 7sus4코드 연습 **Track 189**

◈ 7th코드(4화음) 오픈코드

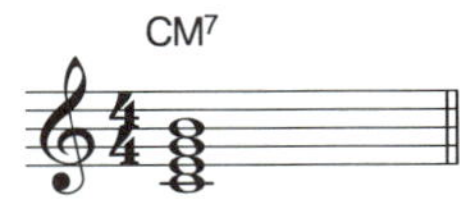

4개의 화성으로 이루어진 코드를 7th코드라고 합니다.

● 오픈 7th코드 코드폼 `Track 190`

CM7 ➡

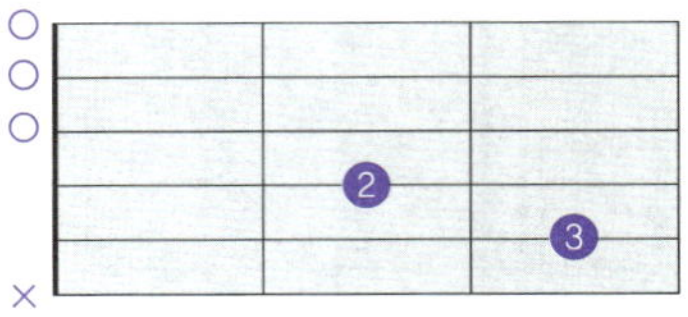

DM7 ➡

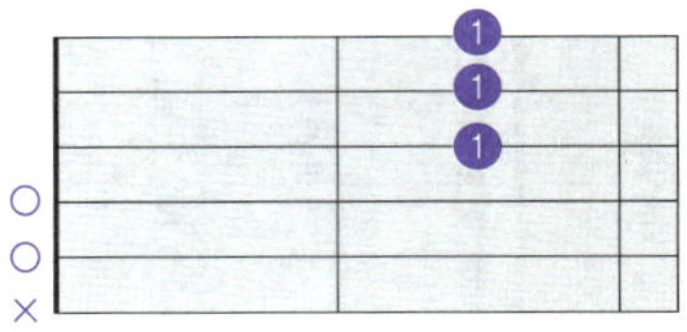

Dm7 ➡

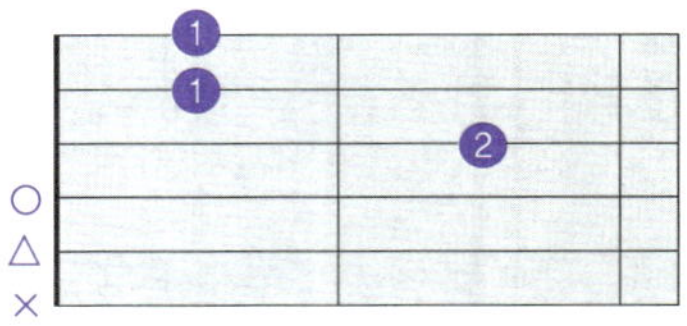

EM7 ➡

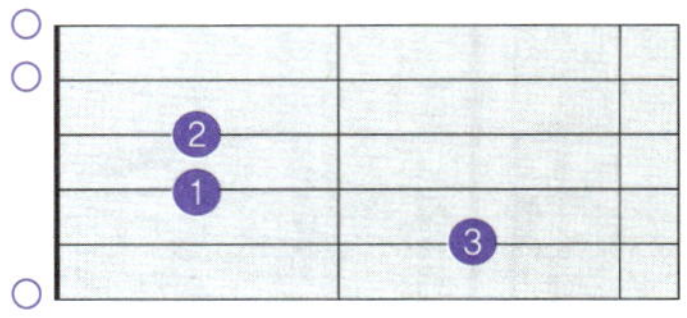

Em7 ➡

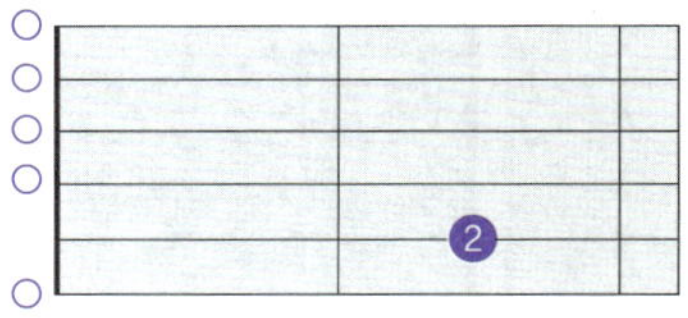

GM7 ➡

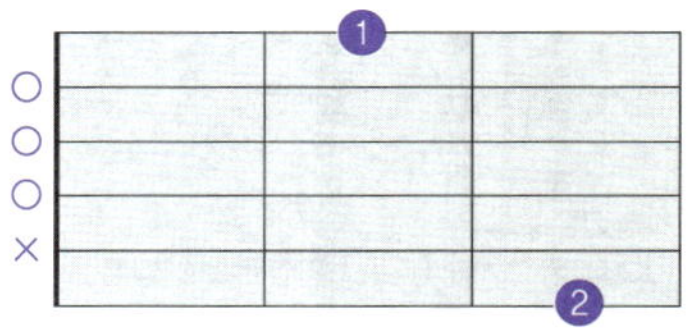

AM7 ➡

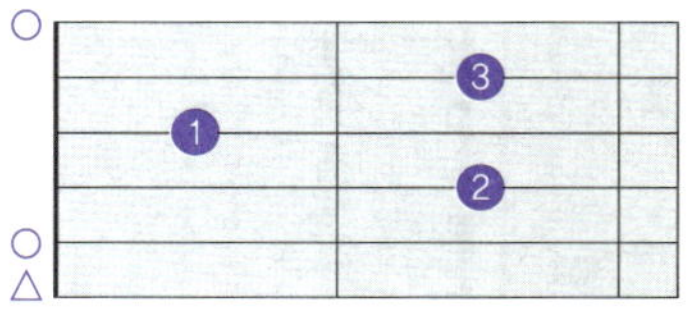

Am7 ➡

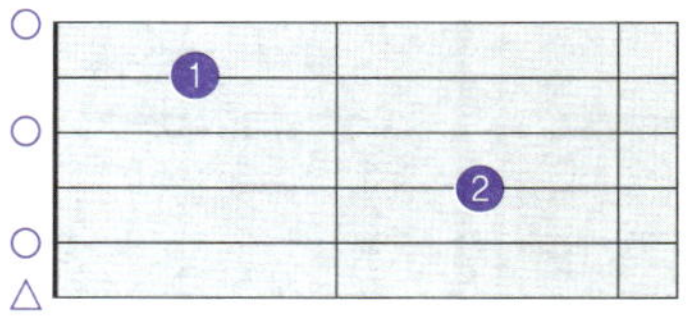

ex 1
오픈 7th코드 연습 Track 191

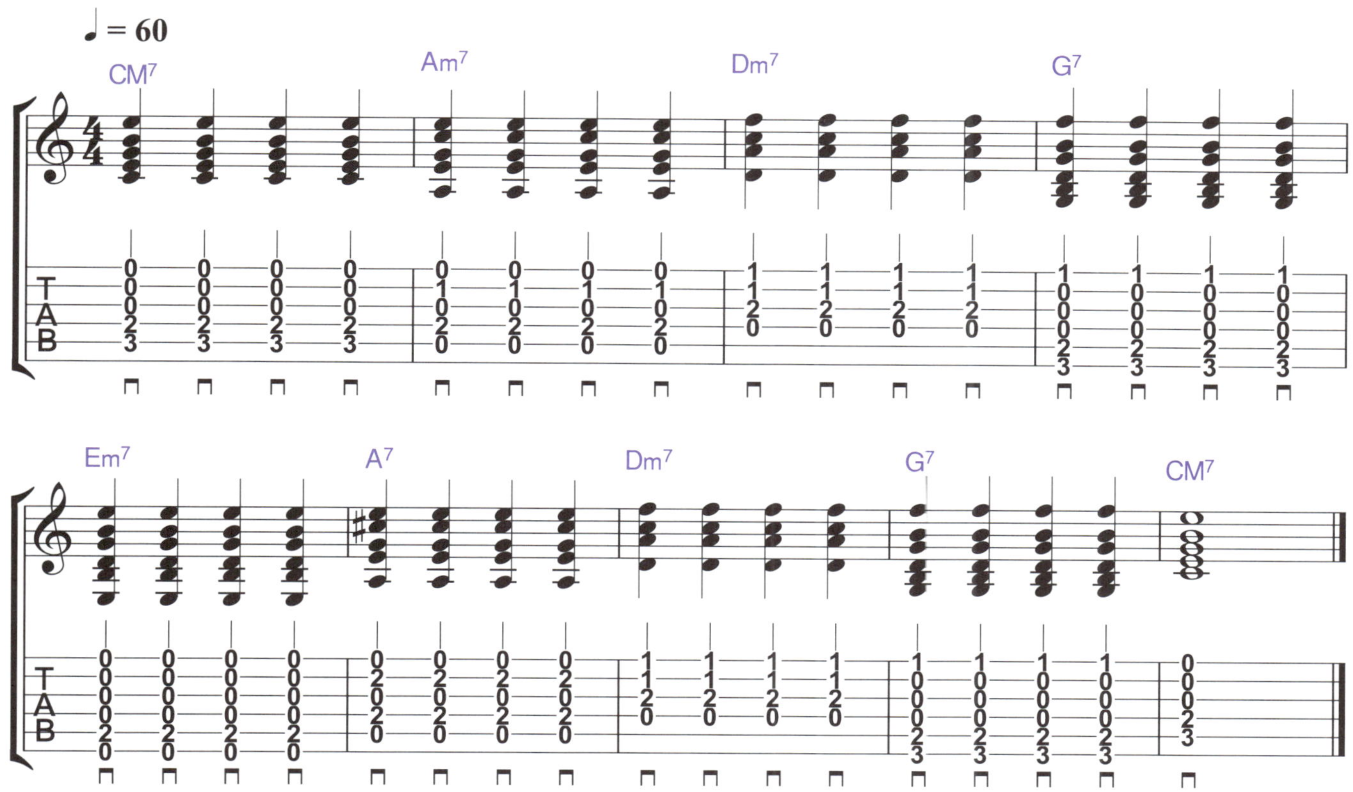

♩ = 60
CM7   Am7   Dm7   G7
Em7   A7   Dm7   G7   CM7

ex 2
오픈 7th코드 연습 Track 192

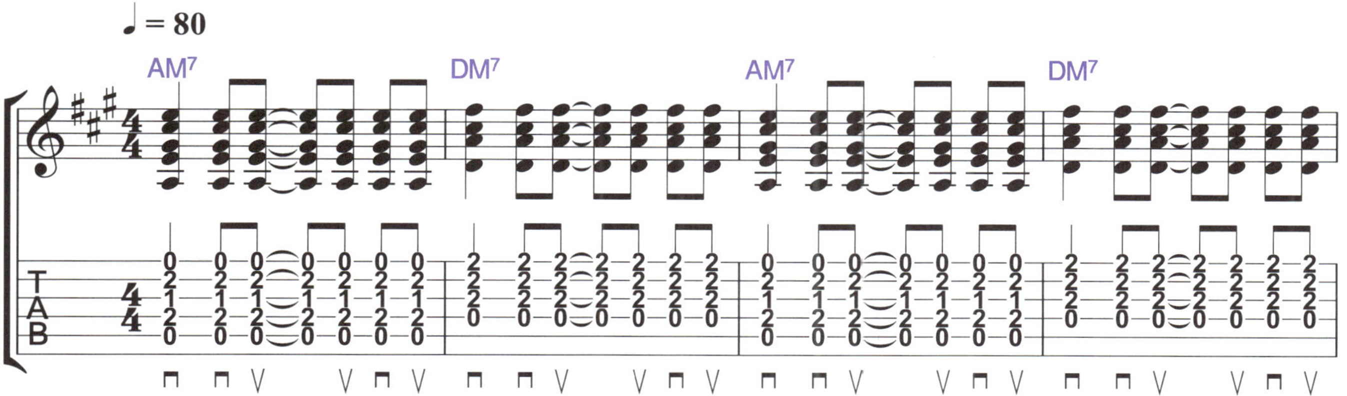

♩ = 80
AM7   DM7   AM7   DM7

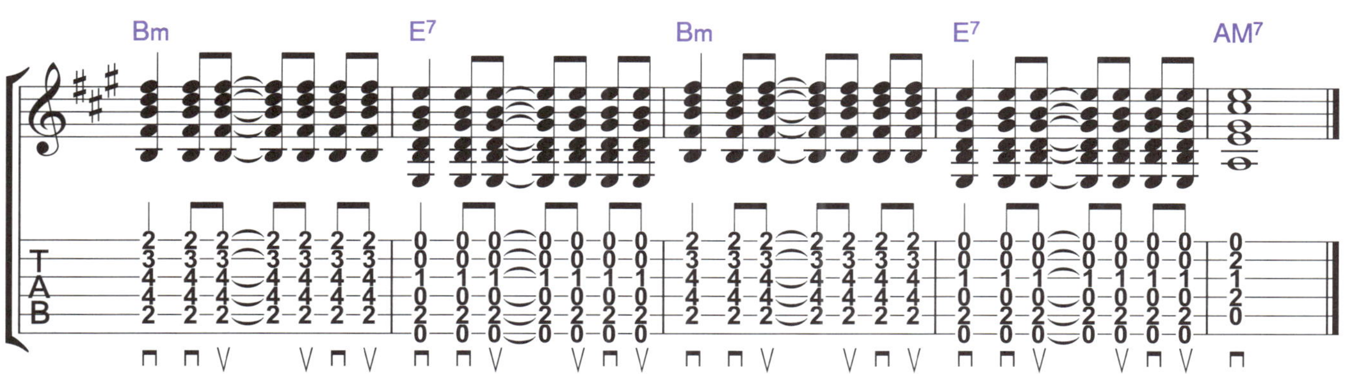

Bm   E7   Bm   E7   AM7

◈ 7th코드(4화음) 하이코드

앞에 배웠던 하이코드와 같은 형식으로 코드폼만 다릅니다.

● E형 코드폼

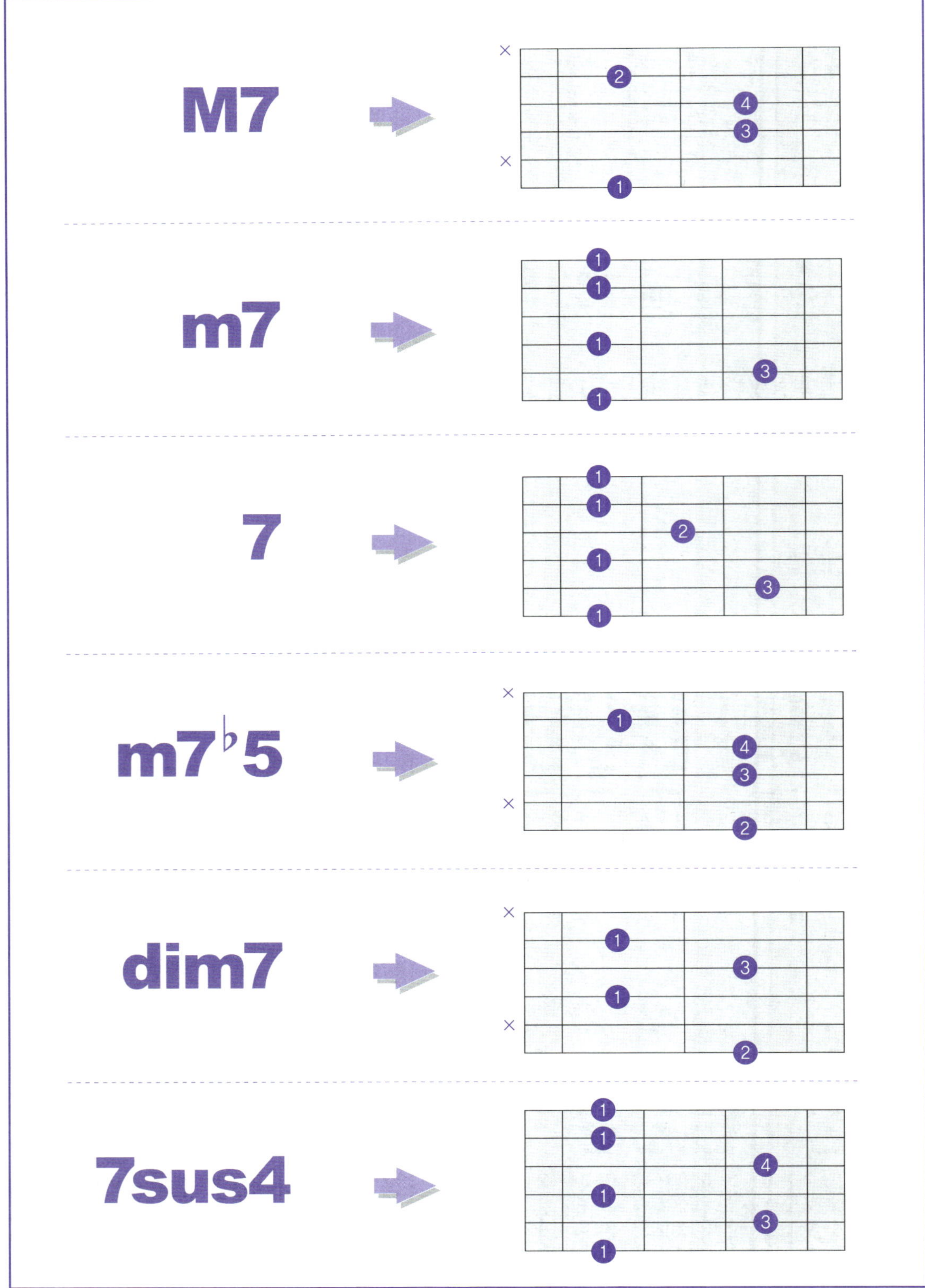

하이코드와 같은 방식으로, 근음에 위치를 외우고 각각 코드폼을 적용시킵니다.

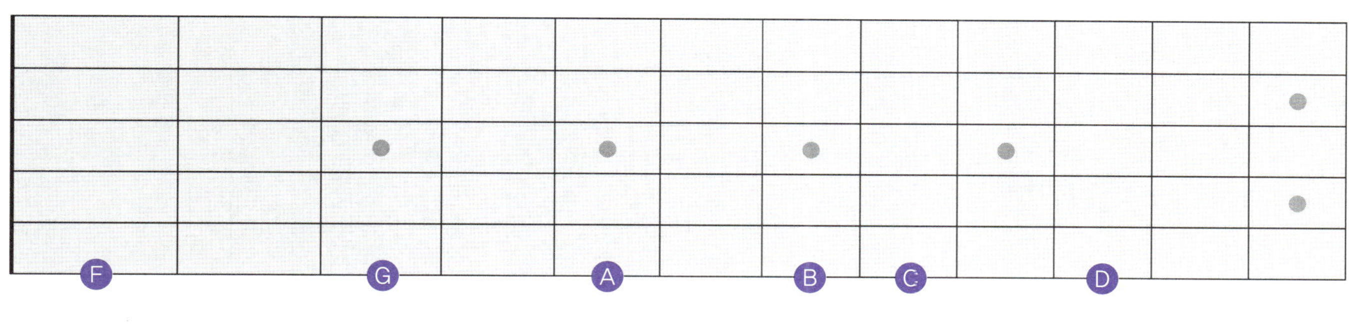

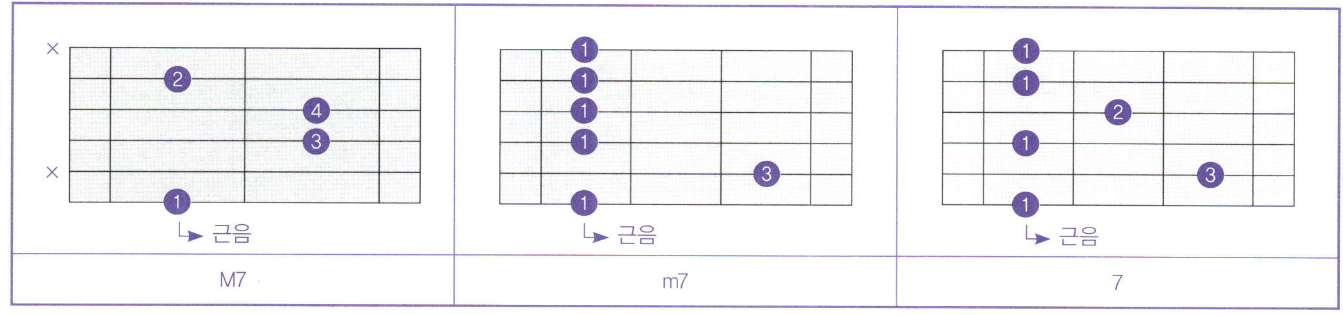

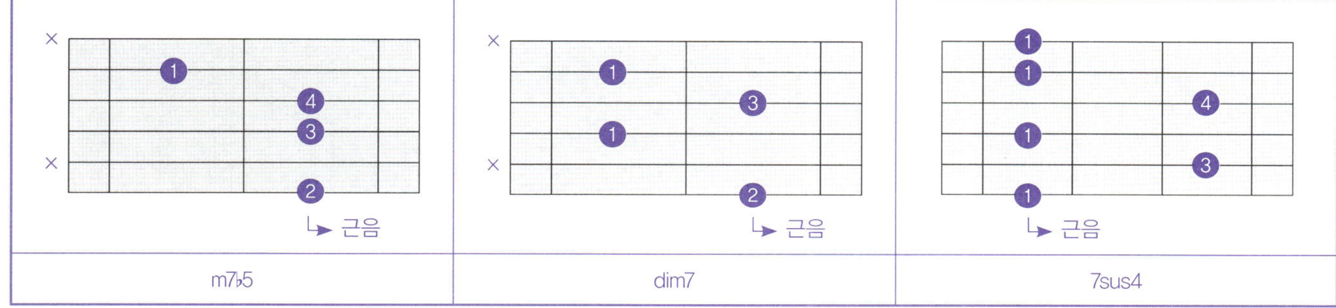

ex 1 **Track 193**

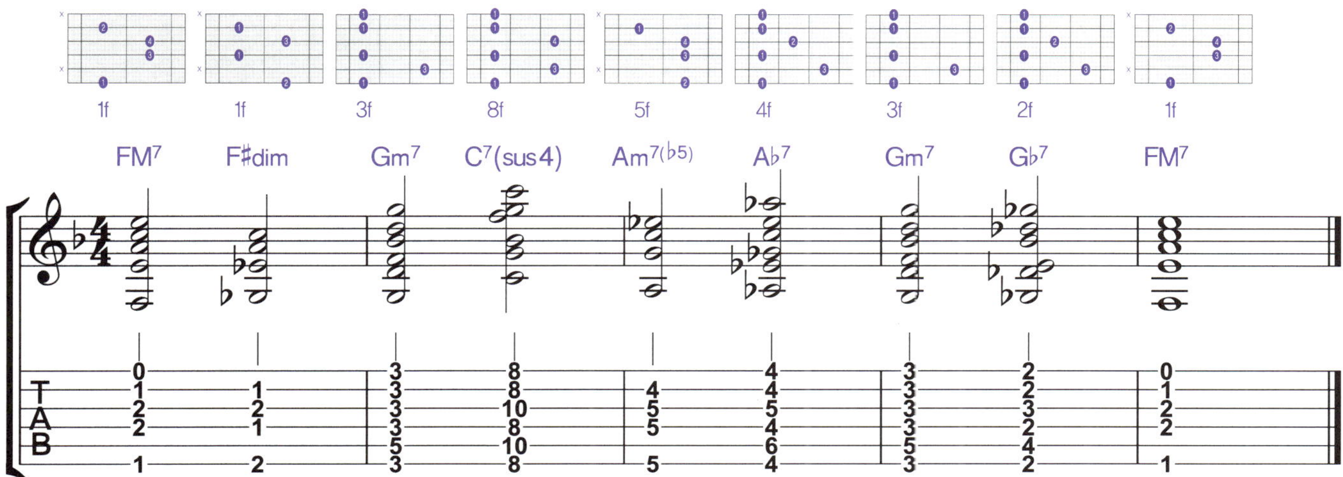

● A형 코드폼

6번줄에 왼손 집게손가락 끝을 닿게 하여 소리가 나지 않도록 뮤트해줍니다.

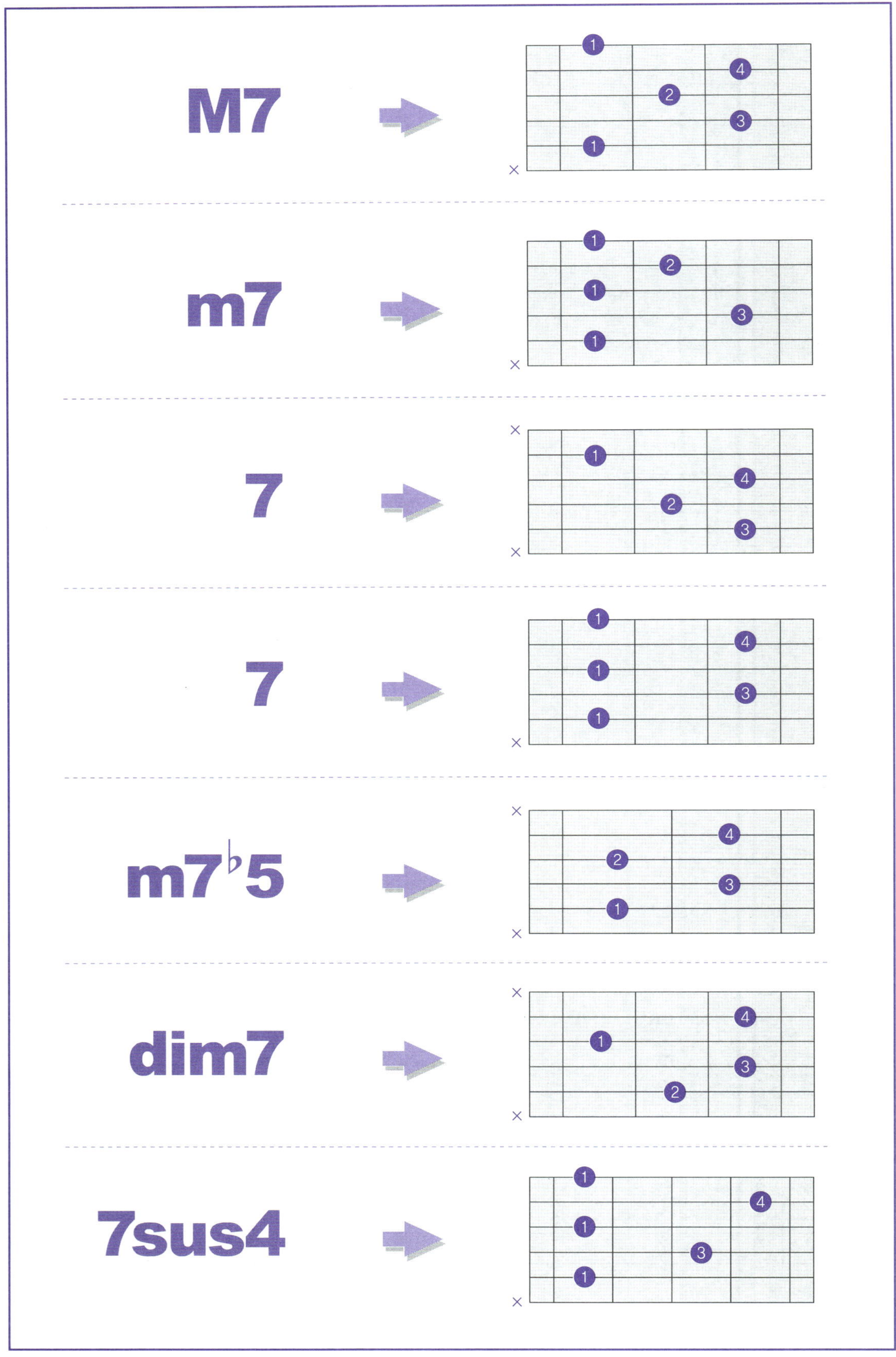

하이코드와 같은 방식으로써 근음의 위치를 외우고 각각 코드폼을 적용시킵니다.

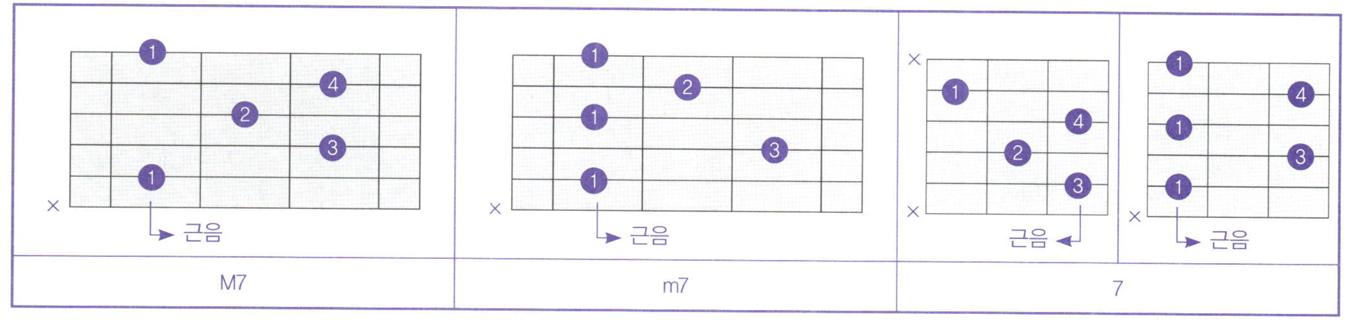

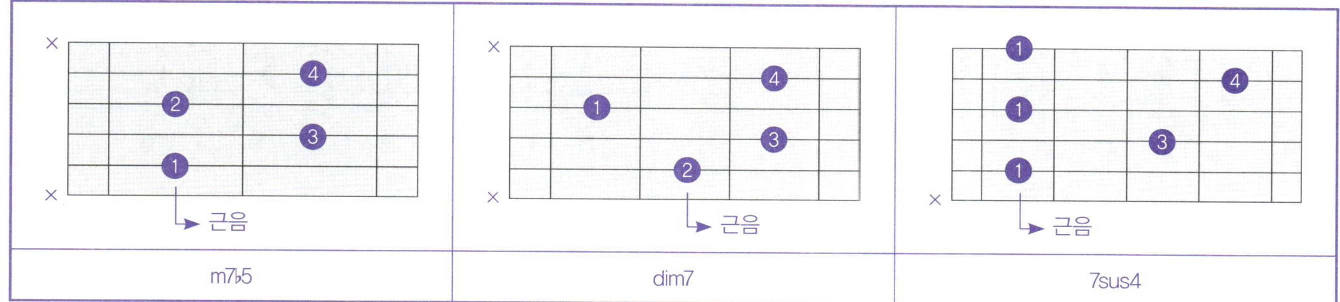

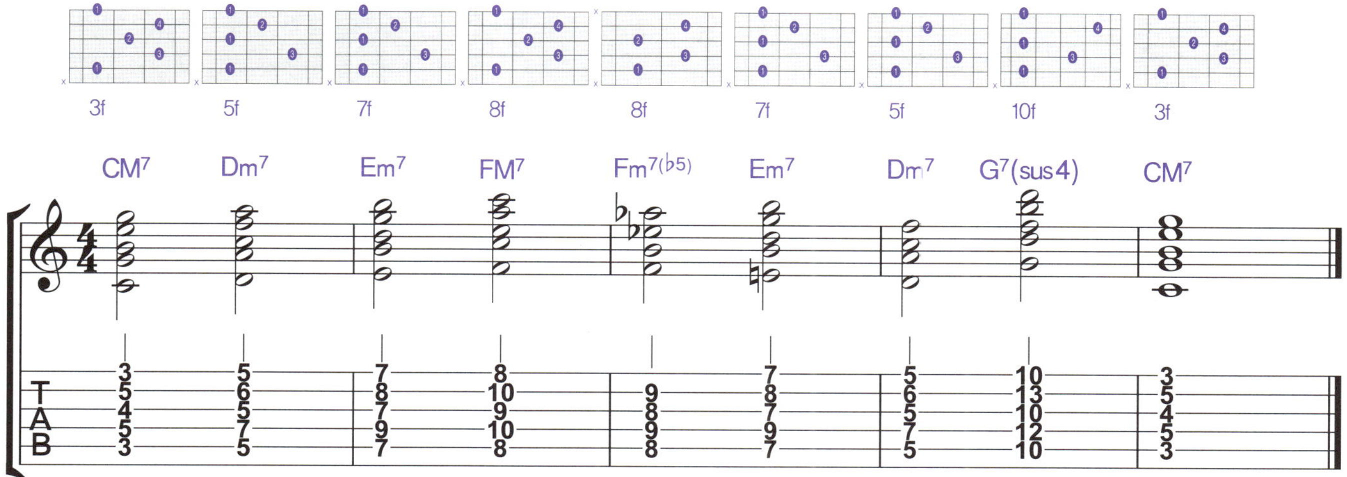

◈ 7th코드 "1-6-2-5" 코드 체인지 연습

IM7 − VIm7 - IIm7 − V7 진행에 7th코드를 적용해서 연주하는 연습 방법입니다.

ex 1 코드 진행이 바뀔 때는 현재 연주하는 코드에서 근음의 위치에 가깝게 이동하여 코드를 바꿔서 연주 **Track 195**

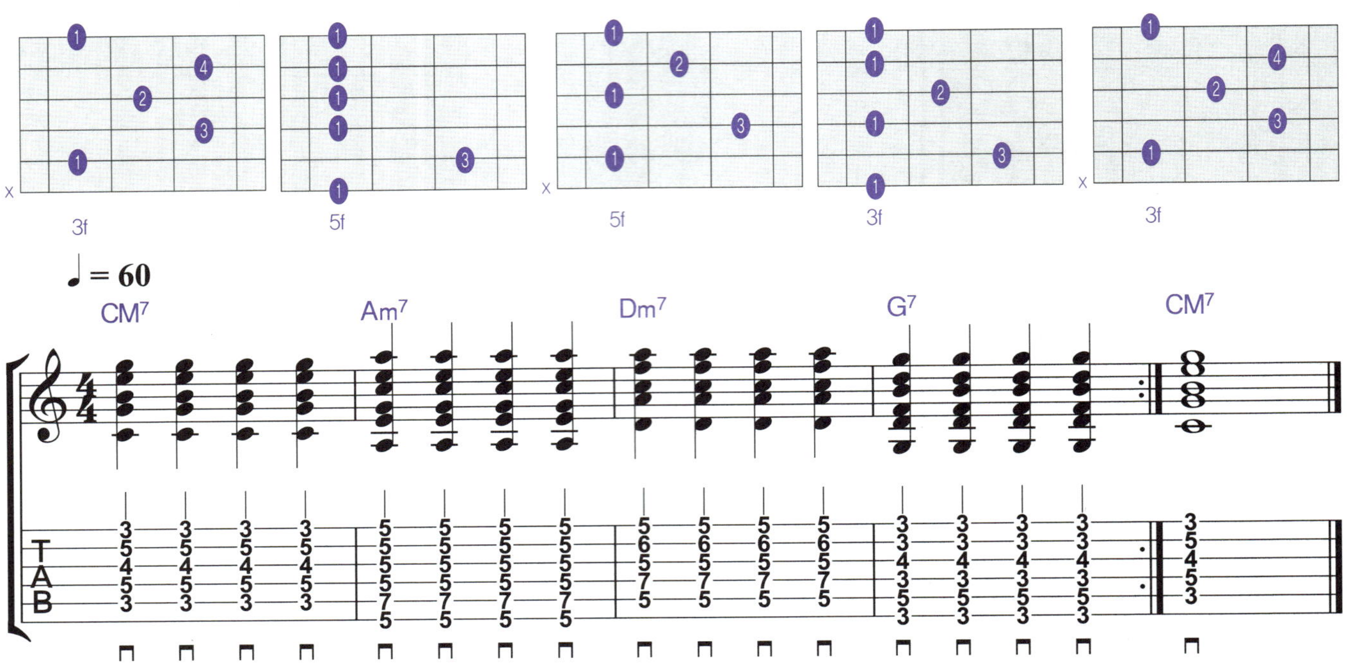

ex 2 근음이 하행하는 1 − 6 − 2 − 5 코드진행 연습 **Track 196**

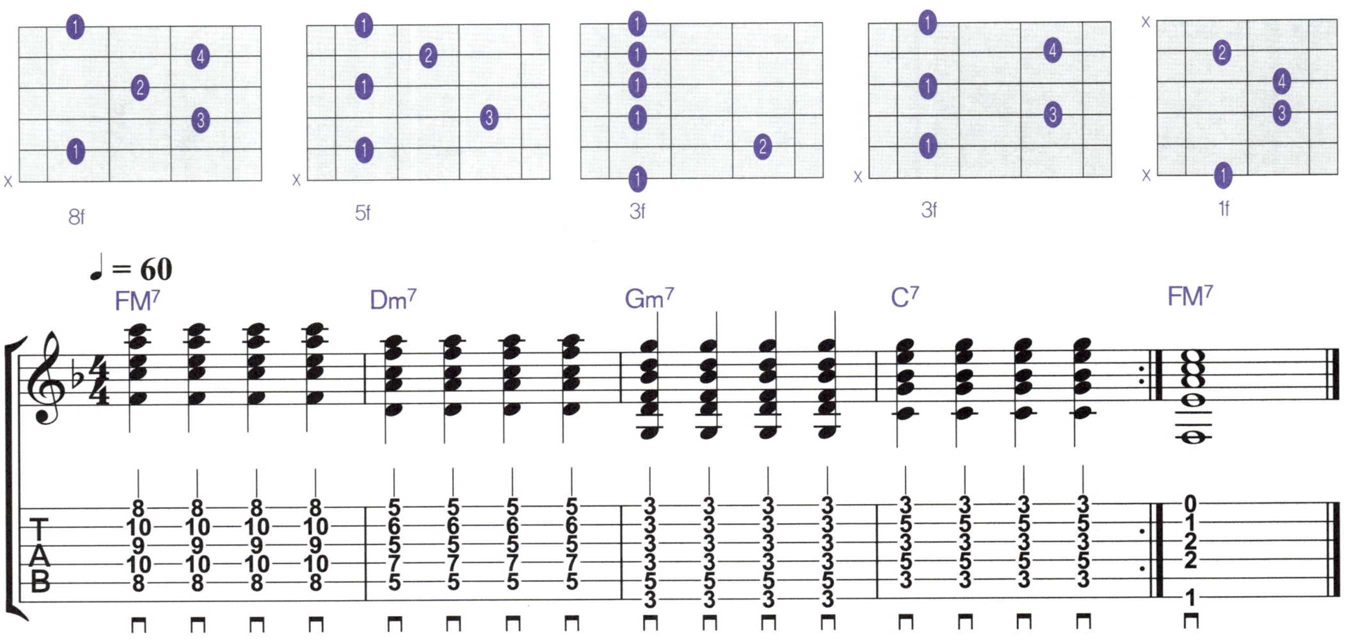

이 코드 진행들을 꾸준하게 연습하면 어떤 악보를 봐도 코드를 능숙하게 연주할 수 있을 것입니다.
앞에서 연습한 리듬으로 연주하세요.

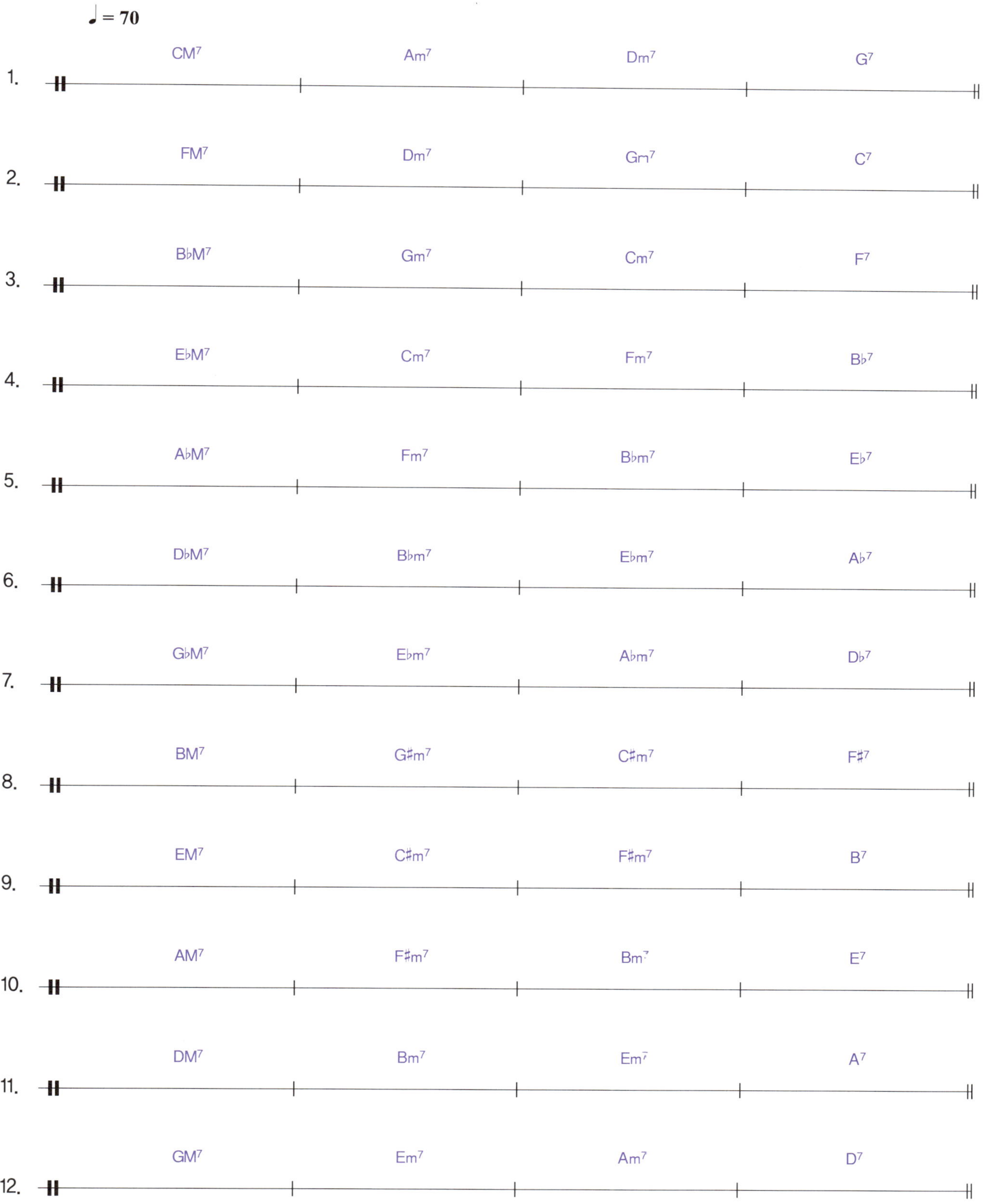

IM7 － VIm7 - IIm7 － V7 진행에 7th코드를 적용해서 연주하는 연습 방법입니다.

ex 1 A형 코드폼에서 시작해서 마치는 코드 종합 진행 연습 **Track 198**

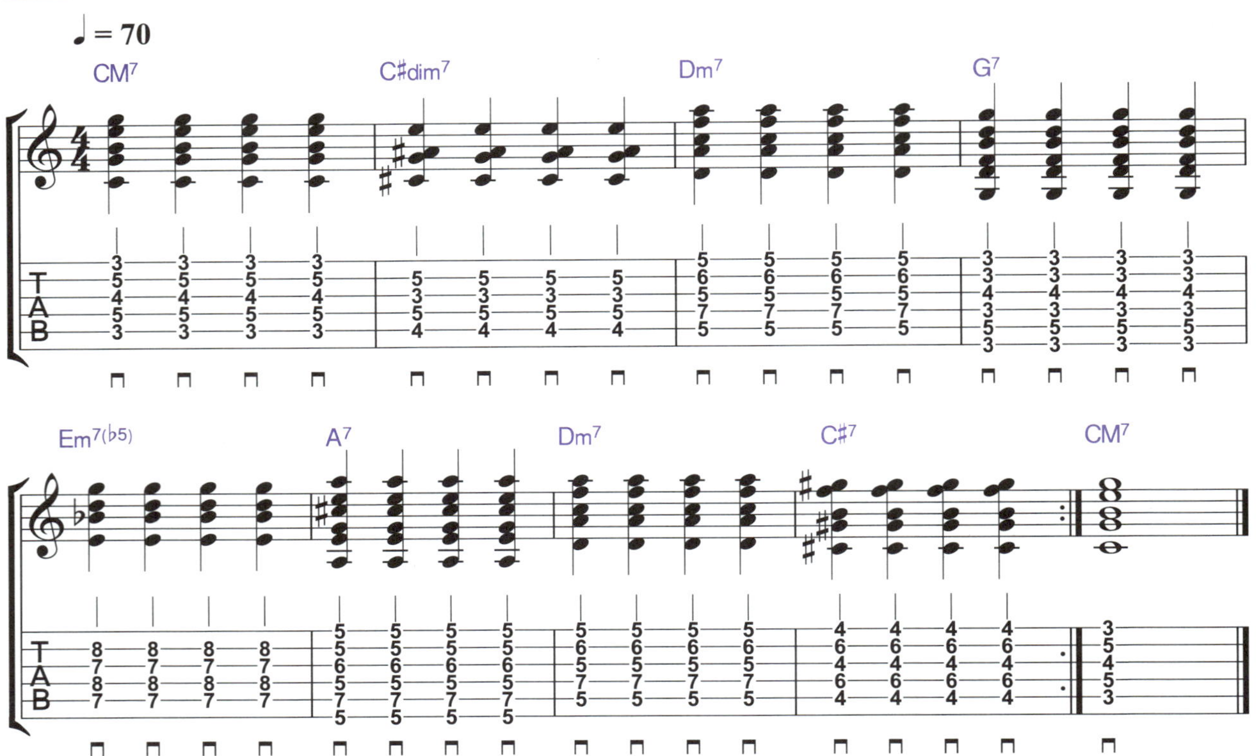

ex 2 E형 코드폼에서 시작해서 마치는 코드 종합 진행 연습 **Track 199**

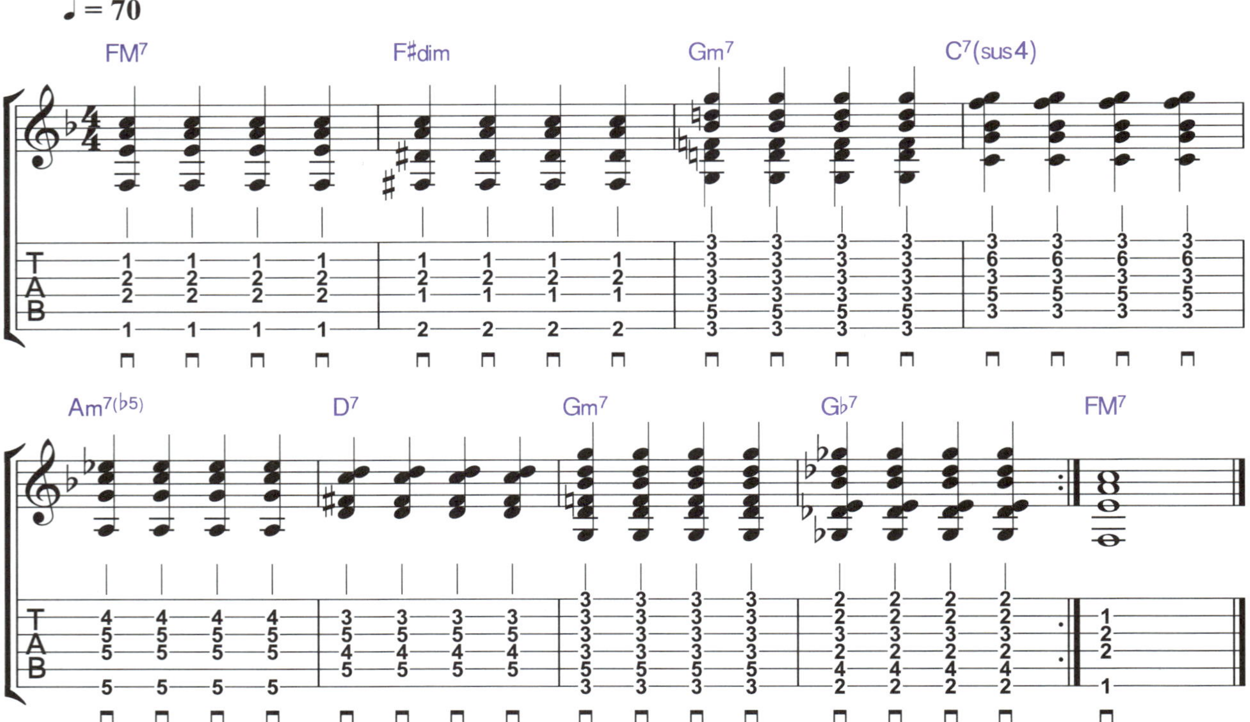

◇ 7th코드 종합 코드 진행표 Track 200

이 부분의 코드 연주가 능숙해지면 모든 장르의 코드를 능숙하게 연주할 수 있을 것입니다.
앞에서 연습한 리듬으로 연주하세요.

7th코드를 적용한 16비트 스트로크 반주

들었다 놨다

이원석, 김장원, 김선일, 정유종 작사. 작곡 / 데이브레이크 노래

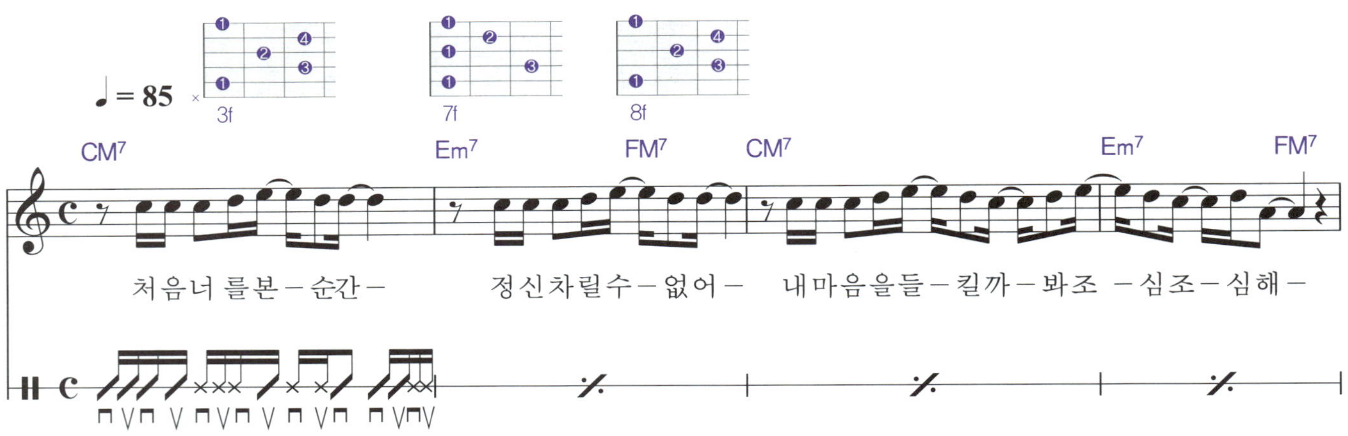

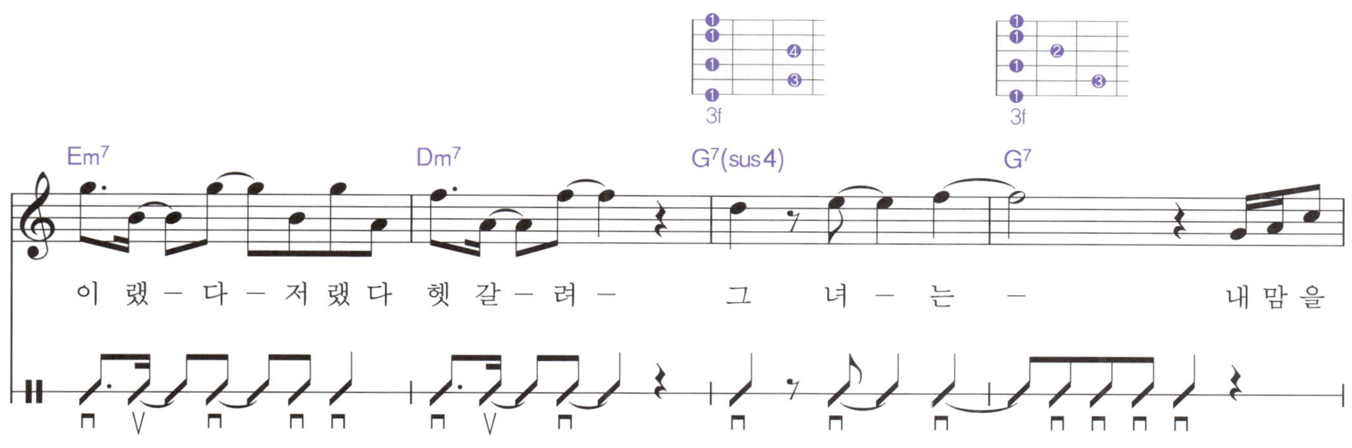

Em7
Dm7
G7(sus4)
G7
3f
3f
이 랬 – 다 – 저 랬 다 헷 갈 – 려 –   그   녀 – 는 –   내 맘 을

FM7
Em7
Am7
1. Dm7
G7
들 었 다 났 – 다 들 었 – 다 났 – 다   들 었 다 났 – 다 hey 내 맘 을 들 었 다 났 – 다 들 었 다 났 – 다
1.

CM7
2. Dm7
G7
CM7
들 었 다 났 – 다 hey   내 맘 을   들 었 다 났 – 다 들 었 다 났 – 다 hey –
2.

7th코드를 적용한 아르페지오 반주

그대와 나, 설레임

윈드밀 작사. 작곡 / 어쿠스틱 콜라보 노래

Bm7
E7
AM7
데 용기가-안 나 사랑 해 말하고싶-은 데
F#m7
Bm7
E7
AM7
- 이렇게 속만태우-다 가 그대 가 떠나가버-릴까
F#7
Bm7
E7
AM7
- 늘 바보같-이격-정만-하는- 우리-

Lesson 11

음이 높은 곡 앞에 좌절하지 말아라.
카포만 있으면 해결된다.

카포 사용법을 마스터하면
조옮김 고수가 될 수 있다.

카포는 자신이 기타 반주에 맞춰 노래를 부를 때
어떤 노래는 음역대가 너무 높아 부를 수가 없거나
어떤 노래는 음역대가 너무 낮아 부를 수 없을 경우
자신에게 맞는 음역대를 찾아서 맞춰주는 도구입니다.

◇ 쉬운 카포 사용법

★ 전조란? 음악의 중간에 조성(Key)이 바뀌는 것을 말합니다.
★ 이조란? 곡 전체를 원하는 조로 바꾸는 조옮김을 말합니다.

카포는 기타 연주에 있어서 전조나 이조를 쉽게 할 수 있도록 돕는 도구입니다. 특히 오픈코드를 전조하여 연주할 때 효과적입니다.

◆ A코드폼 – 카포 사용하여 이조하기

첫 코드가 A코드라서 **A코드폼**입니다.

 A key **Track 205**

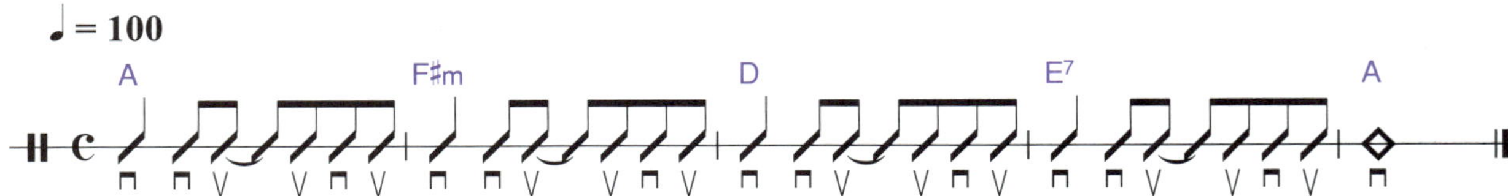

 C key 이조 **Track 206**

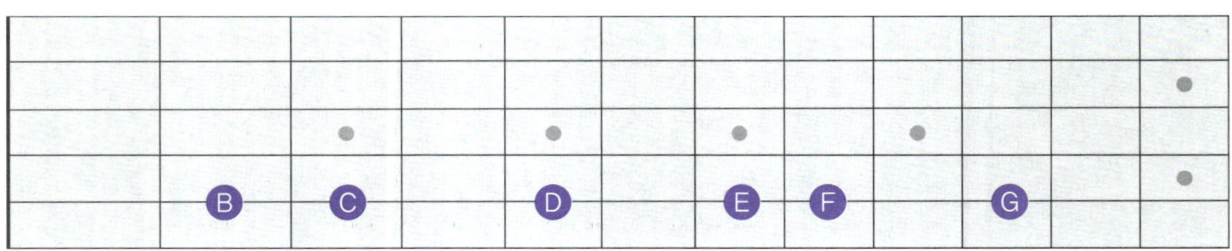

A코드폼은 카포를 설치한 곳이 근음

이 부분에 카포를 장착하고 **ex1) 코드진행으로 연주**하면 C key가 됩니다.

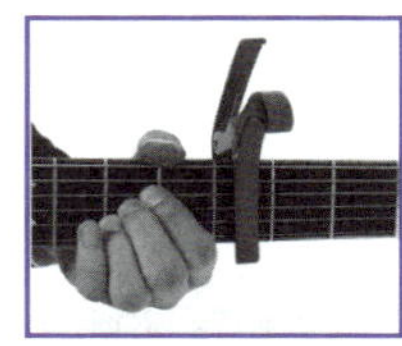 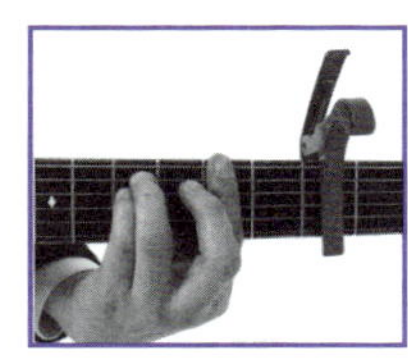 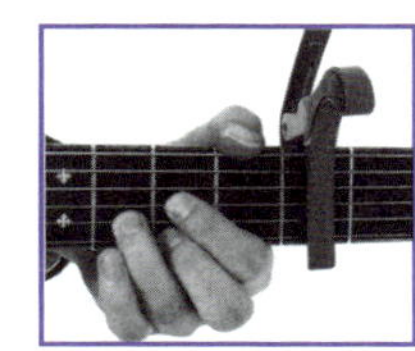  

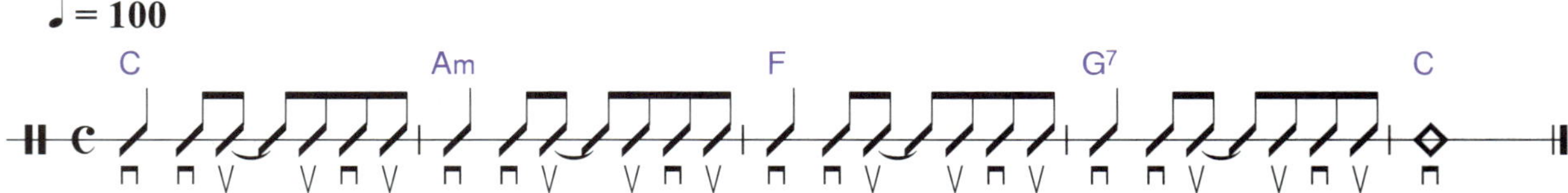

◆ C코드폼 – 카포 사용하여 이조하기

첫 코드가 C코드라서 **C코드폼**입니다.

ex 3 C key **Track 207**

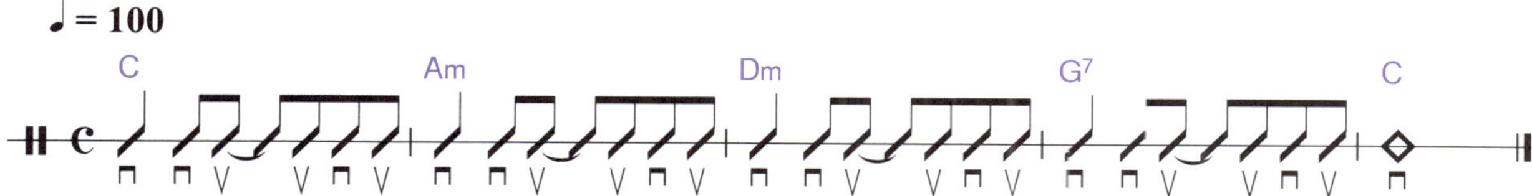

ex 4 D key 이조 **Track 208**

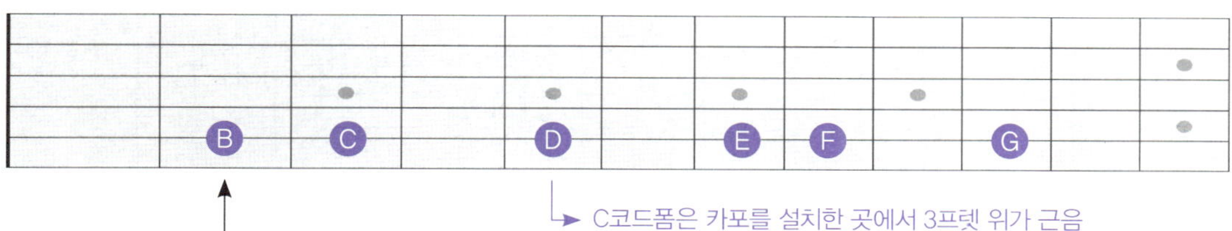

C코드폼은 카포를 설치한 곳에서 3프렛 위가 근음

이 부분에 카포를 장착하고 **ex3) 코드진행으로 연주**하면 D key가 됩니다.

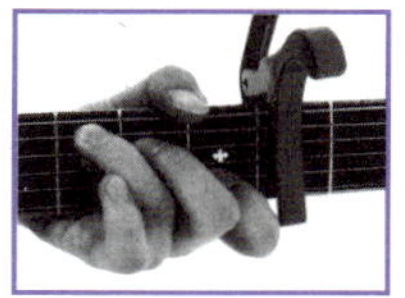
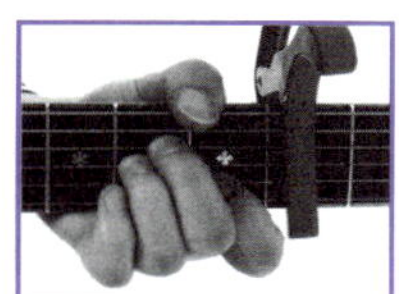
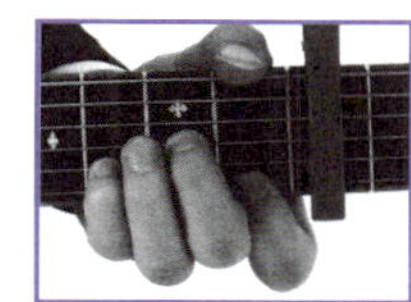

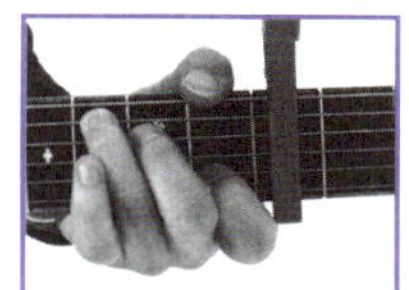

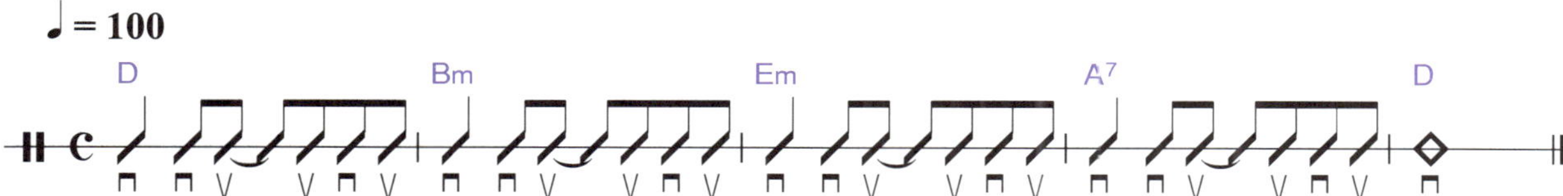

ex 5 F key 이조 **Track 209**

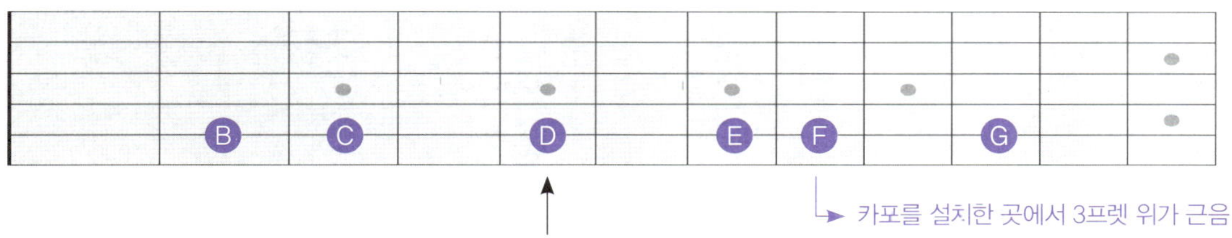

카포를 설치한 곳에서 3프렛 위가 근음

이 부분에 카포를 장착하고 **ex3) 코드진행으로 연주**하면 F key가 됩니다.

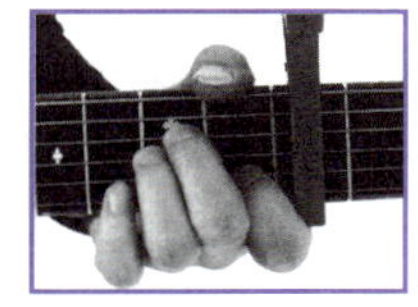
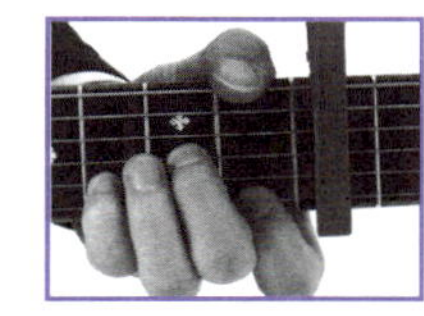
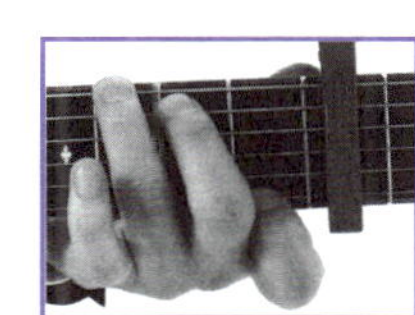
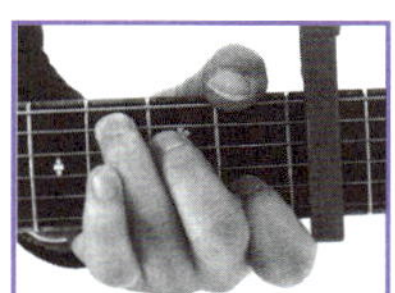

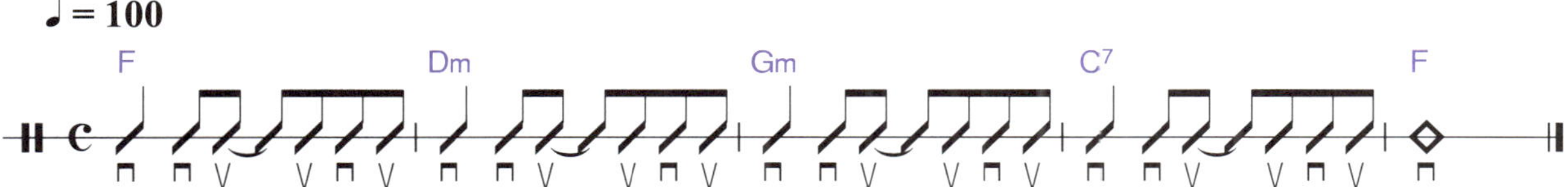

◆ E코드폼 – 카포 사용하여 이조하기

첫 코드가 E코드라서 **E코드폼**입니다.

ex 6 E key **Track 210**

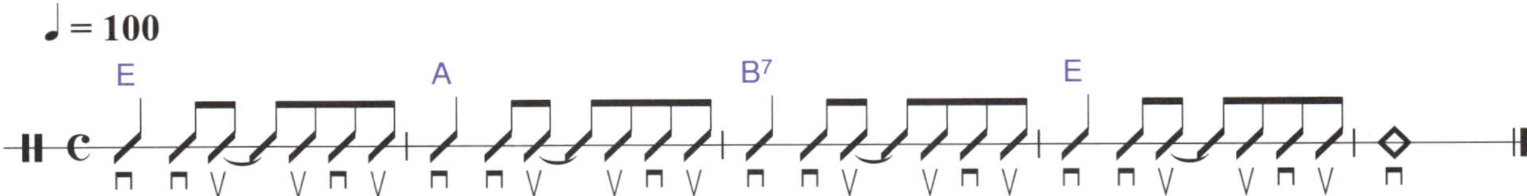

ex 7 A key 이조 **Track 211**

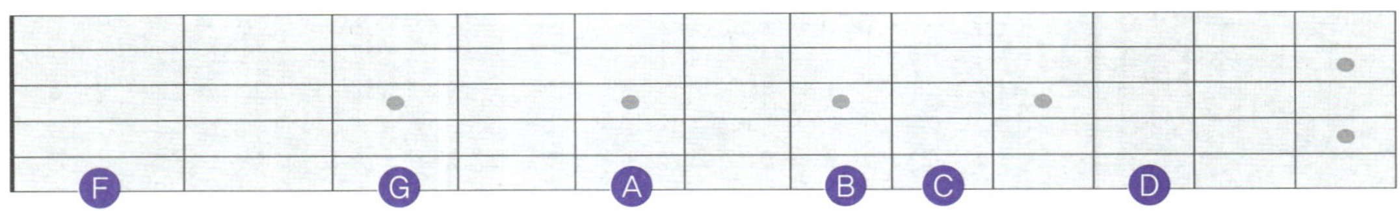

↑ E코드폼은 카포를 설치한 곳이 근음

이 부분에 카포를 장착하고 **ex6) 코드진행으로 연주**하면 A key가 됩니다.

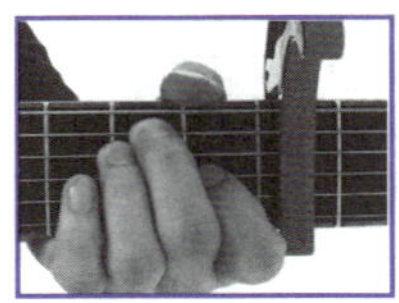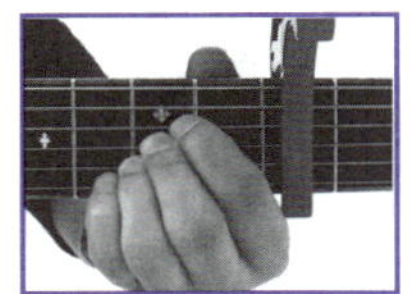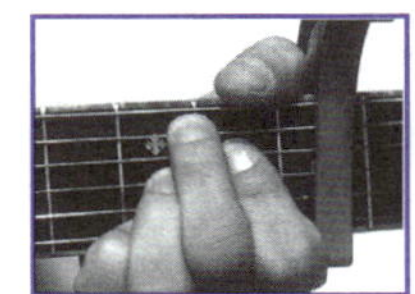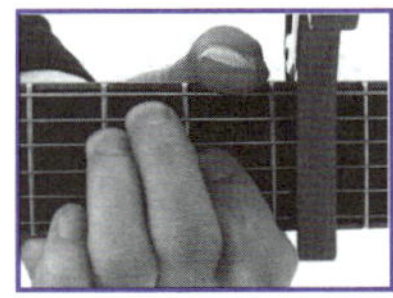

ex 8 C key 이조 **Track 212**

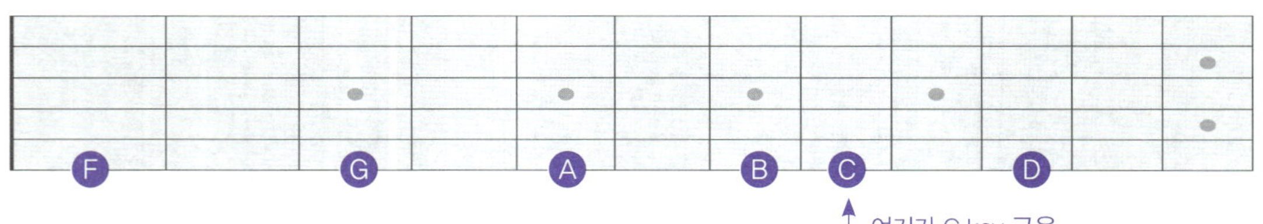

↑ 여기가 C key 근음

이 부분에 카포를 장착하고 **ex6) 코드진행으로 연주**하면 C key가 됩니다.

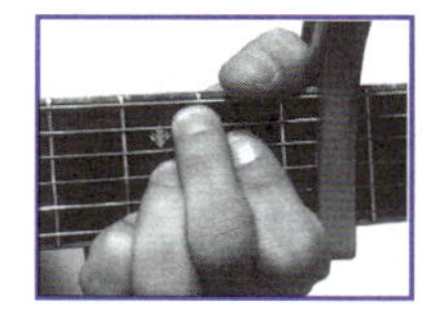

◆ G코드폼 – 카포 사용하여 이조하기

첫 코드가 G코드라서 **G코드폼**입니다.

ex 9 G key **Track 213**

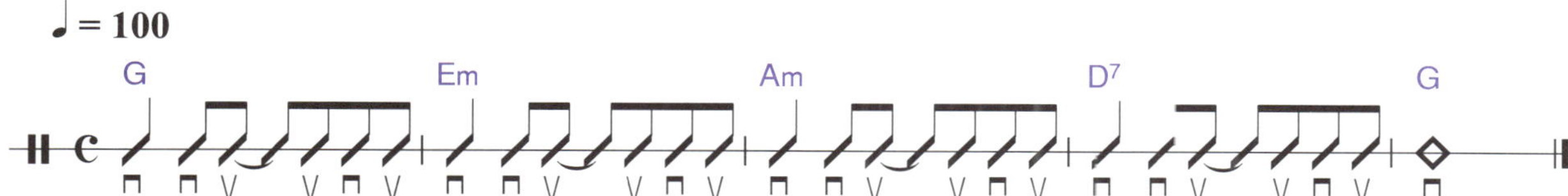

ex 10 B key 이조 **Track 214**

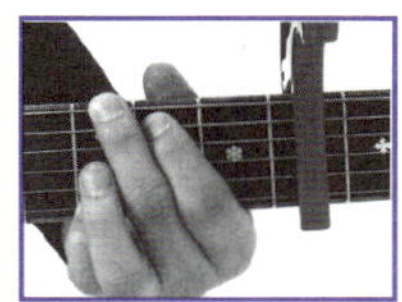
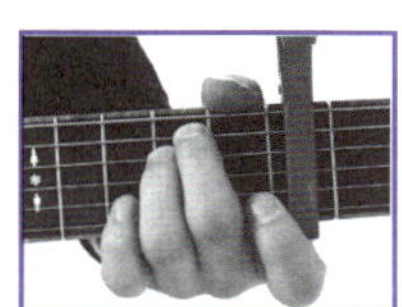
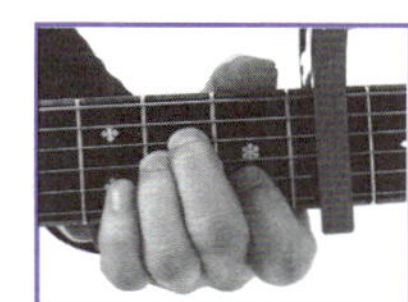

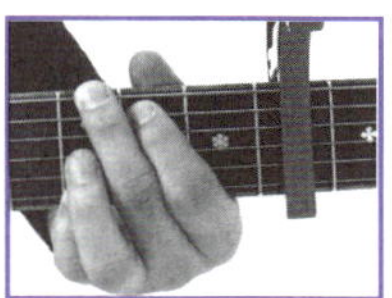

→ G코드폼은 카포를 설치한 곳에서 3프렛 위가 근음

이 부분에 카포를 장착하고 **ex9) 코드진행으로 연주**하면 B key가 됩니다.

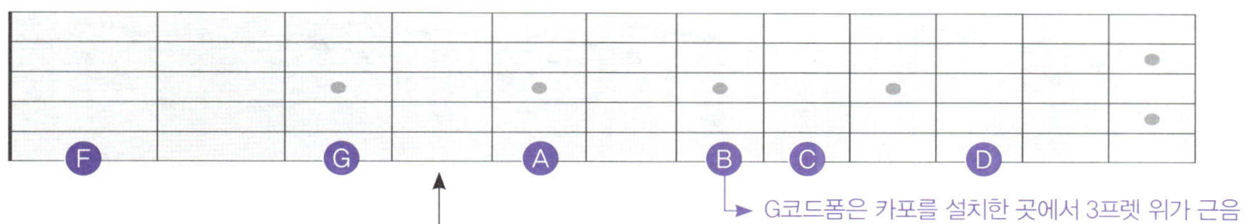

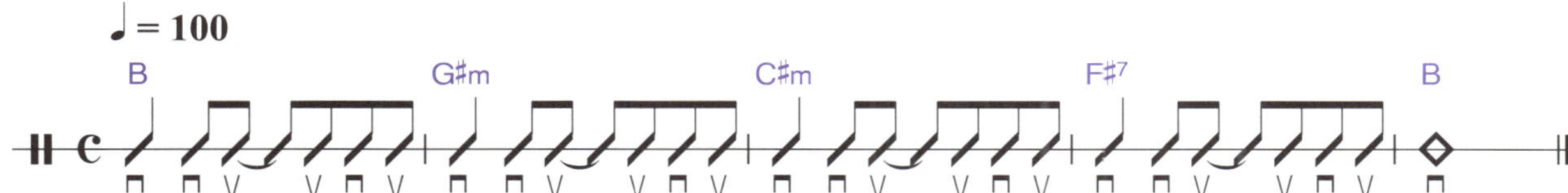

ex 11 D key 이조 **Track 215**

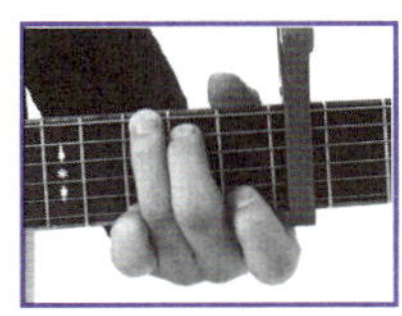
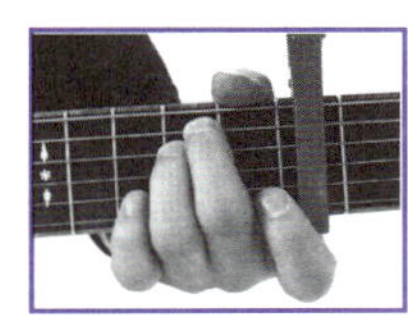

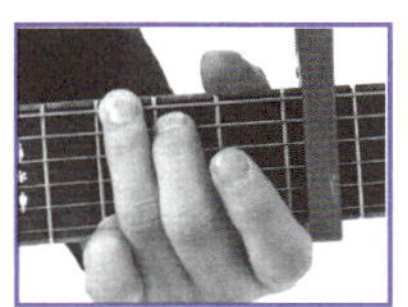

→ 여기가 D key 근음

이 부분에 카포를 장착하고 **ex9) 코드진행으로 연주**하면 D key가 됩니다.

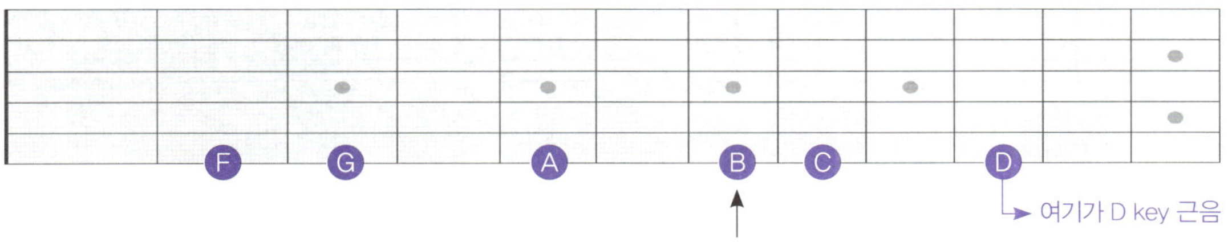

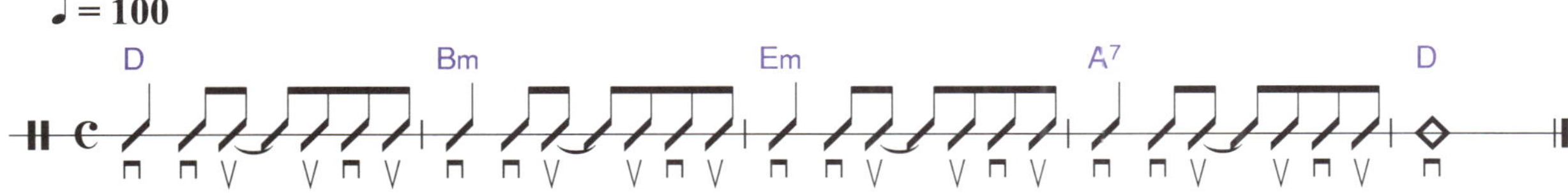

카포를 사용하지 않은 반주

그 중에 그대를 만나

김이나 작사. 박근태 작곡 / 이선희 노래

Key = G ♩= **80**

별 처 럼 수 많 은 사 람 들 그 중 에 그 대 를 - 만 나 - 꿈 을 꾸 듯 -
서 롤 알 아 보 고 - - 주 는 것 만 으 로 벅 찼 던 내 가 또 사 랑 을
받 고 - 그 모 든 것 - 기 적 이 었 음 을 -

카포를 사용한 반주 (1프렛에 카포를 설치해주세요.)
A♭ key 악보를 쉽게 연주하려면 1프렛에 카포를 설치하고 G key 악보를 연주하면 됩니다.

그 중에 그대를 만나

김이나 작사. 박근태 작곡 / 이선희 노래

Key = A♭　♩ = **80**

별 처 럼 수 많 은 사 람 들 그 중 에 그 대 를 － 만 나 － 꿈 을 꾸 듯 －
서 롤 알 아 보 고 － － 주 는 것 간 으 로 벅 찼 던 내 가 또 사 랑 을
받 고 － 그 모 든 것 － 기 적 이 었 음 을 －

Profile

문종혁

학력	서울예술대학교 공연창작학부 학사 졸업

약력 육군사관학교 문화체육활동 기타부 지도 강사
경인고등학교, 망원초등학교, 문화센터 기타부 강사
LOVE FNC 기타반 강사
"Ssen Music Academy" 기타반 강사
라인뮤직 아카데미 기타반 강사
대흥성결교회 성가대 지휘자
고척교회 수요 오전예배 기타 연주자
여의도순복음교회 예배 기타 연주자
아토믹 커넥션 기타리스트
노을 콘서트, 뮤지컬 "리틀잭", "전설의 리틀 농구단" "M", "브론테" 라이브 기타세션
라키&진진, 이진혁, 아스트로, JBJ, 스누퍼, 김동한, 루첸트등 레코딩 기타세션
다수의 공연, 뮤직비디오, 앨범 세션

수상 제5회 스윙기타쇼다운 카피부분 1위
낙원상가 밴드경연대회 대상 수상
GPF주최 제1회 밴드 오브 브라더스 최종우승
국립국악원 생활국악 공모전 작곡 당선
뮤직아레나 베스트 기타 연주상 수상

앨범 문종혁 디지털싱글 "1st step acoustic"
아토믹커넥션 디지털싱글 앨범
문종혁 디지털싱글 2집 "Let's Go To The End"
문종혁 디지털싱글 3집 "Love Jesus"
문종혁 디지털 싱글 4집 "AMAZING GRACE"

문피워기타특강

발행일 2015년 6월 3일
초판 4쇄 발행 2021년 6월 15일

저자 문종혁

편집진행 이청은, 송혜진, 원태경, 유경아 • **디자인** 이주원
마케팅 현석호, 신창식 • **관리** 남영애, 김명희

발행처 스코어
발행인 정상우
출판등록 2012년 6월 7일 제 313–2012–196호
주소 서울시 은평구 증산로 9길 32 (03496)
전화 02)333–3705 • **팩스** 02)333–3748

ISBN 979–11–5780–018–6 13670